▷ 江苏大学专著出版基金资助出版

▶ 本书受教育部人文社科青年基金资助

　　项目名称：环境认知视阈下图书馆用户跨空间信息检索交互模型研究（NO.20YJC870008）

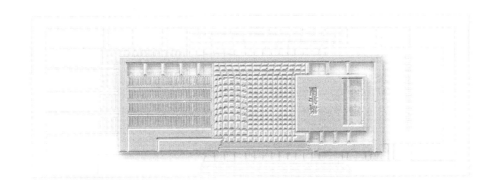

高校图书馆读者
实体资源检索行为研究

//// 苏文成　著

江苏大学出版社

JIANGSU UNIVERSITY PRESS

镇　江

图书在版编目(CIP)数据

高校图书馆读者实体资源检索行为研究 / 苏文成著
. — 镇江：江苏大学出版社，2020.12
ISBN 978-7-5684-1517-0

Ⅰ. ①高… Ⅱ. ①苏… Ⅲ. ①院校图书馆—读者—情
报检索—行为分析 Ⅳ. ①G258.6②G252.0

中国版本图书馆 CIP 数据核字(2020)第 267949 号

高校图书馆读者实体资源检索行为研究
Gaoxiao Tushuguan Duzhe Shiti Ziyuan Jiansuo Xingwei Yanjiu

著   者/苏文成
责任编辑/李经晶
出版发行/江苏大学出版社
地   址/江苏省镇江市梦溪园巷 30 号(邮编：212003)
电   话/0511-84446464(传真)
网   址/http://press.ujs.edu.cn
排   版/镇江市江东印刷有限责任公司
印   刷/江苏凤凰数码印务有限公司
开   本/710 mm×1 000 mm   1/16
印   张/14.75
字   数/274 千字
版   次/2020 年 12 月第 1 版
印   次/2020 年 12 月第 1 次印刷
书   号/ISBN 978-7-5684-1517-0
定   价/52.00 元

如有印装质量问题请与本社营销部联系(电话：0511-84440882)

代　序

　　我与苏文成有缘成为师生,亦师亦友,已近 10 年。这 10 年,他从一位本科生成长为博士,成为一名学界、业界的青年学者;这 10 年,我也见证了他的努力,见证了他对图书馆事业的追求与执着;10 年勤奋扎实的学习、研究和工作为他打下了深厚的专业基础,磨炼出杰出的科学研究能力。

　　《高校图书馆读者实体资源检索行为研究》是作者在其博士论文的基础上完善而成。"实体资源检索行为研究"意味着研究的对象是实体图书馆。在当今图书馆学界不断涌动着的大数据、智慧图书馆等研究大潮之下,初看本书的研究主题似乎有点不合时宜,甚至有点落伍。而如果我们从经济、社会、文化事业发展的未来来看,这样的研究主题则具有长远的历史与现实意义。虚拟图书馆走过了图书馆自动化、数字图书馆、智能图书馆、智慧图书馆的发展历程,是在实体图书馆的基础上发展起来的,实体图书馆与虚拟图书馆相伴相随发展了 30 多年。当前图书馆发展的趋势和未来仍会以实体与虚拟这两种形态继续并行地存在下去,两者各自美丽、和合共生。从服务功能来看,一方面,实体图书馆越来越从过去的传统服务向资源服务、空间服务、人本服务的方向发展,向满足读者的精神需求、文化传承与传播的方向发展,日渐成为人们陶冶情操、追忆历史、体验文化的场所;另一方面,随着计算机技术、网络技术、信息技术的发展,虚拟图书馆将越来越向满足人们对实际信息需求的方向发展,会更加泛在、更加智慧,用户甚至感觉不到虚拟图书馆的存在。

　　今天的实体图书馆与 30 年前的实体图书馆相比,已经不可同日而语。设想一下,30 年后的实体图书馆会是什么样子? 可以肯定的是,她一定不再是今天的样子,但是她会永远存在下去,资源、读者、情境这三个要素也不会变。过去的 30 多年,我们关注和研究更多的是图书馆网络形态的资源、信息和数据,渐渐地忽视了实体图书馆的用户行为、读者体验、环境设计。苏文成博士在这本书中系统研究了"实体资源检索行为"这一老话题中的新问题,具有重要的学术价值和现实意义,体现了作者的学术洞察力和敏锐性,也体现了年轻一代学人的时代责任感,难能可贵。

希望本书的出版重新引起学业界专家学者对实体图书馆研究的关注:更多地关注读者需求发展与需求行为,更多地关注实体图书馆的情境、环境设计、服务与管理,更多地关注实体图书馆如何适应社会经济文化的发展,更多地关注实体图书馆应该在哪些方面引领社会的发展,更多地关注实体图书馆与虚拟图书馆的和合共生、互动发展。

江苏省政府参事
江苏大学教授、博导　卢章平
原江苏大学图书馆馆长

前　言

　　现阶段图书馆服务目标的调整与传统服务职能的创新化变革,使得升级读者馆内服务体验、满足读者馆舍环境文化需求的呼声日渐高涨。后数字图书馆时代,智能技术的发展加速了图书馆环境变革的实践进展,引起了人们对读者馆内活动体验与馆舍物理空间利用问题的思考。实体资源检索行为作为重要的读者馆内活动类型,成为理解读者馆内行为模式特征、洞察读者入馆活动心理、审视馆舍空间环境设计合理性的重要切入口。高校读者实体资源检索行为因高校图书馆在知识传播体系中的特殊角色地位而受到学界的关注。然而,在信息检索行为研究领域,实体资源检索对比虚拟信息检索的研究进度较为滞后,实体资源检索行为理论体系框架有待进一步充实和丰富。尤其在高校读者实体资源检索体验提升与馆舍空间环境设计思路优化方面还存在诸多问题,使得梳理高校读者实体资源检索行为理论内涵与外延,探索读者实体资源检索行为机理特征,挖掘读者检索行为与高校图书馆环境设计交互关联更具有重要的理论价值与实践意义。

　　因此,本书针对高校图书馆读者实体资源检索行为及其与馆舍环境的交互关系,展开如下研究工作:

　　(1)阐述信息行为、信息搜寻、搜索与检索行为理论之间的关联性,引入环境心理学、行为心理学、认知心理学、管理心理学相关理论,整合并提出高校读者实体资源检索行为的内涵框架。采用扎根理论、主题模型法,梳理、编码、搭建实体资源检索行为的概念模型,发现了主体要素、环境要素与读者实体资源检索行为的显著影响关系。

　　(2)使用眼动认知实验法,以高校读者馆内空间寻路引导系统认知为研究主题,记录学生读者被试在现实检索环境中完成空间寻路任务的系列眼动与行动指标。基于多元回归、差异性检验等数理统计分析方法,对地标、信息标识与导向标识的视觉引导可用性做量化比较,确定了导向策略与路线策略寻路者对引导系统的注意力差别,同时验证了读者空间焦虑感与环境熟悉程度变量对寻路引导系统兴趣区关注度的影响路径。

（3）基于跟踪观察法与准实验研究法，通过书架光照度与读者书架实体资源检索行为实验数据的统计分析，总结中、美两国其中两家高校图书馆书架光照度的季节性与昼夜变化特征，发现了书架区域照明光源、照明格局，以及师生读者照明反应心理对实体资源检索行为造成的显著影响。

（4）通过语义差异法实验检测实体资源检索情境下，学生读者被试对高校图书馆室内环境色彩刺激材料的感知机理，证明高校读者在实体资源检索过程中的馆舍环境色彩感知，可以从唤醒与愉悦两个维度得到量化检测。同时，发现情感感知的唤醒维度主要受色彩明度影响，而愉悦度主要受色相影响。此外，发现读者更加倾向主体色彩为冷色感、高亮度、低彩度的馆舍色彩设计方案。

（5）采用偏最小二乘法，从行为与环境关联视角切入，搭建高校读者实体资源检索行为主体-环境影响路径模型。发现高校读者实体资源检索行为自我效能感除受检索动机与能力的正向影响外，还受馆内空间导向能力、馆舍路线识别便利性及读者潜在环境认知水平的显著影响。

（6）基于质性、实验和实证研究结论，结合国内外高校馆舍环境设计案例，从实践层面提出读者实体资源检索体验升级的管理引导策略与高校图书馆馆舍环境设计管理优化的具体建议。

本书创新之处在于：理论上，实现了学科交叉视角下用户信息检索行为理论的突破与拓展；方法上，探索了混合方法论在读者实体资源检索行为研究中的可行性；实践上，提出了读者检索体验升级引导策略与高校馆舍环境设计优化建议。

本专著的出版得到了江苏大学图书馆、科技信息研究所领导与同仁，以及江苏大学出版社的大力支持，部分研究工作还得到美国伊利诺伊大学香槟校区信息学院老师们的帮助，在此向他们表示诚挚的感谢。

由于时间仓促，水平有限，书中难免存在不足之处，恳请广大专家、学者、同行和读者不吝赐教。

目　录

1 绪 论

1.1 研究背景与意义

1.1.1 研究背景

1.1.1.1 图书馆服务目标的转变

我国社会的主要矛盾已经转化为人民日益增长的美好生活需要和不平衡不充分的发展之间的矛盾[1],担当社会均衡器角色的图书馆,其服务目标已然发生了根本的转变,在强调创新服务职能变革与读者本位服务思想的后数字图书馆时代[2],升级读者图书馆实体空间服务体验、满足读者馆内文化享受的呼声日渐高涨。国际图书馆界,不同类型的文化空间、创客空间项目已由 2007 年的 40 家发展至今日的 2100 余家,其中,我国苏州市第二图书馆、上海交通大学图书馆创客空间等备受瞩目。以天津滨海新区文化中心图书馆为代表,众多"网红"图书馆正在以自身匠心独运的建筑风格和新颖的资源组织形式,吸引大批社会读者入馆体验全新的文化休闲氛围;立足于智慧化建设的图书馆城市公共阅读空间项目,有力地推进了我国公共文化服务事业的发展。以上均是现阶段我国社会背景下图书馆实体资源服务理念转型的真实写照。

人类历史上没有,也再不会有像图书馆一样独立存在的场所空间[3],图书馆一直以来都是通过其物理馆舍设计和象征意义来抓住读者的想象力与情感的。在读者的群体记忆中,图书馆建筑就和其贮藏的知识资源一样弥足珍贵[4]。近年来,国内外著名图书馆建筑回归传统与古典风格,精心雕琢馆舍环境细节,塑造文化氛围,突出文化品位与格调的把控。在充分探求用户心理、满足读者知识文化需求的基础上,注重读者的入馆文化享受、愉悦读者身心,既迎合了用户与时代发展的诉求,也挽回了年轻读者群体流失的局面[5]。在传承古典图书馆建筑精髓、坚守传统馆舍环境优势的同时,也唤醒了学界对读者入馆创新服务体验及人性化、现代化、智能化馆舍布局设计等现实问题的重视。

1.1.1.2 智能数字技术的迅猛发展

"云、物、移、大、智"时代的全面来临,使得图书馆的物理空间在技术层面上获取了太多的便利。在高新技术原理的启示与设备的支撑下,诸如芝加哥大学 Mansueto 图书馆这类高度自动化的馆舍,体现着图书馆实体空间的未来走向[6]。自动智能书架仓储系统、实体馆藏物联网、馆内 AI 读者导航机器人等充满科技感的技术设备,创造性地改变了读者在传统馆舍环境中的资源获取渠道与资源利用方式。现有的馆内信息检索环境开始适应现代技术的进步,并逐步实现了自我优化。这不仅给图书馆用户的信息检索活动搭建了全新的平台,也给图书馆物理馆舍环境的设计与实体资源的配置带来了全新的挑战。

数字技术的更迭对海量新型信息媒介的存储要求日渐严苛,伴随信息组织方式的革新,大批创新功能区间不断涌现,形成新老空间共存的局面。不断累积的纸本实体资源与网络数字资源贮藏量激增,造成两类资源在空间部署上矛盾的出现。在此技术环境下,能否有效激励读者在实体与数字媒体间实现智力协作与知识交流,成为图书馆运营成功的又一指标,这也使得读者馆内资源使用行为研究在未来图书馆资源的供给过程中受到较大程度的关注[7]。

1.1.1.3 图书馆空间与实体资源管理新形势

(1) 图书馆馆舍环境变革实践进展

相对现代数字网络技术冰冷的屏幕与字符,图书馆的实体空间更具文化蕴味和人文关怀温度,是图书馆存在与发展的永恒要素之一。日益兴起的图书馆空间重组与变革研究[8, 9],对具备全开放、大开架、大流通特征的现代图书馆提出了全新的物理馆舍空间设计标准和要求。在此趋势下,馆舍空间布局、资源定位辅助系统、室内照明与色彩等多元环境要素研究课题,面临着新时代读者馆内活动体验需求升级的要求。舒适化、人性化、智能化原则成为图书馆馆舍环境设计的新标杆。

(2) 图书馆物理空间与实体资源的现实价值再讨论

随着"图书馆消亡论"破灭的尘埃落定,图书馆物理馆舍以及囊括纸本馆藏、多媒体资料在内的实体资源的价值再一次受到学界的肯定。一方面,尽管面对着来自数字网络信息爆炸的压力,用户在对实体与虚拟图书馆服务的使用感知上却并没出现显著的差别[10],实体资源仍然是高校读者获取知识、升级科研学习能力的主要渠道[11]。近期研究表明,高校读者对实体资源设备的高频使用与利用效率能够帮助他们提升学术能力[12]。图书馆环境质量的提升也能优化馆员的空间体验与感知,促进工作效率与注意力水平[7]。

另一方面,图书馆实体资源检索利用研究对过度依赖数字网络技术支持的当代读者还具有特殊的意义。国际图书馆界对于失去现代能源与数字网络技术保障情况下的灾后图书馆问题极为关注[13],长久以来,数字收藏与远程存储设施存在的风险与隐患问题一直备受关注[14]。由此延伸出:当图书馆服务功能重归实体,早已适应了数字智能检索环境的读者是否能够重新接受图书馆实体资源借阅"朴素"的检索环境;网络环境下的读者群体在物理馆舍环境中的实体资源检索行为呈现何种机理与特征;现有的空间布局与设备条件是否匹配读者的便利检索需要等现阶段亟待解决的问题。

1.1.2 研究问题与意义

1.1.2.1 研究问题的提出

（1）行为与环境理论基础上的读者实体资源检索行为研究主题

人类行为与其身处的建筑或自然环境始终保持着紧密的关联性,建筑决定论认为,人们的行为会受所处物理环境的影响,但作为环境的组成部分,人们的行为相应地也会操纵与调节环境,改变建筑环境设计的进程。

作为图书馆物理建筑环境背景下用户的主要行为类型,读者实体资源检索行为受制于馆舍物理环境,又能够反向调节优化馆舍环境设计。学界对读者实体资源检索体验及物理馆舍环境研究的关注,使得观察、分析、解释读者实体资源检索行为机理与特征,成为理解读者馆内活动规律与获取读者入馆心理认同的渠道,有助于管理者对图书馆实体与虚拟知识资源的平衡调度,也有利于读者信息资源需求的满足与馆舍环境质量的提升。

（2）高校图书馆读者实体资源检索行为研究的重要性

在上述视野下,高校图书馆因其在知识传播体系中的特殊节点作用而备受研究者关注:高校图书馆馆舍专业类实体知识资源贮藏基数巨大、增长迅猛,高校师生群体对馆内实体资源的需求特征愈加丰富,这为针对高校读者的实体资源检索行为研究赋予了特殊的价值。然而,理论层面上,学界尚未对高校读者实体资源检索行为的机理与特征做过系统、科学的梳理,涉及的相关概念内涵与外延也未有定论,实体资源检索行为与馆舍环境的交互效应仍有待探索和发现。尤其是现实中,高校图书馆依然面临实体与虚拟信息资源配置失衡、读者实体资源检索体验不佳、馆方实体资源检索引导辅助缺位、读者实体资源检索馆舍环境质量低下等问题。

鉴于此,本书主要研究如下问题:① 高校图书馆读者实体资源检索行为的内涵与外延如何界定?② 高校图书馆读者实体资源检索行为影响机理的研究维度有哪些?③ 环境层面下哪些因素会与读者实体资源检索行为产生交互关系?④ 上述环境因素又是如何作用于读者的检索行为绩效和心理体验的?⑤ 从高校图书馆管理者、馆舍环境设计者视角出发,如何提升读者实体资源检索体验,优化馆舍环境设计方案?

1.1.2.2　理论意义

（1）图书馆读者行为理论的新拓展

环境视角下的图书馆读者实体资源检索行为研究,本质上属于用户信息检索行为研究的重要分支。本书借助成熟的信息检索理论模型、环境心理学、行为学的经典理论与创新研究方法论工具,探究高校图书馆读者实体资源检索行为机理,提炼现代高校读者馆内检索行为嬗变特征,梳理图书馆实体环境要素与读者主体行为交互联动机制,是混合方法论范式与跨界思维在图书馆学读者行为研究领域中的新尝试,是对新环境下图书馆读者信息检索行为研究理论的新拓展。

（2）环境视角下读者信息检索行为研究的新突破

作为五类读者馆内活动类型之一[15],信息检索行为的研究已走过三十余年光景。尽管图书馆读者信息检索行为类型间存在着极强的关联性与继承性[16],大量信息检索行为模型也为学界提供了多种可预期的分析模式框架[17],但聚焦读者馆内实体资源检索行为的系统性研究少之又少。因此,读者检索行为与环境要素交互视角的选择颇为重要。又因为实体馆舍空间"场效应"的存在,使实体馆舍环境要素研究成为图书馆变革与进化的母体与基石,也使馆舍的功能得以满足读者的物理空间需要与感官需求[18]。对于图书馆物理环境空间这个有生命、有呼吸的有机体来说[19],本书尝试理解读者馆内环境认知模式,触碰读者环境认知心理,这对图书馆"实体空间"与"虚拟空间"、"物理空间"与"精神空间"的科学组合具有重要的引导意义。

（3）读者信息检索行为研究体系的新入口

传统的读者信息检索行为研究成果,如读者在馆的阅览行为、跨馆借阅行为、信息服务与资源使用行为,已不能完全诠释当前环境下读者的实体资源检索行为特征与机理。高校读者的信息检索行为在社会背景与技术革新的影响下已发生了复杂的嬗变[20]。电子资源大量获取与纸本实体资源借阅行为并存是当下用户信息检索行为的主要特征体现[21]。深入挖掘高校读者实体资源检索行为,成为理解网络时代高校读者在馆信息检索表现机理的重要渠道,也成为充实读者信息检索行为理论研究体系及内涵的重要方面。

1.1.2.3 现实意义

(1) 有助于读者馆内实体资源检索体验升级

后数字图书馆时代,高校读者在馆信息检索行为特征已发生质变,但面向读者的在馆资源检索引导服务依旧是图书馆员的基础服务职能[22]。目前,高校图书馆信息资源组织安排形式与资源匹配情况并不能与读者预期的资源检索策略相一致[23],高校图书馆馆员对于读者的馆藏资源检索、阅览行为鲜以实施观察和指导,导致读者实体资源检索效率与满意度的提升遭遇瓶颈,读者实体资源服务体验不佳[24]。为应对上述现实困境,本书从当代高校读者实体资源检索行为研究视角切入,依托馆舍环境与读者行为交互实证、实验发现与结论,以升级高校师生馆内服务体验为实践目标,提供环境层面读者入馆体验的优化升级措施。

(2) 有助于高校图书馆馆舍环境设计优化

作为师生读者群体高度满意的文化场所以及知识汲取的重要空间[25],高校图书馆建筑正以前所未有的方式发生着变化。从读者主观思维出发,探索符合读者实体资源检索的行为习惯,转变原有馆舍空间与室内环境设计思路,调整、改造、优化物理馆舍条件,成为彰显图书馆社会公平精神[26]。保存图书馆建筑功能性本质[7]的必要前提。馆舍空间布局重组与实体资源部署现状尚待更加扎实的实践研究结论作支撑,仍然存在的"高大上"建筑设计惯性思维,背离了特色化和以读者为中心的馆舍设计原则[9]。与此同时,基数巨大的实体资源利用率的增长也有赖于实体馆舍的科学部署。因此,本书以我国高校图书馆读者检索行为与建筑空间理论关系、实际联系为解释路径,以提供高校图书馆空间重组设计思维的优化辅助建议为实际目的,有针对性地提出具有实际参考价值与现实可行性的高校图书馆室内环境设计优化策略。

1.2　国内外研究现状

1.2.1　国内外相关领域文献计量调研

1.2.1.1　相关文献检索策略

由于本书的主题定位是高校图书馆读者实体资源检索行为研究,因此首先对图书馆用户信息检索行为研究领域文献展开综述。在由数据库获取初始文献题录后,尝试按照学科分类,剔除中英文文献中同词不同义的主题文献;再经人工筛选,保留相关学科内的高相关主题文献。初步分析发现,目前图书馆用户信息检索研究主要集中在虚拟信息资源检索方向上,涉及实体资源检索行为的研究工作开展得相对较少。

第一次文献调研验证了读者实体资源检索行为研究属于用户信息检索行为研究分支。作为图书馆用户馆内活动主要类型[15],有关实体资源检索行为的探讨势必关联检索主体在物理馆舍环境中的行为特征和机理。因此,相关主题的研究不可避免地应围绕读者检索行为与环境或情境要素间的交互效应展开。为了进一步贴合研究主题,探寻前人的研究成果,并突显馆舍环境与读者实体资源检索行为紧密交互的特质,从初次检索策略中剥离出读者实体资源检索行为研究方向检索方案。涉及读者馆内书籍检索与借阅、图书馆建筑及物理环境元素,如空间、声、光、色、温等视觉或非视觉因素,及其与读者行为间的关系机理,由此编制第二主题检索策略,见表1.1。

表1.1　文献检索策略

检索数据来源范围	主题	中文文献检索	英文文献检索	检索结果
Web of Science 网站 SSCI 与 SCI 期刊源数据库(1989 年 1 月至 2020 年 10 月)/CNKI 中国知网(1979 年 1 月至 2020 年 10 月)	图书馆用户信息检索行为研究	SU=('信息检索'+'信息搜寻'+'信息搜索') AND SU=('图书馆')	TS=(library OR librar *) AND TS=(Information OR Information source * OR information resource *) AND TS=(retrieval * OR seek * OR search *)	中文 6758 篇/英文5313篇

续表

检索数据来源范围	主题	中文文献检索	英文文献检索	检索结果
Web of Science 网站 SSCI 与 SCI 期刊源数据库(1989 年 1 月至 2020 年 10 月)/CNKI 中国知网(1979 年 1 月至 2020 年 10 月)	图书馆用户实体资源检索行为与环境交互研究	SU=('环境'+'空间'+'寻路'+'布局'+'色彩'+'光线'+'噪音'+'温度') AND SU='图书馆' AND SU=('读者'+'行为'+'检索'+'搜索'+'搜寻')	TS=(library OR librar*) AND TS=(behave* OR reader* OR patron OR seek* OR search* OR retriev*) AND TS=(environment* OR wayfind* OR spatial OR space OR color OR lighting OR illuminat* OR noise OR temperature)	中文 8286 篇/英文 5163 篇

1.2.1.2 文献计量可视化分析

选用 Citespace 5.3.R4 软件作为文献计量工具。对两次检索获取的文献基本信息进行分析,涉及相关领域文献高产作者、机构合作网络分析、文献共被引、突显关键词分析、主题聚类等。其中,作者与机构共现网络用于辅助分析学界主要研究团队与学术重镇,文献共被引与突显词分析用于梳理领域研究演进脉络,主题聚类分析用于厘清主题领域内的研究层次与主要分支。计量可视化结果示例见图 1.1、图 1.2。

图 1.1　中英文作者与机构合作网络示例

突显关键词	突显强度	起始年	结束年	关键词突显周期（1989~2018）
system	7.0238	1991	1998	
computer	3.6023	1992	1997	
information need	3.4617	1993	1998	
search process	4.3101	1993	2006	
catalog	5.1239	1995	2005	
interface	4.0133	1996	2002	
algorithm	10.161	1996	2007	
information system	6.7053	1996	2005	
information retrieval	5.2216	1998	2004	
electronic journal	8.8274	2005	2010	
search engine	13.8948	2006	2012	
nurse	4.7742	2007	2012	
information literacy	8.033	2011	2018	
information seeking behavior	9.0543	2011	2016	
meta-analysis	15.8031	2014	2018	
user study	4.8333	2015	2018	
usability	5.5177	2016	2018	

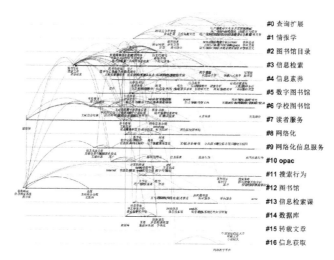

图 1.2　研究主题可视化分析示例

1.2.1.3　研究主题分析

两次检索文献计量分析初步结果如下：

（1）图书馆用户信息检索行为研究领域

综合来看，该研究问题自 20 世纪 80 年代后伴随信息搜寻概念的产生，以及 20 世纪末数字网络技术的迅猛发展而兴起，多年来一直保持着较高的研究热度，但近 10 年来研究成果数量已基本保持稳定，增长态势趋于平缓。

目前该领域绝大多数研究工作源自图书情报学科或相关方向，又由于该研究主题偏向数字网络实际应用，计算机学研究者也在本领域占有举足轻重的地位，并且该领域经过近 30 年的发展，已实现了与心理学、医学（护理学）、管理学、计量学、工程学等学科的跨学科交叉发展。由于该研究主题的产生伴随着数字信息技术的时代背景，因此大多数的研究工作都围绕着图书馆用户的虚拟信息资源检索行为而开展，这也是该研究领域较为鲜明的特点。

（2）图书馆用户实体资源检索行为与环境交互研究

相比上述研究主题，学界对于图书馆用户实体资源检索行为的研究起步相对较晚。文献计量发现，在 20 世纪中相关研究工作零星出现，直到 21 世纪初，中外图书馆学学者才开始大规模地进驻图书馆环境、空间、读者馆内行为研究及实体资源检索行为领域。相关研究的专业除传统的图书馆学外，还涉及环境心理学（环境行为学）、认知心理学、建筑设计学、人机工效学、艺术设计学等专业。

研究主题以关注图书馆用户馆内检索行为或入馆行为与心理模式与特征为主,将环境心理学、行为学、建筑设计学的相关理论引入研究内容中,加入环境特征要素,如空间布局、照明、色彩、噪音、温度等,试图分析图书馆馆舍环境要素干预下的读者行为,并基于此,对实践层面的图书馆馆舍室内环境要素调控与优化提供策略建议。使用定性化的跟踪观察与文献调研方法是该领域研究工作的特征之一。

1.2.2　相关领域研究热点综述

基于以上文献计量分析结果,对涉及相关领域的主要研究工作做了综述工作。

1.2.2.1　图书馆用户信息检索行为研究热点

（1）用户信息检索行为机理与模式研究

图书馆用户信息检索行为机理与模式是研究者长期关注的重点问题。由于用户信息检索行为模型往往能够将用户信息检索需求生成机制、检索环节、检索结果处理应用等完整流程以概念图模型的方式表达出来,因此对于读者信息行为模式分析、预测具有不可或缺的作用。国外关于信息检索行为模型的研究起步较早,较为经典的模型有 Wilson 信息行为一般性模型[27]和 Kuhlthau 信息搜索过程模型[28]等。近十几年以来,各类经典信息检索行为模型也在学者们的不断优化下趋于成熟[29],进一步奠定了图书馆用户信息检索行为特征与机理的理论基础。

（2）读者信息检索行为心理要素研究

信息检索结果评价研究通过定性或定量化手段测定信息用户的检索行为动机或满意度,文献主题词共现结果表明,这一研究方向与行为心理学理论有较多交叉。学者 Savolainen、Santosa 等发现了情绪与感情是激励用户信息搜索行为的重要动机[30],检索行为的开始、扩大、限制或终止、信息回避等均受焦虑、恐惧、快乐等正负面情绪动机的影响;而内部与情境动机是用户信息参与的前提,相比情境激励,内部动机对用户参与有更强的促进作用[31]。此外,有研究证明,高校用户信息检索满意度是评价数字图书馆服务质量的重要衡量指标[32]。

（3）网络用户信息检索行为研究

特定的时代背景赋予了传统图书馆读者信息检索与在线信息资源检索服务、行为特征对比研究的价值。Georgas 使用对比实验的手段,检测图书馆用户使用本地检索系统与在线信息检索平台时的感受差别,通过参考商用信息检索平台来提升图书馆用户的检索体验[33]。人们发现,随着数字技术的普及,用户开始偏好通过在线信息搜索渠道获取资源,学者们对在线搜索引擎的依赖性越发严重。这使得信息专业人士和出版商开始更多地依赖用户的在线信息检索数据来分析虚拟环境下其信息行为的特征[34],也迫使图书馆界开始思考如何借用在线智能信息资源获取渠道升级用户信息咨询体验[35]。

(4) 多元类型图书馆用户信息检索行为研究

各种读者类型中,对高校与研究型读者的信息检索行为研究占比最大。例如,Heinstrom 等[36]研究发现大学生与学习相关的网上信息检索行为,受求知欲、责任感和消极情绪影响最大。但不同于传统观念中大学生倾向使用互联网搜索引擎检索资源,他们发现,通过学术图书馆员参与图书馆门户网站资源推荐服务,能有效影响用户积极构建个人信息系统[37]。有关农业研究者的信息检索行为特征与需求分析研究、人文学者实际信息需求与信息服务设计、数学研究者互联网信息行为特征分析等均受到国内外学者的关注。

此外,公共图书馆医护群体用户及公众用户健康信息检索行为研究受到学界的特别关注,公众用户日常信息检索行为(everyday life information search)研究所占比重也较大,少数社会群体的信息需求与行为特征备受重视。有关多类型用户信息检索行为的研究视角选择均细致入微,深入各行各业,研究成果具有极强的社会价值与实际指导意义。

1.2.2.2 图书馆读者实体资源检索与馆舍环境交互性研究

(1) 图书馆读者借阅检索行为习惯研究

图书馆读者借阅检索行为是典型的馆内实体资源检索行为,通过分析读者检索的路径、行为习惯、获取资源类型,一方面能够结合读者检索体验优化图书馆资源空间部署的科学性与合理性;另一方面可以结合研究结论实现更为精准的借阅资源用户推送。传统的借阅检索行为研究法主要采用非介入跟踪观察法,研究者观察记录读者入馆后的空间行动路径或检索系统后台日志,以达到不同的研究目的。

在技术条件升级的背景下,无线射频识别系统(RFID)的推广为跟踪读者信息资源检索与使用传播路径提供了便利[38]。GIS 地理信息系统能为入馆读者检索路径的大规模调研提供支撑[39],为调整馆内资源设备部署策略、辅助提升读者入馆寻路效率提供了条件。当然,随着实体电子阅读器的普及,有关读者电子书阅读器的借阅行为研究也被提上日程。目前 Lin 等学者的研究发现,尽管读者群体对电子资源接受度较高,但检索利用效率仍有待提升[40]。

(2)读者馆内检索与空间认知行为研究

图书馆读者入馆检索行为与用户对馆舍空间的认知时刻保持着紧密的关联性,室内空间的建筑格局、设备部署、装饰点缀等无不影响着入馆读者的行为过程与心理感受。其中,读者馆内寻路问题是读者实体资源检索行为研究中的重要课题。

以 Mandel 为代表的读者馆内行为研究学者认为[41],对于高校图书馆用户,其入馆首先面临着如何检索以获取满足个人知识需求的资源,以及如何确定所需资源的空间位置这两类基本问题,后者与室内寻路行为密切相关。寻路行为指从起点到特定目的地的一种有目的、有方向、有动机的运动,包含着个体与环境的交互,属于一种空间认知行为,融合了人类对空间环境的感知、思维、记忆、想象等一系列认知活动。

国内外关于解决读者馆内寻路辅助问题的努力主要体现在读者入馆搜寻路线可视化统计与研究、馆藏资源空间需求分析、图书馆运营空间需求测度、读者空间行为探寻等领域。研究结论常用于预测读者寻路行为模式[42]、评估馆舍空间布局、控制读者流量、优化环境要素设计[43]。而由于拨款、时间、专业知识缺失等因素,设计师往往在设计初始忽略或牺牲了室内引导系统的合理性[44]。同时,学界在实践层面的建议也常局限于图书馆空间引导牌增设、空间平面设计改进等方面[45],对于读者寻路导向标识系统原则性的设计思路优化与策略实施等理论贡献度仍然有待增强。

(3)图书馆照明与读者馆内行为关联研究

国外学者较早地发现了馆舍环境照明水平与读者入馆满意度和行为效能之间的显著关系,有关图书馆照明的研究最早可追溯至 20 世纪初[46]。尽管研究工作多采用朴素的试验法与观察法,但却系统性地对各类型图书馆中的功能区间照明水平进行了全面的测度,并开始有意识地结合读者馆内行为主观体验与满意度陈述,从空间与家具反光材质、照具光照度水平等维度给出馆舍照明系统优化方案。

随着照明技术手段和数字智能控制系统的升级革新,大量采用新兴技术的照具不断涌现;图书馆借阅模式也由最初的闭架借阅调整为开架获取,馆内功能区间划分原则剧变,相应的功能空间照明标准与新时代读者群体的馆内照明需求出现较大幅度的改变。学界对于图书馆内照明条件的研究也愈加细化和深入:空间环境采光、不同照明条件下的读者馆内行为表现、各类型独立空间的自然光与人造照明采光标准[47]、读者馆内照明体验[48,49]、照明系统节能策略探讨[50]等课题均有涉及。但正因图书馆照明设计原则、技术与读者照明偏好不断随着时间变化而发生嬗变,因此有必要重新审视新时代背景下的图书馆照明环境与读者馆内行为交互效应的研究结论。

(4)读者室内环境色彩感知研究

色彩学界对空间环境色彩的研究已有百年历史,但图书馆学人对于环境色彩的关注却在近40年才开始起步。与馆舍照明研究类似,图书馆环境色彩研究也紧紧围绕读者馆内实体资源检索行为及入馆体验展开。基于色彩心理学相关理论,张悦霞、代为强、袁恩培等学者针对图书馆环境色彩的研究多采用观察法与实证研究手段(问卷、访谈、案例),围绕读者馆内活动过程中对馆舍主体、背景、装饰色彩的生理与心理反馈展开[51],理论层面受到色彩象征性、色彩感知、色彩情感语义、室内空间配色设计等色彩学理论支撑[52],所总结出的研究结论被用于读者各类行为情境下的馆舍室内色彩设计方案优化[53]。而不同阶段研究成果的演进也能够彰显不同时代赋予图书馆建筑空间的差异化精神内涵[54],如20世纪80年代的馆舍环境色彩设计关注舒适、健康等理念,当前则更多地聚焦于读者体验,强调环境色彩的人性化、绿色化与图书馆精神场所意境的营造。

尽管本领域现有的研究成果能够解释馆舍环境色彩与读者馆内行为的作用机理,一定程度上突显了馆舍环境色彩对于增强读者入馆吸引力的重要作用[55]。但通过文献调研可以发现,目前图书馆学界开展的馆舍环境色彩研究更像是基于其他学科研究成果的一种逻辑推演。绝大多数的学者并没有通过实践层面的量化测试来客观分析读者行为、心理与环境色彩之间的内在关联。如此获得的研究结论也只能在理论层面上得到质性化的解释,难以用于现实环境中读者馆内活动体验的优化指导。

(5)其他环境元素研究视角

相较以上空间、照明、色彩等环境要素与读者馆内行为关联的研究关注度,其他环境元素视角下的研究成果份额更低。噪音作为图书馆室内环境中极力避免的有害环境要素,受到图书馆学人的长期重点关注,环境噪音问题的控制是提高读者馆内工作学习效率、升级读者馆内服务感受的关键环节。目前的研究主要着眼于馆舍噪音防治的建设标准与规范、噪音声源查防、内外部噪声管控[56],馆舍噪音及其对读者馆内行为的影响机理主要使用实证调研的方式开展,也有采用量化手段搭建馆舍噪音环境指标体系[57]的。与噪音防止问题类似,由于图书馆建筑的公共性,馆舍空气质量与温度调控关乎读者的馆内健康与舒适度,自然与读者馆内行为紧密关联。有关馆舍空气质量检测、优化策略建议[58]、温度环境与读者馆内学习行为效率关联性的实证研究[59],均证明了这类研究问题主要集中在图书馆实践操作层面,涉及的学术类理论相对较少,多运用定性研究方法,长期以来的研究热度和成果相对有限。

1.2.3 主要问题与挑战

1.2.3.1 偏重虚拟信息资源检索行为研究

综合来看,图书馆信息检索行为研究工作开展课较为深入,学者们普遍能够对数字网络环境下该领域内存在的主要问题做翔实细致的分析,未来的研究热点也将集中在移动设备信息检索行为、智能信息检索系统开发与用户信息检索可用性三个维度上。通过二次检索策略分析,发现与虚拟信息检索行为研究领域热度高涨形成对比的是读者实体资源检索行为研究的冷清现状。

作为用户信息资源检索行为研究领域的重要分支,读者实体资源检索行为分析仍然存在较多疑惑,读者实体资源检索的理论框架、检索过程中的行为绩效影响机制、馆舍环境要素对行为作用机理等基础性的课题依然悬而未决。同时,实体资源的检索环境、资源媒介、检索工具与数字信息检索行为的巨大差异,决定了两者迥异的行为模式与特征。诸如此类问题的解决,直接关乎图书馆创新空间变革设计、读者入馆文化体验升级等实践工作的执行效果。因此,丰富实体资源检索领域研究的理论框架,深入拓展领域研究范围具有重要意义。

1.2.3.2 馆舍环境与读者行为交互关系缺乏深入探讨

现有研究已经开始关注馆舍环境与读者馆内行为之间的关联性问题,开始尝试从环境层面寻求读者行为绩效提升与体验优化的路径。但从综述中不难发现,部分研究仍然逃脱不了浅尝辄止、泛泛而谈的弊端。行为与环境间交互效应的深刻机理并没有被很好地挖掘出来,尚未形成环境视角下针对读者实体资源检索行为的专论。如,图书馆读者主体空间认知状态及其检索寻路中的视觉注意力的关联性、馆舍照明水平与读者检索行为绩效的量化路径、馆舍环境色彩作用于读者检索行为效率与体验的渠道等问题尚待学界给出定论。

1.2.3.3　传统研究范式局限性

当下,读者实体资源检索行为研究仍受限于图书馆学的传统方法论范式制约。常规的跟踪观察、日志分析等研究方法限制了环境视角下实体资源检索行为研究结论的深入挖掘,该领域问题有待量化、客观的研究方法范式介入。由于信息检索经典理论较少从"物理场所"与"精神场所"关联的视角切入,展开关于空间用户行为特征及行为效能的影响分析,因此实体资源检索研究领域仍然缺少相匹配的行为学和心理学理论与方法论基础。同时,现有的针对在线数字信息检索的研究范式面临固定化趋势,实验方法的运用虽较为普遍,但类似的研究范式是否适用于实体资源检索课题仍有待商榷,如不完全适用,应做何种程度的转变与优化,也是学界需要解决的又一难题。

1.3　研究内容与结构安排

1.3.1　研究内容逻辑关系梳理

本书的研究内容逻辑框架概念如图1.3所示。首先,根据田野调研与跟踪观察素材进行扎根理论分析,结合信息检索理论与环境心理学理论,构建概念模型并抽取中、美高校读者实体资源检索行为的"主体"与"环境"研究维度。又因扎根理论发现了环境要素对读者实体资源检索行为更为显著的影响效力,因此后续工作侧重于行为与图书馆环境的交互作用研究。基于扎根结论与环境心理学理论,将高校读者实体资源检索过程中的环境要素划分为环境认知与潜在环境认知:前者具体表现为读者检索时的馆内寻路行为;后者经验证发现,在众多潜在的环境要素中,环境照明与环境色彩的行为影响效力最显著。由此设计三项"行为-环境"交互实验模块。在质性研究的结论与实验研究发现的共同支撑下,本书综合"主体""环境"双维度,搭建高校读者实体资源检索行为结构方程模型,实现了对定性概念模型的量化验证与复核。最后,本书糅合质性、实验、实证研究成果,对高校读者实体资源检索体验升级、高校图书馆读者检索行为引导、高校馆舍环境设计优化提供了策略建议。

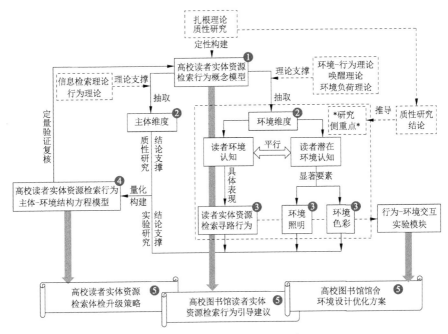

图 1.3　研究内容逻辑框架概念图

1.3.2　研究技术路线与篇章安排

根据以上主要研究内容逻辑框架,绘制本书研究技术路线图 1.4。

具体篇章结构安排如下:

(1) 第一章介绍了本书的研究背景与意义,使用文献计量法,概括了图书馆用户信息检索、馆内读者行为等研究领域国内外的发展现状与前沿,指出当前该领域存在的主要问题,为本研究的开展打开理论切口。

(2) 第二章重点阐述信息行为、信息搜寻、搜索与检索行为理论之间的关联性,引入环境心理学、行为心理学、认知心理学、管理心理学相关理论,整合并提出高校读者实体资源检索行为主体与环境影响要素,并采用扎根理论分析主题模型,梳理、编码、搭建实体资源检索行为的主体与环境影响机理概念模型,发现了环境要素对读者检索行为的显著影响效力,因此,设计从环境认知和潜在环境认知两个维度来开展环境要素对行为影响路径的验证实验。

(3) 在第二章节探明环境认知,即读者导向标识系统认知对检索寻路行为影响效应的基础上,第三章以高校读者馆内寻路引导系统认知为研究主题,使用眼动认知实验方法,记录被试者在实境检索环境中完成空间寻路任务的系列眼动与行动指标。基于多元回归、差异性检验等数理统计分析方法,对地标、信息标识与导向标识的视觉引导可用性做量化比较,确定了导向策略与路线策略寻路者对引导系统的注意力差别,同时验证了读者空间焦虑感与环境熟悉程度变量对寻路引导系统兴趣区关注度的影响路径。

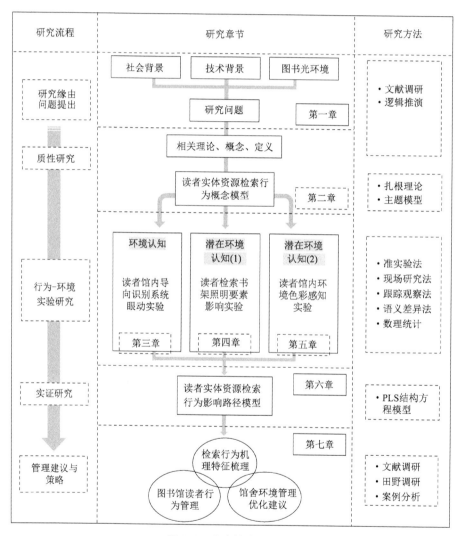

图 1.4　研究技术路线图

　（4）由于第二章扎根理论结论确认了潜在环境要素中照明与色彩因素对读者检索行为的显著作用,因此第四章首先针对环境照明要素展开研究。基于跟踪观察法与准实验研究法,通过书架光照度与读者书架实体资源检索行为实验数据的统计分析,总结美国伊利诺伊大学香槟分校社会科学图书馆、文学与语言图书馆和中国江苏大学图书馆社会科学阅览室书架照明条件的季节性与昼夜变化特征,以及照明因素与读者书架实体资源检索行为的影响关系,从读者对馆舍潜在环境认知要素的行为、心理反应角度出发,为高校馆舍照明布局设计与优化提供决策支撑,提升在馆读者的光照环境体验与满意度。

(5) 对于馆舍环境色彩与读者检索行为间的交互关系,第五章通过语义差异法及因子分析法,检测了实体资源检索情境下,实验被试对 25 组高校图书馆室内环境色彩刺激材料的感知机理。证明高校读者在实体资源检索过程中的馆舍环境色彩感知,能够从唤醒与愉悦两个维度得到量化检测。同时发现,情感感知的唤醒维度主要受色彩明度影响,而愉悦度主要受色相影响。此外,发现读者更加倾向主体色彩为冷色感、高亮度、低彩度的馆舍色彩设计方案。

(6) 综合扎根理论,实证发现与环境、潜在环境认知行为实验结论,第六章采用偏最小二乘结构方程建模法,从主体与环境的视角切入,搭建高校读者实体资源检索行为影响路径模型。研究发现,高校读者实体资源检索行为自我效能感除了受检索动机与能力的正向影响外,还受馆内空间导向能力、馆舍路线识别便利性,以及读者潜在环境认知水平的显著影响。

(7) 第七章将质性研究、实验与实证研究的理论成果回归实践应用指导。从读者实体资源检索行为与馆舍环境交互的视角出发,梳理了读者实体资源检索行为机理与特征,探讨了高校图书馆管理者的读者检索体验优化引导策略,基于研究发现总结了可行的高校馆舍环境设计优化策略。

(8) 第八章对本书涉及的所有研究发现做梳理总结,并就各研究部分创新点做简要陈述,同时说明了研究过程中尚存的研究局限性与未来研究工作展望。

1.4　研究的创新点

本书的创新性研究成果包括:

(1) 理论上实现了学科交叉视角下用户信息检索行为理论的突破与拓展。

在信息检索行为研究领域高度关注数字虚拟信息检索问题的背景下,本书结合环境心理学、信息行为学、认知心理学、行为地理学等学科知识,界定了高校读者实体资源检索行为概念与特征,重新审视了物理场所中的高校图书馆读者实体资源检索行为,及其与物理环境间深刻的交互作用原理,完善了实体资源检索行为内涵框架与行为过程整合模型。为该方向的后续研究工作奠定了创新性的理论基础,开拓了分析思路,更在信息检索研究的宏观理论体系中开辟了独立的研究分支脉络,是对信息检索研究领域理论体系的一次有益补充。

(2) 方法上探索了混合方法论在读者实体资源检索行为研究中的可行性。

本研究将多学科视阈下的方法体系融会贯通,利用定性与定量结合的研究思维,优化了扎根理论、主题模型、相关研究(实验与准实验)、现场研究、结构方程建模等方法在本研究主题中的具体应用策略及操作方法,实现了扎根理论与主题模型方法的定性与定量交互验证,尝试性地将完整的实验研究范式移植到读者行为研究问题中来,拓展了结构方程建模的理论依据来源渠道。本研究是对研究方法视角"质""量"结合,内、外部研究效度统一的有益尝试,成功地解释了高校读者在实体资源检索情境下主体对环境的需求、喜恶、困惑及期待。

(3) 实践上提出了读者检索体验升级引导策略与高校馆舍环境设计优化建议。

环境心理学研究的最终目的是将环境与人类行为特征关联,以预测特定环境下人们的行为模式,通过针对性的环境改变来调节人们对环境的使用体验。这一目的的实现必然涉及人类对环境条件的优化与改造。回顾国内外读者行为与信息检索行为研究领域,有关实体资源检索情境下的图书馆物理空间优化改造策略研究相对较少,而已有的成果中,绝大多数研究者仍习惯于从定性的视角出发,基于跟踪观察与读者自述报告数据来总结行为规律与读者环境喜恶。这类工作受研究者的主观思想影响显著,同时对现实环境中影响变量的复杂性分析较少,所得优化建议难以匹配实际馆舍条件。然而,本书中读者对馆舍环境的认知模式概括有理有据,空间环境要素优化举措与量化研究结论一一对应,对于高校读者实体资源检索体验升级引导、馆舍寻路导向标识系统、环境照明与色彩设计层面的实践工作均具有较强的指导和借鉴意义。

2 高校读者实体资源检索行为理论研究

高校读者实体资源检索行为如何界定？受何种要素影响？在实验与实证研究内容开展前有必要对上述两个问题作答。本章节从文献研究的视角出发，基于行为学、心理学等基础理论，梳理读者实体资源检索行为相关概念，界定其内涵与外延；同时使用扎根理论方法，从现实环境中抽取实体资源检索行为的具体影响要素，为后续章节研究变量的选择奠定理论基础。

2.1 信息检索行为相关理论

2.1.1 信息行为

2.1.1.1 行为

人类行为按其发生形式可分为本能行为与社会行为，前者由人的生物性决定，而后者则由人的社会性决定，需要在一定的社会环境中形成并发展起来。行为，作为心理学与管理学科中广泛使用的科学概念，指人的有机体对于刺激的反应，是人通过一连串动作实现其预定目标的过程。

格式塔心理学派学者勒温(K. Lewin)曾将行为定义为个体与环境交互作用的结果(1951)[60]，认为三者间满足行为 $B = f(P, E)$ 的函数关系，其中的 P(person)指代个人的心理因素，而 E(environment)包括自然与社会环境。可见，在行为学研究中，个人与环境从来不是孤立的个体，而是紧密关联的一对变量。人们的知识经验与心理倾向决定着其对客观环境的反应方式与程度，行为即上述因素的综合效应。

2.1.1.2 信息行为

信息行为(information behavior)源于 20 世纪 60 年代的信息需求与信息使用概念，其定义可概括为所有与信息资源或信息渠道相关的人类行为，既包含了主动与被动的信息搜寻(information seeking)，也涵盖了信息使用行为，如信息的分析与归类，又或是信息交流与组织行为[61]。形式上既有面对面的信息沟通,也包括被动的信息接收[27]。总而言之,信息行为是建立在信息资源和信息渠道基础上的所有人类行为的总和。

2.1.1.3 信息行为学

作为一门由信息学、心理学、解释学、语言学、情境学等多学科交融的新兴边缘性学科,早期信息行为学对于图书馆读者群体的信息使用行为,尤其是馆藏信息资料的需求与搜寻行为极为关注[62]。受限于研究方法与视野的局限性,这一阶段的信息行为学并未形成跨学科的研究视角与通则化的学科概念架构。而面向系统与用户双重研究取向的到来,真正将行为学、认知心理学、社会学的方法论引入信息行为学领域,促进该学科朝着进化心理学、进化人类学、非传统群体信息行为研究的方向不断拓展[63]。

2.1.2 信息搜寻、搜索与检索行为

信息行为的主要类型中,信息搜寻行为(information seeking behavior)同时涉及信息源、信息系统的组成部分[64],是一种以满足特定目标而执行的目的性信息查询行为[27],搜寻主体在此过程中会与人造信息系统(如纸质文献、图书馆)或计算机系统(如网络数据库、互联网)产生交互作用。由于人们在日常工作生活中面临大量的"不确定性(uncertainty)",因此信息搜寻的主要目的在于消除事物的"不确定性",其侧重发掘信息用户发现、获取不同信息资源的方式。

信息搜索行为(information searching behavior)研究作为信息搜寻行为研究的子集,主要是关注用户使用信息系统获取资源、与系统交互的机理与模式。

信息检索行为(information retrieval behavior)则在语义上与信息搜索保持一致[65],被看作是信息搜索的特例。以上概念关系见图 2.1。由于本书聚焦于高校读者对馆内实体资源的搜索行为,重点研究读者搜索过程中与图书馆,即人造交互系统的交互流程与行为机理,属于信息搜索行为的特例,因此将研究问题界定在信息检索研究范畴之内。

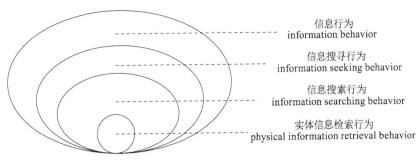

信息行为
information behavior

信息搜寻行为
information seeking behavior

信息搜索行为
information searching behavior

实体信息检索行为
physical information retrieval behavior

图 2.1 相关概念关联

2.1.3 实体资源检索行为

信息搜寻行为理论将信息用户搜寻客体划分为人造信息系统与人机交互系统两类,前者包含各类型文献媒介、社会知识信息服务机构,例如发生在图书馆的借阅行为、档案馆的资料查询行为等;后者包含各类型数字网络信息来源搜寻,网络文献检索、搜索引擎检索等行为均囊括其中。参考空间的实体与虚拟划分准绳[66],按照行为发生的空间类型,将信息搜寻划分为实体与虚拟两种。

由于检索任务信息获取用途的差异,虚实两种信息搜寻行为分别发生在日常生活信息搜寻、专业信息搜寻等情境之下。其中,日常生活信息检索把以日常生活为导向、与工作没有直接关联的信息作为查询对象[67]。因其具有重要的社会价值,而逐渐成为独立发展的研究方向[68]。结合图 2.2 定义实体资源检索行为概念:在现实物理环境中发生,主体为满足各类型信息的需要而与实体信息资源服务机构或信息媒介交互,执行信息查询活动的行为。高校图书馆环境中的读者实体资源检索正处于此概念范围当中,而高校图书馆实体资源的主要类型包含纸本书籍、报纸期刊、多媒体资料(如光碟、磁带、缩微胶卷)、仪器设备(如创客空间内的 3D 打印机)等等。

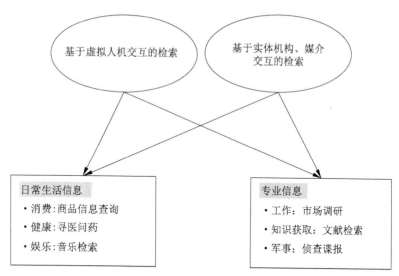

图 2.2　虚拟与实体资源检索行为种类(按信息需求划分)

2.2　实体资源检索的环境行为属性论证

与在线虚拟人机交互信息检索行为差别迥异的是,实体资源检索发生于线下物理空间用户与媒介的交互过程中。区别于一般的数字网络信息行为研究视角,实体资源检索行为研究应在满足信息用户行为心理、能力等主体因素分析的基础上,着重探索物理环境层面各类要素对于用户检索行为的影响机制与作用路径。这就为实体资源检索行为分析视角的设计提出了全新的要求。综合梳理相关领域理论,发现环境心理学理论为本书研究工作的开展提供了适配的理论支点。

2.2.1　环境与行为关联学说起源

2.2.1.1　生态心理学的建立与发展

20 世纪上半叶,为了验证传统心理学中"人为性"的缺陷和不足,相关学者开始尝试运用生态学的思想与方法开展研究,开创了行为与环境交互关系的现场研究。学者们相信心理现象只能在"背景"中被理解,而心理学研究对象必须由实验性行为转向现实性行为、由只考察个体转向考察个体与环境的交互关系。

学者勒温(K. Lewin)在 1944 年首次提出心理生态学的概念[69]，认为研究对象与研究背景之间存在关联。对个体或群体行为的了解，应首先考察环境为这种行为的发生提供的机遇、条件与约束力。巴克、赖特(R. Barker, H. Wright,1949)随后实现了由心理生态学向生态心理学的转变[70]，提倡个体的行为是以一种复杂的方式与内部组织和外部环境相联系的，生态环境具有结构性，且各部分间联系稳定[71]。

2.2.1.2 环境-行为理论的完善与演进

（1）环境-行为理论的形成

在勒温首次提出行为的人格与环境函数后，历经生态心理学数十年的发展及摩尔、巴克、西蒙(G. Moore, R. Barker, H. Simon)等学者为其改进付出的持续努力，这一理论逐渐完善。人类的环境被细化定义为物理环境和行为有机体之间的"人的社会集合"，并由此引申出唤醒理论、情绪三因子论、环境负荷理论、行为约束理论与行为场景等理论。至此，环境心理学正式完成了由生态心理学过渡而来的蜕变。在学界，环境心理学又被称作环境行为学、环境设计研究等[72]。

（2）唤醒理论

神经生理学认为，唤醒(arousal)是通过大脑唤醒网状结构引发的大脑活动的增强。唤醒理论首次提出了环境描述与评估的重要维度——唤醒度(arousability)[73]，愉快或非愉快的刺激均能提高唤醒度。认识理论中的情绪概念包含两种属性：强度与形式。唤醒水平能决定情绪的强度，而认知与评价(愉快或不愉快)则决定了情绪的形式。因此，环境心理学中的情绪是由行为、心理变化、主观体验组成的复杂概念。

（3）情绪三因子论

环境心理学家梅拉比安与拉塞尔(A. Mehrabian, J. Russel,1976)提出情绪三因子论，使用愉快/不愉快、唤醒/未唤醒、控制/屈从三个维度来综合描述情绪的状态[74]（图 2.3）。在此基础上，拉塞尔与拉尼厄斯按愉快与唤醒两个维度实现了对情绪的近似描述，形成了情感评价理论(affective appraisal)[75]，将人们对所处环境的情绪反应与环境刺激水平紧密关联起来。

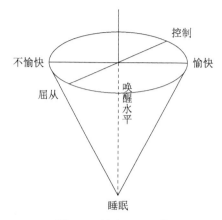

图 2.3　情绪三维度①

（4）环境负荷理论

在唤醒与情绪三因子理论的引导下,沃尔威尔(J. Wohlwill,1974)的研究发现,当环境刺激大于个体负荷能力时,个体将产生叛逆;而刺激不足会使个体难以忍受,从而寻求刺激[76]。因此,环境个体会基于经验来形成最优刺激水平。

（5）行为约束理论

当人们所处的环境约束到其行为时,会使人产生不愉快的感受,为重新建立对情境的控制而产生心理阻抗,若努力成功了便能赢回控制感;失败则将丧失控制感,造成习得性无助(learned helpless)。控制感体现着人们生存的信心与勇气,有利于人们对环境的适应。图 2.4 以高校图书馆读者普遍关注的阅览寻座问题为例,解释了行为约束过程。

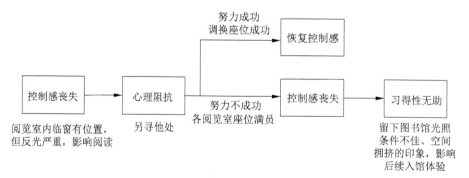

图 2.4　行为约束理论模型(以图书馆读者阅览寻座为例)

---

①　张媛.环境心理学[M].西安:陕西师范大学出版社,2015:29.

此外,由于行为场景理论与实体资源检索环境、情境概念关系密切,将在2.2.3节详细展开论述。

2.2.1.3 生态心理学中的个体行为

由于行为多元层次的特征,生态心理学将个体行为划分为"摩尔行为"与"瞬间一瞥行为",以突显各类行为所特有的行为背景[77]。摩尔行为,是指个体作为一个完整、独立存在的实体所发生的、目标导向的行为。它发生在个体的认知领域内,对于约束个体具有必要的意义。瞬间一瞥行为,是指自然环境下发生的、琐碎的、个体机制中或多或少相对独立、附属部分的行为,是一些物理印象,未经个体认知处理,没有组成有意义的物体和事件。两种行为类型比较见表2.1。

表 2.1　生态心理学中个体行为分类(以馆内 OPAC 检索为例)

摩尔行为	瞬间一瞥行为
从宿舍骑车到图书馆	出汗、四肢运动
在馆舍内寻找 OPAC 检索机器	眼动
使用检索式查询馆藏文献	手指屈伸、敲打动作、点击动作
书架前徘徊搜寻目标书目	腿部运动、视觉定位

2.2.2　环境心理学中的环境知觉与环境认知

2.2.2.1　环境的概念

环境心理学中的环境概念包括社会环境,也包括噪声、拥挤、空气质量、温度、建筑设计、个人空间在内的物理环境[77]。生态性环境概念较之环境更为复杂,也具有更强的指向性,区别于人类生活空间,生态性环境是一套人类行为与环境相互依赖的有序系统,它具备客观真实性,即时间和物理特征,由时间流中的无数个行为场景集合而成。

从个体摩尔行为的视角切入,生态性环境又可以理解为"摩尔环境"。它由密切相关的时间-物理场所,以及其中全部个体行为存在的多样但又稳定的模式两方面共同组成。因此,在进行环境主体行为研究时,界定普通生态单元应同时考虑时间-物理特征以及相应的超个体行为模式。

2.2.2.2　环境知觉

感觉(sensation)是个体或人脑对于外界刺激直接作用于感官时的简单、

单一的反映,而知觉(perception)是对各种感觉的综合与加工,是客观事物直接作用于感官而在大脑中产生的对事物整体的认识,它包含觉察、分辨和确认[77]。环境心理学认为,环境知觉是个体对环境信息感知的过程,是在环境刺激作用于感官后,大脑做出的综合反应。外界刺激和人脑中已有的知识经验均会对人的环境知觉产生影响。

2.2.2.3　环境认知

认知心理学之父 Neisser 在其著作《认知心理学》中对认知的概念界定如下[78]:认知是人对信息的接受、编码、操作、提取和使用的过程,它包括感觉、知觉、注意、表象、学习记忆、思维、语言等,是一种高级的心理过程。而环境认知(environmental cognition)是指人对环境刺激进行编码、存储、加工和提取的一系列过程,并通过对这一系列过程的加工来识别和理解环境。对于环境知觉与认知的关系,举例来说,新生入学后首次进入图书馆,通过视觉观察、分辨确认电梯口的位置,可称为环境知觉;但利用馆舍引导标识系统成功检索到所需书籍,则是一种环境认知,远比环境知觉要复杂得多。

环境认知研究领域一直以来关注城市与建筑物表象、认知地图、寻路行为等主题。其中,认知地图(cognitive map)是基于经验产生在头脑中、类似于现场地图的模型,是对局部环境的综合表象,包含事件顺序,也包含方向、距离、时间等要素。20 世纪 40 年代托尔曼(E. Tolman)最早通过动物实验证明了认知地图生成过程——认知成图行为[79]。后期学者通过草图法、言语描述法、任务识别法、距离估计等方法[80],对各类人群的认知成图能力与空间认知发展模式做了深入的研究。由于认知地图存在与现实空间的误差,因此失真(distortion)现象也代表了人们对环境的理解。该方向近年来在行为地理学、人类学、建筑学中发挥了重要作用。

寻路(wayfinding),包括计划、决策、信息加工等复杂的心理认知活动,其行为过程见图 2.5。寻路效果的好坏有赖于寻路者对空间的理解与心理控制能力,即空间认知能力。寻路者的个体维度因素,如性别、年龄、环境熟悉程度、方向感、寻路策略等生理、心理、智力素质均会影响空间认知能力。

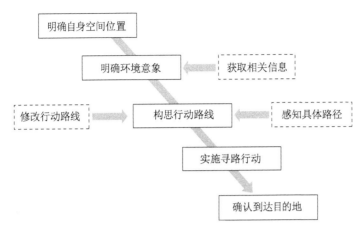

图 2.5 寻路行为过程图示

环境层面,寻路空间的环境特性,即环境易读性也显著影响着人们的寻路行为[81],其可细化为环境的差异性、视觉接近性、环境布局的复杂性等指标。再者,指路地图应与周围环境具有结构匹配性,地理坐标系统与自我指向的参照系统都具有指路的作用,统称为外界导向信息完备性要素,包括导向标识系统、地图、GPS 导航系统等。有关寻路策略的研究也一直持续深入地开展着[82]。

2.2.2.4 潜在环境认知

与环境认知对应的同层级概念是潜在环境认知(ambient environmental cognition),是指影响环境主体对多感官获取的环境信息的认知反应,它时刻影响着人们的情绪、工作业绩以及生理健康[77]。类型上可划分为照明、色彩、温度、声音、气味等。本章前文中介绍的情绪三因子理论、环境负荷理论均能有效预测人们对于潜在环境要素的反应[83]。以照明和色彩要素为例:环境照明的研究发现,人们对于环境自然光的偏好普遍大于人造光,选择适当的人造光源能够显著提升空间用户的活动频率[84]。较明亮的光线会使人们处于较高的激发状态,使人们对环境刺激做出更多反应,这在学界已达成共识。相反,黑暗环境下人们会放松社会抑制,较容易发生亲密、攻击、冲动行为。

环境色彩的属性与人类情绪高度相关,人们通常偏好较亮、偏冷色相的颜色。色彩心理认知研究发现,蓝色给人们安全舒适、镇定平静感;红色象征着刺激与保护;黑色带有消沉、有力感;紫色带来高贵感等[85]。色彩的环境负荷研究者认为,红色相对于蓝、绿色,能引发更强的激发状态[86]。

其他潜在环境认知要素,诸如气候、海拔与温度的研究均证明了潜在环境要素与人类环境知觉、环境认知行为之间的紧密联系。为了达到量化记录个体对潜在环境的差异化反应水平,研究者开发出一系列配套的纸笔测试量表,如知名的明尼苏达多项人格量表(MMPI)、加州人格量表(CPI),其中梅拉比安人格量表(questionnaire measure of stimulus screening & arousability)分属定向反应量表(ORI)类型,能够有效检测被试对环境刺激的过滤能力[87],由此区分出非过滤者(nonscreener)与过滤者(screener)。其中,非过滤者定向反应较强且久,环境中信息量增加会使他们激发水准上升,更易受到愉快、激发情境的吸引,而过滤者行为表现则完全相反。

2.2.3 实体资源检索行为的环境与情境

2.2.3.1 环境心理学中的场景与情境

(1) 行为场景理论

由于环境心理学对行为模式的描述注重人群与实质地点(physical setting)之间的关系,尤其是主体所处的环境与场合,会使他们在不同的环境中不断改变行为。在此背景下,行为场景是这样一种同型态(synapomorphy),它包含特定的时间与空间范围、明确的支持对象、行为主体具有的持续性行为模式。所以行为场景应包含"谁、做什么、在哪里、什么时候、怎么做"。正因如此,行为场景的集合也构成了生态性环境。

现实的行为场景由固定特征元素、半固定特征元素、非固定特征元素构成。前两者代指物理环境要素,如建筑元素(墙壁、天花板、地面、街道)和家具装饰元素,所表达的空间寓意逐次递增。非固定特征代指行为主体与空间的关系、动作(体态、面部表情、目光接触等)与情绪。

(2) 行为情境理论

行为情境同样属于生态单位,由物质环境(空间范围、器械设备)和行为方案(行为固定模式、管理方法和一套程序)组成,是一个或多个固定行为模式的集合。环境心理学中的行为场景与行为情境概念,都是生态性环境的构成单元,也都关注主体的持续性行为模式。但比较而言,行为场景还关注时间、空间及行为对象,而行为情境则更多聚焦在行为的物质环境与主体行为模式的集合。

2.2.3.2 信息检索的环境与情境

（1）信息搜寻理论视角

信息行为学将环境划分为微观与宏观两个层面,前者包含信息资源及计算机硬件、运行平台、操作系统与存储区域;后者指影响信息行为的所有社会及文化环境,包括信息政策、社会信息化水平、信息基础设施与信息产品。广义上的信息搜寻环境源自文化层面的环境概念[88],认为人们的信息搜寻环境依附于社会文化的"时空背景"。从该定义的对立面出发,学界更加关注狭义层面的信息搜寻环境。为学界普遍接受的环境定义是用户信息搜索交互平台与系统本身[89]。信息搜寻理论视阈下的环境与环境心理学中的概念在某种程度上保持了一致性,均承认环境对于塑造用户行为及其特征的决定性作用[90]。

信息搜寻、搜索情境的定义也与环境心理学的相关概念有相似之处。*Situational Interviewing* 一书对情境的原有定义是"人、地点和事件的结合体[91]"。此后,学者又提出了"近期目标、优先权及当前信息的可获取性等要素组成的综合体"的情境概念,既突出了搜寻行为发生的时空信息,也将"事件"的概念细化分解为优先权、可获取性等要素[92]。可见,信息搜寻情境概念属于环境概念的子集,具有较强的指向性。

（2）实体资源检索行为视角

结合环境心理学与信息搜寻行为理论中关于环境与情境的概念,本书认为实体资源检索行为发生的环境也即信息主体与实体信息系统、媒介、机构交互时产生的时间-物理场所,与同时具备持续性、多样性与超个体行为模式特征的集合,是一种由无数检索行为场景构成的摩尔环境。各类实体资源检索环境中的主体检索行为,都受环境认知要素或潜在环境认知要素差异化的影响而产生截然不同的行为特征。

实体资源检索情境则强调检索行为发生的物质环境与主体-空间关系,是实体资源检索环境的衍生概念,依附于检索环境而存在。其中的物质环境指固定或半固定的特征元素,如图书馆、商场、书店室内建筑,以及空间内的各类装饰与功能元素;而主体与物质客体之间的关系（非固定特征）包含动作、表情、情绪、行为模式等。实体资源检索情境深度影响、限制检索行为及模式特征,检索行为也随情境的改变而变化。此外,根据情境意识模型与人-情境模型理论[93],实体资源检索情境对主体检索效果存在显著的影响作用。

2.3　高校图书馆读者实体资源检索行为界定

2.3.1　高校读者实体资源检索行为内涵

2.3.1.1　概念定义

（1）定义

根据前面章节相关概念,高校图书馆读者实体资源检索行为可界定为:读者群体为满足知识需求、文化需求、生活需求的信息搜索目的,使用高校图书馆空间环境设施设备与实体馆藏检索交互系统,查询、搜索并获取实体资源的行为。高校图书馆读者实体资源检索行为包含了读者入馆、寻路、资源定位与搜索的完整流程。

（2）高校图书馆实体资源类型

2.1.3 节简要表述了高校图书馆内的实体资源类型,除传统的纸质文献类型外,还包含各类多媒体数据载体资料,以及伴随各式文化活动、创客运动的兴起而引进的技术设备,从性质上判断,以上均属于高校图书馆实体资源范畴。但现有高校图书馆各类实体资源中,纸本书籍馆藏比例仍然一家独大,绝大多数读者入馆检索的对象都是纸质书籍。因此,为保证本书的研究与图书馆实体资源实际使用状况相匹配,同时确保研究结论的可移植性与实践指导意义,本书中的高校图书馆实体资源限定在纸本书籍范围内。

（3）高校图书馆实体资源检索环境

读者实体资源检索的环境指读者与高校图书馆实体资源检索系统、媒介、机构交互时所处的时间-物理场所,包含了所有高校图书馆的固定、非固定空间要素,是一种由无数读者实体资源检索行为情境构成的摩尔环境。而读者实体资源检索的情境则指高校图书馆的物质环境与检索者超个体行为模式特征的集合,是实体资源检索环境的衍生概念,依附于检索环境而存在。

（4）高校图书馆实体资源检索设备与平台

定义中的高校图书馆空间环境设施设备是包括馆舍建筑、书库空间、物理通道、室内环境的功能性或装饰性设计与基础能源设施在内的固定或非固定的空间元素。实体馆藏检索交互系统是基于高校图书馆各类型纸本、实体馆藏资源,及配套功能区间与检索设施组成的交互式检索平台,囊括了馆内的开架搜索功能区间、寻路引导系统、编目信息查询系统与分布节点、人工服务站点等。

（5）概念区分

需要指出的是,本概念重点聚焦实体空间内的读者行为模式特征及其与图书馆室内环境要素间的交互关系。数字平台上的读者虚拟编目检索系统交互行为属于基于人机交互的检索行为范畴(图 2.2),故不包含在此概念之中。

2.3.1.2 特征

由于摩尔环境的特性,高校图书馆环境与实体资源检索行为情境深度影响读者的检索行为,限制着读者馆内的检索行为及模式特征。而随着实体资源检索情境的改变,读者馆内检索行为模式也相应地发生着嬗变。同时,根据情境意识模型与人–情境模型理论[94],图书馆实体资源检索情境对读者检索行为绩效存在显著的影响作用。

读者通过对图书馆物理场所的环境认知与潜在环境认知来知觉馆舍带来的环境刺激,当环境负荷达到最优刺激水平时,读者感受到的环境唤醒度与愉悦度也将达到最佳阈值区间,对于实体资源检索活动的控制感也将达到最佳状态。如若环境因素调试异常导致读者环境负荷失常,也将造成读者检索成效的降低,甚至造成习得性无助。因此,受高校图书馆环境与情境的影响,读者馆内实体资源检索行为具有极强的依附性与动态性特征。

2.3.1.3 分类

（1）高校图书馆读者的馆内实体资源需求分类

信息行为学中的信息需求产生于人们对不确定性的消除,是为应对人们意识到自己出现知识非常态(anomalous state of knowledge)时的警觉[95],以防止信息不足[96]、认知差距的发生。也因为信息检索过程中的信息需求存在动态性、多重性的发展特征[96],因而人们会不断地产生新的信息需求。

将目光聚焦于高校读者群体的信息需求,依据功能性信息搜索模型理论可将其划分为[97]:① 功利性需求,如补充专业知识技能、应试、写作(论文、专著);② 休闲娱乐需求,如消遣式阅读、生活信息查询;③ 创新需求,如通过阅读寻求创作灵感;④ 美学需求,如欣赏文学、绘画、音乐等艺术信息,以陶冶个人情操,培育审美素养;⑤ 标志性需求,这一点与图书馆建筑的社交场所属性密不可分,标志性需求具有的社会性强调信息搜寻活动本身就具有社会交往意义,大学生入馆借阅书籍不仅是一种知识获取的表现,也有一种"勤奋好学"的象征意义。

（2）高校图书馆读者的馆内信息检索行为类型

进一步分析高校读者的信息需求可以发现,对于部分检索任务而言,读者在任务初始阶段往往难以清晰地描述其知识非常态的水平或正遭遇的"不确定性"到底是什么,随着检索进程的推进,读者才逐渐明确自己的信息需求,即潜在状态信息需求,其对立概念称为自觉状态信息需求[98]。

本书据此将高校读者馆内实体资源检索行为分为两类:读者的未知信息需求对应非定向型检索行为;而明确的信息需求则对应定向型检索行为。前者常出现在读者试图满足休闲娱乐需求、创新需求、美学需求与标志性需求的情境下,由于检索目标不明确,读者倾向采用随机浏览的方式,按照主题大类在检索信息系统内尝试获取书目信息,或在书架上任意翻阅感兴趣的内容。而后者具有明确的行为流程与逻辑,当读者能使用明确的检索情境语言来表达信息需求时,自觉状态信息需求就升级为信息检索系统语言化状态[98]。

综上,高校图书馆读者馆内实体资源检索行为内涵框架见图 2.6。

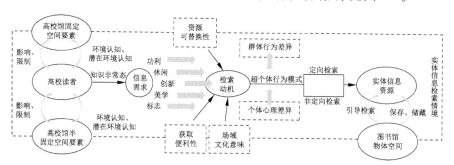

图 2.6　高校图书馆读者馆内实体资源检索行为内涵框架

2.3.2　高校读者实体资源检索动机

人类所有有意识的行为都是在动机的支配下进行的,动机是引起和维持个体行为,并将人的行为导向某一目标的心理过程或主观意愿[63]。感到缺乏或期待满足是动机产生的内在条件,外在条件的刺激也能促使动机的产生。信息动机与信息需求是紧密联系的,需求水平的高低决定了动机能否形成,继而决定了信息行为的产生与否。

与传统信息行为研究中动机的产生源头不同的是,高校读者的馆内实体资源检索动机不仅出自信息非常态或读者自我知识状态认知不满时激发的信息需求[96],也源自图书馆实体资源的可替换性与便利性价值,以及实体资源检索行为独特的文化意味体验。

网络技术与数字信息资源体量爆炸式发展与增长的社会背景,使得人们的知识、文化信息需求获取渠道得到最大程度的丰富。在面临网络海量信息资源与各类服务优良的商业化实体资源销售平台时,人们很难说出哪一件常规馆藏是无法在上述信息渠道下载或购买得到的。但免费网络信息资源的下载涉及知识产权纠纷且质量良莠不齐,师生花费大量的时间精力成本而往往难以完成预定的检索目标;数字商城实体资源的购买需要支付金钱成本。对比之下不难发现,图书馆馆藏因免费且可替换性资源的获取特性与即时可取的便利性特点获得了读者的青睐。

更为重要的是,图书馆建筑作为读者实体资源检索行为发生的环境,天然地形成了一种文化场域,使得大学图书馆建筑被塑造成精神层面上的一种标志,是求知精神、学术精神,乃至大学精神的象征。物理馆舍与精神空间的交融产生巨大的文化引力,吸引着师生读者来此借阅与学习。因此,馆内实体资源检索既能满足读者实用性的信息需求,又可使读者流连于精神场所中感悟和享受文化的精髓。这正是高校图书馆较之数字网络信息平台所独有的、不可替代的优势。基于此,高校读者群体的实体资源检索动机得以激发。

2.3.3 高校读者实体资源检索过程阶段

信息检索行为阶段模型研究初期,Kuhlthau 首先提出了信息搜寻六阶段模型[99],认为信息搜寻流程由任务初始、主题选择、探索、观点形成、收集和结束总结六阶段构成,包含了影响、认知与物理三个层面。类似地,Wilson 信息检索行为一般性模型[27]同时涉及信息交流、信息传递、信息利用等环节。随着学界对于信息搜寻行为阶段理论模型构建的关注,越来越多的学者在经典信息搜寻过程模型基础上提出改进,如虚拟学习背景下的信息搜寻处理过程模型就是参照 Kuhlthau 的阶段模型设计的[100]。在阐述了综合学界经典信息搜寻理论与上述章节概念框架后,本书以高校读者实体资源检索行为类型为界,构建了检索行为过程整合模型(图 2.7)。

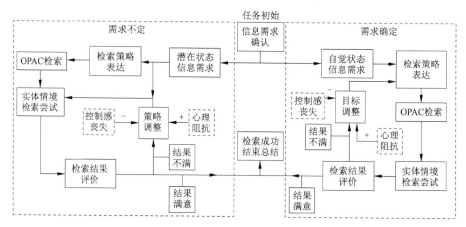

图 2.7   高校读者实体资源检索行为过程阶段整合模型

图 2.7 中,当信息需求不确定呈潜在状态时,读者会首先通过试探性检索确定可能所需信息资源的编目子类,或者尝试直接到相应主题书库的书架前翻阅感兴趣的书目,如获得满意的检索结果则结束行为,否则调整检索策略、更改目标书目主题并再次尝试。这类行为与 Bates 提出的摘浆果(berrypicking)信息搜寻动态模型十分吻合[101]:检索过程中的信息需求和由此产生的检索行为是不断变化的,信息搜索过程达到节点后,会导向新的难以预测的方向,而原始检索目标优先级却被降低,用户信息搜索的目的并非一次检索便能达成。

当信息需求明确、呈自觉状态时,读者将根据已有检索知识编制检索策略并依据编目信息入库搜索,如书架并无此书,读者通常考虑更改检索目标,并重新搜索目标位置。两类实体资源检索的失败都伴随着心理阻抗与控制感丧失的产生,前者能够激励读者调整态度继续尝试,而后者则会导致沮丧感的产生,失败次数过多的检索将引发习得性无助,造成读者对馆藏资源检索体系失去信心。

2.4   高校读者实体资源检索行为概念模型

遵从混合研究方法论范式[102],本小节使用扎根理论定性研究方法的归纳逻辑,来抽取、分析高校读者实体资源检索行为绩效影响要素,进而构建行为概念模型。

2.4.1　扎根理论研究方法概述

扎根理论研究法是一种从原始资料中归纳、建构理论的定性研究方法，人们可以通过系统的分析法对实证资料进行分析归纳，以发展概念和建构理论。扎根过程中收集数据时发现新的问题后，从其他信息来源寻找新的数据进行核实，不断以新数据与已有数据所形成的类别或范畴进行比较，实现理论饱和的目的，是扎根理论最显著的特征[103]。

为弥补传统扎根编码方式主观性与数据复杂性的弊端，20 世纪 80 年代末计算机辅助定性数据分析法兴起。该法遵循"编码与获取"原则，可有效替代文本检索、页边空白笔记、系统卡片笔记等传统人工编码方法。向软件导入原始实证资料，执行编码后建立节点，经分类搭建节点间联结形成关系网络，通过文本检索与可视化分析生成模型供研究者挖掘数据背后的逻辑规律与主题(图 2.8)。该方法在减轻数据复杂性的同时，有效降低了研究过程中的主观性因素风险。本章节使用 Nvivo 11 Pro 软件进行扎根分析。

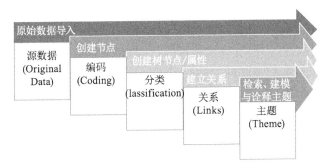

图 2.8　计算机辅助定性分析流程

2.4.2　扎根理论研究流程

2.4.2.1　数据获取来源

扎根理论研究主题定为高校读者实体资源检索行为影响要素分析，调研自 2015 年 9 月至 2018 年 3 月间开展，对中美两国共计 108 名高校学生、教师、高校图书馆馆员(工作者)进行半结构化深度访谈、焦点小组访问、关键事件技术分析与参与式跟踪观察，同时结合了笔者在此期间对中美两国 40 余家高校图书馆的田野调研、非介入跟踪观察结论，详细扎根来源数据见表 2.2，半结构访谈核心大纲见附录 B.1。

表 2.2　编码数据获取来源与数据类型总览

数据搜寻时段	数据获取地	数据搜寻对象		数据获取方法	数据类型	数据数量
2015.9—2018.3	中国(安徽、福建、甘肃、广东、贵州、河北、河南、黑龙江、湖北、湖南、江苏、内蒙古、山东、陕西、上海、四川、香港、浙江、重庆) 美国(伊利诺伊州、俄亥俄州、印第安纳州、纽约)	本硕博学生	中国　31 人	半结构化深度访谈、焦点小组、关键事件技术、田野调研、非介入式跟踪观察、参与式跟踪观察	访谈录音	55 段/约19 小时10 分钟
			美国　28 人			
		高校教师	中国　7 人		访谈文本	约 52300 字
			美国　8 人		田野笔记/扎根备忘录	约 23717 字
		高校图书馆馆员/从业者	中国　19 人		图片	295 张
			美国　15 人			

2.4.2.2　计算机辅助定性研究数据编码

使用 NVivo 导入、清洗原始数据,按照图 2.8 的分析流程,依照"自下而上"的编码原则,从原始素材中提取核心语意,形成基本可编辑的节点,即扎根理论范畴。例如,曾有学生读者在被问及馆内线路搜索便利性问题时,谈到第一次入馆时认为"所在馆舍空间规模很大,因一楼至四楼采用半侧连通结构,读者在大厅即能一览四层空间无遗,给人以空旷、敞亮、通透的感受,令人耳目一新,扫除了一般高校馆舍环境的静谧与压抑,读者在馆内的检索行动效能与在馆意愿也因此得益"。根据环境认知相关理论,将上述相关编码内容汇总为"空间规模"节点。依照此规则,最终开放编码环节生成一级编码32 个、主轴编码环节生成二级编码与主题分类 11 个、开放编码环节产生关键概念 6 个与核心概念 2 个。

2.4.2.3　编码过程分析

(1)实体检索成本与收益是影响读者馆内检索行为动机的重要因素,这对变量在左右读者入馆意愿的同时实现动态的平衡。

一方面,高校读者顾虑投入过多的检索成本,如时间与精力进入检索过程,而替代性知识信息来源,如商业网站、资源共享论坛,又无时无刻不在升级数字资源的吸引力,馆内实体资源检索的必要性面临严峻考验。

另一方面,高校图书馆的纸本资源又发挥着数字资源无可比拟的作用:专业性专著一般难以从其他渠道获取免费的数字版本,大量商业知识来源恐怕会加重读者的经济负担,而众多师生反映,馆内检索更多是一种实体空间的文化体验与享受,纸本书籍的魅力是电子书不可企及的,且当下各类 OPAC 检索系统的便捷性大大提升,也为读者节约了宝贵时间。因此,将这两个关键概念汇总至读者馆内检索动机类目下,见表 2.3 中 A1~A7 所示。

表 2.3　编码与节点内容示例-1

选择性编码(核心概念)	选择性编码(关键概念)	主轴编码(二级编码/主题分类)	开放式编码(一级编码)	原始陈述语篇示例	编号	参考点	覆盖率
主体要素	读者馆内检索动机	实体检索成本	时间花费	"在架找书比较困难,要花好长时间,专业类书籍都太久了(陈旧),类型也有限,找不到前沿、主流的书。"(访谈)	A1	26	21%
			流程复杂性	"书架上的书好多标签都模糊了,看不清楚,找书有点烦的感觉,数字太多了。"(访谈)	A2	32	29%
			人为因素阻碍	"书架排布比较混乱,标签有损毁和人为调换等情况。"(田野调研)	A3	15	17%
		实体检索收益	知识资源需求满足	"绝大多数来 Grainger Library 的都是工程类专业的学生,一下午尝试询问了几个在开架区找书的学生,多是以借阅本专业著作为主。"(田野调研)	A4	27	31%
			资源类型丰富	"Undergraduate Library 给人极大的新鲜感,除了各专业书籍,更多的是电影、音乐、游戏光碟,甚至还有类似创客空间的录音棚,总让人觉得不像是学术图书馆。"(田野调研)	A5	36	40%
			馆内文化体验	"我特别享受这种坐在图书馆内看书的感觉,有种陶渊明的感觉,但这种感觉就只能在图书馆内看书才有,在宿舍就不会有。"(访谈)	A6	16	19%
			检索平台便捷性	"OPAC 系统其实很好用,反正我入学那会儿很快就学会了,对后面查书帮助很大。"(访谈)	A7	13	15%

（2）感知易用性本指人们相信从事某事务所不需努力的程度。在实体资源检索情境下，读者对于检索流程本身难易度的认知，以及自身实际检索水平的高低均会显著影响读者对实体检索易用性的判断。检索条件人性化程度越高、环境越宜人、个人检索能力越强，其对于自己实体资源检索效能的评价也会越高，自信心越强。

卷入概念源自社会判断理论，本指个人受限于自我地位角色限制而对于相反意见产生的态度，信息检索行为研究中将其引申为检索主体对检索环境或情境的认可程度，体现为检索主体对检索环境或情境的熟悉程度。扎根分析中，B4~B6 概念的整合恰与卷入（involvement）的内涵相匹配，因此延伸出环境卷入概念，表示读者对实体检索环境与情境的熟识程度。考虑到检索能力与感知易用性及环境卷入之间的强关联性，将这两个关键概念合并为实体检索能力概念（表 2.4）。

表 2.4　编码与节点内容示例-2

选择性编码（核心概念）	选择性编码（关键概念）	主轴编码（二级编码/主题分类）	开放式编码（一级编码）	原始陈述语篇示例	编号	参考点	覆盖率
主体要素	实体检索能力	检索易用性	检索难易度认知	"（检索书籍）挺好用的，二楼是自科、三楼是社科、五楼是外语和期刊，还是很容易记的。"（访谈）	B1	22	20%
			检索策略多样	"（书架上找书）我一般都是先看书号，找到大致位置再看标题。""悬挂式的（标志牌）分自科、社科在哪一层，立式的分 A 区、B 区，还有字母，更详细点。功能不一样。搜书时，首先会看在哪个区，再根据悬挂式（标志牌）看在第几层。悬挂式（标志牌）很有用。"（访谈）	B2	31	29%
			检索技术熟识	"这些（指检索流程）都知道，在上信息检索课时一个女老师教的，刚开学时也来机房做过入馆培训。"（访谈）	B3	19	13%

选择性编码（核心概念）	选择性编码（关键概念）	主轴编码（二级编码/主题分类）	开放式编码（一级编码）	原始陈述语篇示例	编号	参考点	覆盖率
主体要素	实体检索能力	环境卷入	入馆频次	"我不太喜欢图书馆借书，一是没时间，第二确实很多次都找不到，就干脆不来了。"（访谈）	B4	32	21%
			习惯性检索	"有的人可能习惯网上搜信息，我也会用，只是我认为在馆内找书和在网上查信息时一样方便。"（访谈）	B5	11	14%
			接触时长	"有关系（指接触时长与检索能力），我室友就常来图书馆，这里他摸得熟，我常常让他帮我借书带回来。"（焦点小组）	B6	20	23%

（3）C1～C3 均与读者空间认知水平相关，C4～C6 和 C7～C13 分别显示了读者对于馆舍实体空间路线的搜索辅助能力，以及对于物理空间本身的关注程度。而物理空间又能够按照行为地理学中的意象概念划分为区域与道路两大元素，因此考虑再将 C7～C13 分为两项主题，即空间格局与区间通道便利。本章理论阐述部分重点论述的是环境心理学理论，恰能用于解释扎根结论中读者实体检索时对于馆舍物理空间环境的认知行为，因此引入环境认知要素，囊括馆内读者导向与馆内路线搜寻便利性两个概念（表 2.5）。

表 2.5　编码与节点内容示例-3

选择性编码（核心概念）	选择性编码（关键概念）	主轴编码（二级编码/主题分类）	开放式编码（一级编码）	原始陈述语篇示例	编号	参考点	覆盖率
环境要素	环境认知要素	馆内读者导向	方向辨识能力	"主要是靠标志物（定位），我家人比较喜欢用南北方位来辨别，我有时候会分不清在哪个方向。"（访谈）	C1	27	29%
			功能区定位	"Champaign 一楼的部署简洁明了、很大气，网络活动区的玻璃外墙装饰得充满活力气息，很远就能看到。"（田野调研）	C2	16	17%

续表

选择性编码（核心概念）	选择性编码（关键概念）	主轴编码（二级编码/主题分类）	开放式编码（一级编码）	原始陈述语篇示例	编号	参考点	覆盖率
环境要素	环境认知要素	馆内读者导向	导向策略	"他在电梯立式引导牌前停了下来,若有所思,一会儿后又折回头去,沿楼梯去了二楼。"(跟踪观察)	C3	38	36%
		馆内路线搜寻便利	特征标识物	"红色的电梯很抢眼,我总是以它为中心,知道出了电梯门正对的就是社会书库。"(访谈)	C4	41	39%
		空间导向辅助	标识牌	"(找路)挺复杂的,到图书馆找不到方向,(我)方向感不强,(一般通过)看地图、指示牌找方向,引导牌很有帮助,立式的更好,悬挂式的颜色不明显。"(访谈)	C5	35	31%
			导向地图	"台式的电子导向地图似乎并不是很受学生们的欢迎,摆放位置很集中,也许是标识牌标注得足够清楚。"(田野调研)	C6	19	17%
			建筑风格	"Harper 馆历史悠久,哥特式的风格令人沉醉,精美的内饰有点让人眼花缭乱不知所往。"(田野调研)	C7	24	21%
		空间格局	格局规整	"四平八稳的格局实在很难迷路啊。"(焦点小组)	C8	16	17%
			格局简洁	"芝加哥大学 Mansueto 图书馆堪称现代图书馆建筑中的一颗明珠,全透明半球式的地表结构简洁至极,除了阅览区并无一列书架,全部转移至地下几十米的自动密集书库中去了。"(田野调研)	C9	14	11%
			空间规模	"对我来说并不是很大,不太可能迷路,但如果是陌生的图书馆就不好说了。"(访谈)	C10	23	29%
		区间通道便利	电梯方位便利性	"总之我们馆的电梯位置还是很合理的,不仅数量足够,中间的电梯还四通八达。"(访谈)	C11	10	17%

续表

选择性编码（核心概念）	选择性编码（关键概念）	主轴编码（二级编码/主题分类）	开放式编码（一级编码）	原始陈述语篇示例	编号	参考点	覆盖率
环境要素	环境认知要素	区间通道便利	楼梯位置显著性	"镂空设计的楼梯还是很实用的，不仅比较吸引人眼球，也有一种简约美。"（访谈）	C12	11	9%
			走廊连通性	"太多的拐弯总让人记不住路，如果横平竖直就会好很多。"（访谈）	C13	15	11%

（4）最后基于潜在环境认知理论，匹配传统潜在环境认知要素与扎根梳理出的要素，发现读者对于这类要素的认知特征呈现两种趋势：一类属于偏好型潜在环境认知；另一类属于过滤型潜在环境认知。前者主要包含物理空间环境的色彩与光线，读者认为此类要素在检索过程中并非是干扰，调整这类要素的属性与量值能够起到优化检索体验的功能；后者则包括温湿度、噪声、拥挤等常规环境变量，这类要素一旦低于或高于某一阈值，将使得其质变成为环境的干扰因素，如过高或过低的温度都将削减读者入馆的意愿。因此，将D1,D2与D3~D6分置于两类概念下，并合并成为潜在环境认知要素这一关键概念（表2.6）。扎根理论分析概念模型见图2.9、图2.10。

表2.6 编码与节点内容示例-4

选择性编码（核心概念）	选择性编码（关键概念）	主轴编码（二级编码/主题分类）	开放式编码（一级编码）	原始陈述语篇示例	编号	参考点	覆盖率
环境要素	潜在环境认知要素	环境偏好	光线偏好	"光线有一点影响，有的地方亮，视线比较好；有的地方暗，或书本有褶皱、书号有磨损，有时候就会忽略，直接跳过目标。"（访谈）	D1	49	41%
			色彩偏好	"我喜欢冷色调，暖色调会让我焦躁。四楼就很好，书架颜色偏深，像家里的中式家具；我比较喜欢普通阅览室。"（访谈）	D2	45	37%

续表

选择性编码（核心概念）	选择性编码（关键概念）	主轴编码（二级编码/主题分类）	开放式编码（一级编码）	原始陈述语篇示例	编号	参考点	覆盖率
环境要素	潜在环境认知要素	干扰过滤	湿度过滤	"几乎不会（受湿度影响），但受天气影响很大，夏天怕热，冬天怕冷，晴雨还好，主要是温度。"（访谈）	D3	7	5%
			温度过滤	"夏天还好，冬天有点冷。去年冬天图书馆空调坏了，来馆频率会降低。"（访谈）	D4	13	15%
			拥挤过滤	"（所在馆）空间更空旷，占地比较大，我喜欢空旷的（阅览空间）。"（访谈）	D5	9	16%
			噪声过滤	"（镂空楼梯）走的时候会有声音，（楼梯是）空心的木质的，不太安全是因素之一，最主要是会吵到别人，还有一块铁皮的，踩上去也会发出声音。我觉得有一块设计很好，图书馆椅子下面感觉是布料，不会发出声音。"（访谈）	D6	28	32%

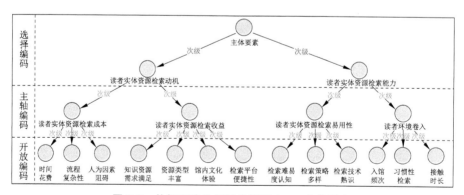

图 2.9　扎根理论分析概念模型 1——主体要素

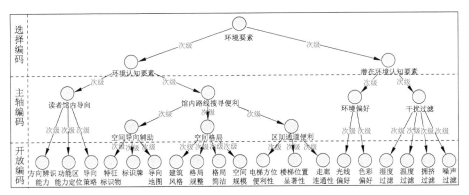

图 2.10　扎根理论分析概念模型 2——环境要素

2.4.2.4　扎根分析信度、效度检验

为提升扎根分析的研究信度,首先,研究者常提升数据的获取渠道与形式多元性,拒绝单一数据搜集手段,保证数据获取的丰富性;其次,为了提高访谈转录的准确性,研究者会反复比对原始数据来源的客观性与无偏性。而为了提高扎根研究效度,除了尽量保持敏感与中立态度,搁置个人主观观点与想法外,部分研究者还会将编码结果交付被试者检测确认编码准确性。本书在编码过程中严格遵照以上几点,但由于扎根理论方法范式性质,仍难以保证概念模型去主观化,因此引入 LDA 主题建模法,检验扎根结论之客观性。

2.4.3　LDA 主题模型复核

2.4.3.1　LDA 主题模型简介

LDA 主题模型(topic model)是一种对离散数据集(如文档集)建模的概率增长模型[104],以"文档、主题、关键词"为层次结构,通过加入 Dirichlet 先验分布来解决 PLSA 主题模型中存在的过拟合现象的三层贝叶斯概率模型,其基本思想是,每个文档都可以表示成若干潜在主题的混合分布,每个主题是词汇表中所有单词的概率分布。由于 LDA 主题模型具有优秀的降维能力、针对复杂系统的建模能力和良好的扩展性,因而可以完成文本分类、话题检测、文本自动摘要和关联判断等多方面的文本挖掘任务,帮助人们理解海量文本背后隐藏的语义。

如图 2.11 所示,LDA 模型是典型的有向概率图模型,具有清晰的层次结构,依次为文档集合层、文档层和词层。LDA 模型由文档集合层的参数(α, β)确定,其中,α 反映文档集合中隐含主题间的相对强弱,β 反映所有隐含主题自身的概率分布。随机变量 θ 表征文档层,其分量代表目标文档中各隐含主题的比重。在词层,z 表示目标文档分配在每个词上的隐含主题份额,w 是目标文档的词向量表示形式。

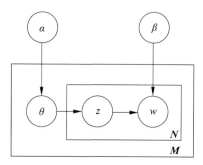

图 2.11　LDA 模型图示

以下是 LDA 模型应用于文档集主题建模的符号约定:

(1) 词是文本数据的基本单元,是用 $\{1,\cdots,V\}$ 索引的词表分项。词表中的第 v 个词用一个 V 维的向量 w 表示,其中对于任意 $u \neq v$,$w_v = 1$,$w_u = 0$。

(2) 文档是 N 个词的序列,表示成 $d = \{w_1, w_2, \cdots, w_n\}$,$w_n$ 是序列中的第 n 个词。

(3) 文档集是 M 个文档的集合,表示成 $D = \{d_1, d_2, \cdots, d_M\}$。

LDA 概率主题模型生成文本的过程如下:

(1) 对于主题 j,根据 Dirichlet 分布 $Dir(\beta)$ 得到该主题上面的一个单词多项式分布向量 $\varphi(j)$。

(2) 根据泊松分布 $Poisson(\xi)$ 得到文本的单词数目 N。

(3) 根据 Dirichlet 分布 $Dir(\alpha)$ 得到该文本的一个主题分布概率向量 w_n。

(4) 对于该文本 N 个单词中的每一个单词 w_n:

① 从 θ 的多项式分布 $Multinomial(\theta)$ 中随机选择一个主题 k;

② 从主题 k 的多项式条件概率分布 $Multinomial[\varphi(k)]$ 中选择一个单词作为 w_n,假设有 k 个主题,则文档 d 中的第 i 个词汇 w_i 的概率计算方法如式(2.1)所示:

$$P(w_i) \sum_{j=1}^{T} P(w_i \mid z_i = j) P(z_i = j) \tag{2.1}$$

其中,z_i 是潜在变量,表示第 i 个词汇 w_i 取自该主题,$P(w_i|z_i=j)$ 是词汇 w_i 属于主题 j 的概率,$P(z_i=j)$ 给出文档 d 属于主题 j 的概率。第 j 个主题表示为词

表中 V 个词的多项式分布 $\varphi_{w_i}^j = P(w_i | z_i = j)$，文本表示成 K 个隐含主题上的随机混合 θ_j^d。于是文本 d 中"发生"词汇 w 的概率为：

$$P(w \mid d) = \sum_{j=1}^{T} \varphi_w^j \times \theta_j^d \qquad (2.2)$$

通过 EM 期望最大化算法求最大似然函数可计算最大似然估计量 α, β 的参数值：

$$l(\alpha, \beta) = \sum_{i=1}^{M} \log p(d_i \mid \alpha, \beta) \qquad (2.3)$$

进而确定 LDA 模型，其中文本 d"发生"的条件概率分布为：

$$p(d \mid \alpha, \beta) = \frac{\Gamma(\sum_i \alpha_i)}{\Pi_i \Gamma(\alpha_i)} \int \left(\prod_{i=1}^{K} \theta_i^{\alpha_i - 1} \right) \left(\sum_{n=1}^{N} \sum_{i=1}^{k} \prod_{j=1}^{V} (\theta_i \beta_{ij})^{w_n^j} \right) \mathrm{d}\theta \qquad (2.4)$$

2.4.3.2   LDA 主题模型分析流程

本研究使用 Python 语言编写 LDA 主题建模算法（见附录 A.1），使用扎根理论编码文本作为原始数据，包含被试访谈文本、田野调研跟踪观察记录等，总数据量约 75000 余字。经由 Jieba 中文分词算法分词后（附录 A.2），导入 LDA 运算。由于使用主题建模的目的在于验证扎根理论分析的客观性，因此尝试按照扎根概念模型的分类层级进行编码文本的主题建模。

首先验证的是高校读者实体资源检索行为影响要素的核心编码划分合理性，参数 α, β 初始均赋值 0.2，K 为聚类个数设置为 2，迭代次数 100，各主题下主题词 top_words 个数赋值 15，经运算调试最终确定参数 α, β 值为 0.3（表 2.7）。而后尝试将 K 赋值为 4，参数值不变，以验证扎根关键概念的划分客观性，模型结果见表 2.7。

对比表 2.7 与图 2.12，可以明显发现 LDA 主题建模结果与扎根理论分析结论之间存在的共性：核心概念划分上，LDA 模型 2 个聚类内含主题词较明确地显示出主体要素与环境要素的核心语意，如"好找"体现检索主体的感知易用性、"方便"表示主体对检索成本的关注、"格局"显现馆舍室内空间对检索者环境认知的影响、"色调"突显检索者的潜在环境要素偏好。与之类似，关键概念的设置上，LDA 模型 4 组聚类结果也与图 2.13 的词云图结果具有较高的相似性。因此判断，该主题扎根理论分析结果具有较好的效度。

表 2.7　LDA 主题建模结果

主题编号	主题词	出现概率	主题编号	主题词	出现概率	主题编号	主题词	出现概率
核心编码 Topic 0	影响	0.010123	核心编码 Topic 1	颜色	0.023318	关键概念 Topic 0	书库	0.012342
	比较	0.010123		空间	0.013012		阅览室	0.011585
	印象	0.00882		楼梯	0.010864		知道	0.01007
	到馆	0.007082		格局	0.010435		观光	0.009313
	找书	0.006213		建筑	0.008288		位置	0.008556
	方便	0.005344		噪音	0.007858		检索	0.007042
	帮助	0.004909		暖色调	0.006141		比较	0.006285
	好找	0.004909		方向感	0.005711		五楼	0.006285
	看书	0.00404		标志物	0.005282		沙发	0.006285
	编号	0.00404		色调	0.003994		餐厅	0.006285
	找	0.014902		喜欢	0.016018		厕所	0.005527
	书	0.012295		容易	0.007		机房	0.00477
	第一次	0.010557		平时	0.005282		自习	0.00477
	情况	0.004475		旋转	0.004852		电脑	0.00477
	看到	0.00404		倾向	0.003994		社科	0.004013
关键概念 Topic 1	影响	0.030474	关键概念 Topic 2	印象	0.016802	关键概念 Topic 3	感觉	0.01798
	检索	0.01878		标志物	0.011578		建筑	0.011144
	比较	0.016028		南北	0.009837		入馆	0.011144
	地方	0.009149		方向感	0.008967		暖色调	0.009776
	好找	0.007773		坐标	0.007226		觉得	0.008409
	方便	0.006397		频率	0.007226		看书	0.006358
	注意	0.00571		建筑风格	0.007226		冷	0.006358
	书架	0.005022		认路	0.006355		倾向	0.006358
	看书	0.005022		设计	0.005484		环境	0.004991
	不好	0.004334		东南西北	0.005484		搭配	0.004991
	书库	0.004334		东西南北	0.005484		压抑	0.004307
	适合	0.004334		习惯	0.004614		简洁	0.004307
	需要	0.003646		辨别	0.004614		受	0.003623
	一点	0.003646		熟悉	0.004614		灯	0.003623
	位置	0.003646		公共	0.003743		冬天	0.003623

图 2.12　核心概念编码内容词云分析图

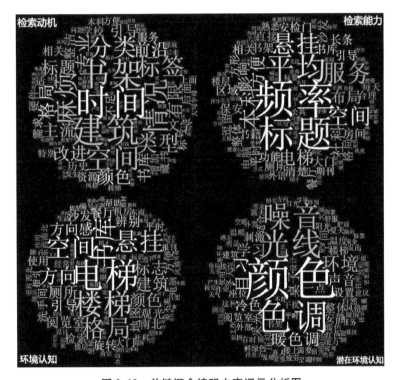

图 2.12　关键概念编码内容词云分析图

2.4.4　扎根理论反思

分析扎根理论概念模型与 LDA 主题模型发现,首先,高校读者实体资源检索行为受到主体因素,即检索动机与检索能力的影响。检索成本与检索动机间负向关系显著,扎根分析验证:感知成本较低的读者其检索意愿会更为强烈,更加享受检索过程,因而造成了更加愿意在馆内检索资源的读者其感知检索收益也更为丰富,形成良性循环;又由于长期在馆检索习惯的培养与检索技能的磨炼,使得具备较高检索素养与能力的被访者的检索自信度显著高于其他读者,也正是这类读者最能体会到实体资源检索时微妙的文化体验与感悟。

其次,读者对于馆舍的环境认知与潜在环境认知很大程度上对其实体检索行为起影响作用:① 空间规划设计的友好度与检索路径寻找的便利度会影响读者入馆后的检索行为意愿与绩效。仅当被访者表现出对样本图书馆空间布局相当的满意度后,其描述的日常馆内检索障碍才会相对更少,检索流程会更加顺畅,检索结果也都能够达到预期期望。而寻路能力较强的读者对于陌生馆舍环境的适应速度会相对更快,对于实体资源定位更加迅速,所需花费的检索成本自然相应减少,检索效能因而得到提升。② 每位被访者在心理与生理上存在差异,他们对于环境要素的偏好也各不相同,但综合来看,样本图书馆的空间采光与室内色彩设计元素始终是读者关注的焦点。适度的光线与色彩环境刺激能够激发被试者的馆内检索欲望,如"古典雅致的木质色系"书架与书桌更能引起读者在馆内徘徊、随手翻阅书籍的兴趣;"冷色调"又或是"简约北欧风格色系"的环境色彩是使读者静心专注检索并提升效率的关键之一。此外,潜在环境认知要素在实际馆舍环境中受到较严格的干预控制,因而并未对读者实体检索产生显著影响。

2.5　本章小结

作为本书后续研究内容的起点与理论基石,本章在信息行为学、环境心理学相关理论概念的支撑下,提出了高校读者实体资源检索行为的整套理论框架,探讨了高校实体资源检索行为、检索动机、检索阶段等概念的内涵与外延。同时采用扎根理论与主题模型法,在长期田野调研与实证访谈原始素材的基础上,提炼、升华、总结高校读者实体资源检索行为在主体与环境维度上的两类影响要素,并验证了物理环境影响要素对读者实体资源检索行为的显著影响效力,这在以往的信息检索行为研究中并没有得到足够的关注。

为了验证本章节扎根编码结论的内部效度,也为了探索高校馆舍环境要素与读者实体资源检索行为之间深刻复杂的交互关系,本书将进一步采用实验与现场研究方法,按照空间认知(环境认知)、环境照明与环境色彩感知(潜在环境认知)的逻辑顺序,对实体资源检索情境下的高校读者馆内寻路导向标识系统认知、书架照明环境对读者书籍检索的影响及读者馆舍环境色彩感知三个实践问题做深入分析,并在扎根理论与实验研究的基础上构建读者实体资源检索行为结构方程模型,量化检索行为影响路径。最后,融合以上全部研究发现,本书对现实层面我国高校读者的实体资源检索行为引导及图书馆室内环境设计提出优化建议与改进策略。

3　高校读者图书馆寻路导向标识系统认知研究

　　第 2 章扎根理论的发现验证了高校读者实体资源检索行为与环境认知要素间的紧密关联性。环境认知作为人们对环境刺激进行编码、存储、加工和提取的一系列过程,包含了人们对环境要素的感觉、感知、记忆、思维活动与想象等复杂机制。寻路行为作为高校读者实体资源检索过程中的馆舍环境认知的具体表现,长期受到环境心理学、行为心理学与行为地理学领域学者的广泛关注,其中,室内寻路导向标识系统研究因其对读者检索寻路效能的实际辅助价值而成为该领域的关键研究课题。但国内关于图书馆寻路导向标识系统的设计优化研究,依然停留在跟踪观察、问卷访谈、用户自报告等传统实证方法层面,忽略了大量关联的个体及环境变量,一定程度上限制了研究成果对现实环境中读者寻路辅助措施的指导性作用。寻求科学的量化研究视角与客观的研究范式,成为剖析高校读者实体资源检索寻路导向标识系统认知机理的主要切入口。

3.1　引言

　　标识(signage),作为能够“具象表达空间信息以满足人的行为要求”的物体,通过在与人的行为关系中被符号化的视觉实物来传递信息[105]。传统意义上,公共空间的导向标识系统(wayfinding signage system)是指符号在空间环境中的导向信息规划。它着重关注室内空间的设计,着眼于信息的定位研究,致力于将图形符号融入整体空间环境氛围,以形成环境信息符号,是一种用以表明和梳理特定空间秩序下的空间信息规划设计[106]。

　　图书馆室内用户寻路导向标识系统作为公共空间组成中的重要环境信息,承载着传递馆舍空间与读者群体信息的重要作用,也是辅助用户寻路的主要视觉途径。完善的标识系统能够提升用户对实体馆藏资源的检索效率与使用频率。但如今,图书馆馆舍充斥着过时、拥挤的寻路标识[107],导向标识系统与馆舍功能规划不匹配、标识缺乏设计感与统一性等问题时常在传统图书馆建筑中暴露[108],直观、简洁的导向标识系统设计原则遭到忽视。而影响馆舍导向标识系统视觉关注度的读者主体心理要素也一直没有定论。因此,如何高效辅助师生读者迅速定位实体资源路径,提升读者馆内寻路体验与满意度,被视为高校图书馆人亟待解决的重要实践问题。

　　本章从空间认知、寻路行为等概念理论出发,运用移动眼动追踪技术,在准实验的设计方案框架内,采集被试读者在馆内实体检索进程中对室内导向标识系统关注的眼动数据,以此分析各类导向标识物的辅助可用性,及多维群体特征下,高校师生的空间焦虑度、环境熟悉度在寻路过程中对导向标识系统注意力的影响路径,以期优化图书馆建筑室内标识系统及其空间布局,升级读者馆内资源检索定位效率与寻路体验。

3.2　读者寻路导向标识系统认知实验设计

　　建筑学者关于空间寻路行为的研究始终围绕影响人们寻路的因素展开,并试图探寻用户如何调用这些因素以辅助寻路行为的机理[39]。寻路是一种个体与环境的交互行为[109],影响该行为的外因主要有空间密度、地标等环境要素,同时还受寻路者性别、寻路策略、空间焦虑与环境熟悉程度等内因的限制[110]。而外部因素中影响力最为显著的,非引导标识与空间布局莫属[111],因此,对于高校读者室内寻路行为研究来说,馆舍导向标识系统的分析具有重要的意义。

3.2.1　实验变量抽取与研究问题提出

3.2.1.1　标识物寻路引导效果

　　各类图书馆内标识牌与地标物共同构成空间导向标识系统。其中,标识牌是用于向特定受众展示信息的视觉化图文寻路工具,常用于提供室内外寻路信息,一般被划分为导向标识(directional signage)和信息标识(informational signage)[112],前者用于用户寻路定向,如路径指示牌;后者用于用户确定位置,如书库名称立牌。此外,Viaene 等研究发现,室内空间用户在寻路过程中,还存在大量的潜在寻路标识物,即地标(landmark)[60],如拐角处张贴的一张特色海报往往具有定位方向的作用。

　　目前,高校图书馆室内导向标识系统中,导向标识与信息标识在用户实际寻路过程中发挥的作用大小并无定论[112]。而传统寻路理论认为,空间本身就是一系列熟悉的地标集合,地标是将感知内在表征与物理环境中的行为相关联起来的位置线索[113],是寻路过程中获取、交流和应用空间知识的关键。然而,也有学者发出反对声音[114]。故以上三种类型标识物在用户实际检索流程中扮演的角色还有待发掘。

据此提出研究问题1:在图书馆用户检索寻路过程中,导向标识、信息标识与地标的视觉引导效果具体如何?

3.2.1.2　用户寻路策略对引导标识关注度的影响

Lawton 将寻路策略分为两类,即导向策略(orientation strategy)与路线策略(route strategy)[115]。其中,导向策略使用者主要关注空间整体框架,以东南西北或自然参照物等作为方向参考,注意地点与地点之间的方位关系,易于使用者形成关于全局环境的认知。而路线策略使用者则主要依据前后左右或主要的路标建筑为参照,与导向策略相比,路线策略相对不灵活,一旦位置发生改变,失去熟悉的参照信息,路线策略使用者将更容易迷路。与之类似,Passini 的寻路风格理论也将寻路者分为两类[111],线性寻路风格对应导向策略,而空间寻路风格与路线策略对应。

研究发现,寻路策略用户的个体差异显著,男性更擅于使用导向策略,而女性一般更擅长使用路线策略[116]。被试在寻路行为中,策略的使用也是非固定的,常可能根据情境、对环境熟悉程度的不同,在两种策略之间灵活转变,以提高寻路效率[117]。由于环境认知模式的差异,在图书馆导向标识系统中,两类寻路策略使用者的注意力倾向也存在差异。

由此提出研究问题2:导向策略与路线策略的用户在检索寻路过程中对导向标识、信息标识以及地标三种兴趣区的关注度有何差别?寻路策略如何影响用户寻路时对引导系统关注的眼动特征?

3.2.1.3　用户空间焦虑对引导标识关注度的影响

空间焦虑是指空间用户在寻路受阻时产生的一种心理焦灼感,失败的寻路经历会导致人们寻路信心不足,寻路能力弱化,进而造成习得性无助。已有研究发现,女性往往比男性有更多的空间焦虑[115],这与不同性别的人在青少年时期的经历和个人安全感水平均有关系[118]。有学者认为,寻路策略中的导向策略与空间焦虑存在显著的负相关,而路线策略与空间焦虑存在显著的正相关[119]。但有些研究则显示,导向策略与空间焦虑存在显著的负相关,而路线策略与空间焦虑的相关性不显著[115]。

对于空间焦虑感与寻路绩效的关系仍存在争议:部分研究发现焦虑感与

被试寻路任务完成能力呈显著反相关[120],当焦虑度达到较高水平时甚至会造成被试放弃寻路任务;但有些研究却发现空间焦虑感对被试的寻路表现几乎没有影响[119]。可能产生实验差异的原因是,实验环境设计与任务设定难度的特征差别[121],一来真实环境实验与实验室模拟寻路场所特征迥异,二来各类型实验任务难度高低有别。

用户知识资源获取公平性一直是图书馆倡导的价值,为用户创造舒适、独立的资源获取渠道在实体检索视域下尤为必要,这将有效缓解用户遭遇空间焦虑时的挫败感[41]。因为过于关注自身检索的目标与期望,可能使空间焦虑的图书馆用户错过寻路与标识线索,这对图书馆人提出了寻路辅助要素控制与优化的更高要求。而解决这一问题的先决条件,是要了解用户空间焦虑感与不同引导标识视觉关注度间的关系。

因此提出研究问题3:不同空间焦虑程度的图书馆用户在寻路过程中对导向标识、信息标识以及地标三种兴趣区的关注度有何差异? 空间焦虑感如何影响用户寻路时对引导系统关注的眼动特征?

3.2.1.4 用户环境熟悉度对引导标识关注度的影响

环境熟悉程度是影响用户空间寻路的又一较为显著的个体因素[110],空间用户对环境的熟悉程度将决定室内寻路的效率与正确性,熟悉程度越高,便利寻路的程度越大[122],寻路的准确度、效率,甚至寻路能力都可能得到提高,使空间布局的复杂性影响在一定程度上降低。在空间熟悉程度与能力的共同作用下,它们同时决定人们寻路的准确性[123]。反向来看,影响空间熟悉程度的因素可分为个体因素和环境因素[124],个体的空间寻路能力与建筑环境的特征都是影响人们空间熟悉程度提升的关键。

一项高校读者真实环境下的寻路实验发现,无论新老读者,空间熟悉程度的上升都会减少错误的转弯次数和寻路的整体时间[125]。关于机场室内空间熟悉程度的研究发现,乘客较高的空间熟悉程度将有效提升他们在机场内的体验[126]。同样的,空间熟悉度将会对乘客的寻路表现与寻路过程有正向影响。由于对环境复杂度关注的降低,高熟悉度的乘客能将更多的注意力投入到提升寻路策略上来。因此,如何迅速帮助低空间熟悉度乘客了解机场环境,成为机场空间寻路设计关注的重点问题。不过在已有的研究中,尚未有人从图书馆用户对馆舍空间的熟悉度视角出发,来检测多种变量干预作用下其对读者寻路导向标识系统关注度水平的影响。

故本书提出研究问题4:高校用户对图书馆空间环境的熟悉度是否会影

响其对引导标识的关注度?

3.2.2　实验流程设计

本章采用如下结构展现研究内容(图 3.1)。从实体资源检索视角切入,由高校图书馆用户导向标识系统认知行为主题出发,采用眼动认知实验方法,配合数理统计数据处理手段,逐一解决涉及的四项研究问题,基于分析结果,提炼高校馆舍导向标识系统的优化对策。

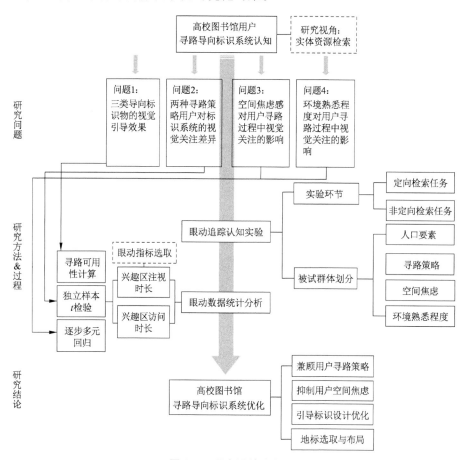

图 3.1　研究设计流程图

3.3　读者寻路导向标识系统认知实验方法

3.3.1　准实验方法的选择

2013 年一项实验室与真实环境下用户寻路视觉关注度的对比实验发现了两种实验场景中被试眼动行为的显著差异[127]。尽管实验场景完全相同，但虚拟实验环境下的部分标识关注点在真实环境下被人们完全忽视了。这揭示了真实与虚拟环境下实验研究结论迥异差别的原因，也证实了由于缺少真实环境中的干扰因素，虚拟实验中得出的结论往往与实际情况相去甚远。

为此，环境心理学学者常选择准实验研究法进行研究，一种介于真实验设计与非实验设计之间的研究设计方法，属于"相关研究"的范畴①。尽管建立人工实验场景能使变量得到某种程度的控制，但学界认为，制造环境会破坏环境心理学所研究的环境整体性，同时减少外部效度，造成实验结论无法推论到真实情景中去，进而导致实验发现与现实设计工作相脱节。

鉴于桌面式眼动追踪设备的空间局限性[128]，以及虚拟环境认知研究中对真实环境要素的主观规避[127]，本书采用移动式眼动仪开展寻路实验，以确保最大限度地还原身体运动与环境变化给被试带来的实际影响，保证环境行为的记录真实有效，也利于将实验结论与实际空间标识系统优化举措关联。

3.3.2　实验任务情境设计

笔者通过对中美两国高校读者实体资源检索行为的跟踪调研发现，高校用户的实体检索行为可分为有目的性与无目的性两种类别：在前者检索情境下，读者往往为满足学习、科研、生活或娱乐需求，而携带着明确的检索目的入馆寻找相关资料。这类检索具有很强的针对性与指向性，检索流程更短、途经区域相对更少，多采用点对点的检索路线模式。另一种无目的性的检索行为，极似 Bates 提出的 Berry Picking 信息检索行为理论[129]，用户往往没有固定的检索目标，或检索需求模糊无法具象，因而大多数采用徘徊的浏览方式，通过在书架间循环往复地随机抽取、翻阅书目来确定书籍对其的吸引力大小，衡量比较，最终确定借阅的书目。

---

① 一种环境心理学中的专有学术名词，指包含实验法与准实验法的研究方法统称。

　　因此,本书设计了两种实验检索情境。定向检索任务要求读者在国内某大学图书馆内,遵从虚拟情境设定,由一楼大厅出发,依据平日检索习惯与经验,使用任意检索方式定位两本处于不同书库中书籍的位置。非定向检索任务则要求被试依据情境设计,根据个人喜好与习惯,使用任意方式在书库内检索一本喜爱的人文类书籍,书目不做任何限制(实验设计方案见附录 A.3)。

3.3.3　研究被试招募与筛选

　　为确保眼动设备采样率,本书所做研究只选择无视力矫正者参与实验,要求被试对实验场地有基本了解,清楚图书馆检索的基础流程与步骤,使用绘制认知地图的方法判断被试对实验馆舍空间的熟悉程度,用于后续分析。最终确定实验被试共计38人,年龄从18岁到28岁,男女比例9:10。被试包含工业设计、企业管理、电气工程、车辆工程等14个专业,文、理科比例为10:9。本研究被试筛选原则与 Pepijn[130],Afrooz[131],Ohm[132] 等研究设计保持一致,且被试样本量大于以上三项眼动研究。

3.4　读者寻路导向标识系统认知实验操作流程

3.4.1　实验器材

　　本研究选用 Tobii Glasses II 型眼镜式眼动仪(图3.2),采样率50 Hz,采用1点校准,具有4部眼动摄像机,场景摄像机视频格式为 H.264,分辨率1920×1080 pixels @ 25 fps,具备录音功能。通过5 GHz 无线模块与 Microsoft Surface Pro(Model 1796)平板电脑连接,使用 Tobii Pro Glasses Controller 软件即时记录被试视频与眼动数据。

图3.2　Tobii Glasses II 型眼镜式眼动仪

3.4.2 实验流程

邀请 38 名被试佩戴眼动仪,在某高校图书馆内完成定向检索与非定向检索两组实验任务,主试携带平板电脑跟随被试,控制实验进度并记录被试的检索时长、眼动活动数据,如非必要,主试禁止与被试交谈,以防外部干扰。实验期间,被试配合大声思考法描述其检索过程中对于馆内空间的认知状况,以及对引导系统与标识物的主观使用体验或认为其存在的问题。实验结束后,每位被试需接受访谈,主试针对实验状况向被试提问;同时填写寻路策略量表、空间焦虑测度量表[115],用于后续变量数据的提取。最终所有被试均独立完成检索任务,但检索时长与检索路径有所差异,实验中涉及的图书馆馆舍通道、空间节点、功能区间及 38 位被试的检索路径见附录 D.1。

3.5 数据处理与分析

3.5.1 眼动指标的选择

根据相关研究结论[133, 134],本书最终采用兴趣区注视总时长(total fixation duration AOI) 与兴趣区总访问时长(AOI total visit duration) 作为研究的主要分析指标。前者表示某个兴趣区中所有注视点的持续时间之和,后者表示被试每次访问某个兴趣区的持续时间,其中访问是指从首个注视点出现在兴趣区中到下一个注视点移出兴趣区的时间片段。单从指标含义判断,单次注视或访问行为的持续时间越长,说明信息处理的难度越大,但注视与访问的时长差异并不绝对具有可比性。

3.5.2 眼动数据处理

使用 Tobii Pro Lab 完成眼动数据处理工作,参考 Pepijn 等关于地标的界定标准[130],将已划定兴趣区的 18 种寻路标识物(表 3.1)静态图像(称为 snapshot)导入软件,配合软件的注视点自动制图功能(auto mapping),对获取到的被试实验眼动录像与 Snapshot 进行自动匹配,软件自动识别并计算落入兴趣区内的眼动指标数值。对处在运动状态中机器难以捕捉到或判断有误的眼动轨迹,使用人工校对的方式消除数据误差。生成的眼动基本数据见表 3.2,同时生成的数据热点图与眼动轨迹图用于辅助统计分析结论,样例见图 3.3。

表 3.1　图书馆用户寻路导向标识眼动兴趣区类别

标识类别	地标				
具体标识物	观光电梯	检索台分	检索台总	室内花坛	志愿者服务台	沙发区
标识类别	导向标识				
具体标识物	电梯入口立式1	电梯入口立式2	电梯内悬挂1	电梯内悬挂2	导向台	悬挂式
标识类别	信息标识				
具体标识物	立式1	立式2	书架侧1	书架侧2	书架侧3	书架侧4

表 3.2　被试眼动实验采集基本数据

被试编号	实验时长（秒）	眼动追踪采样率	寻路策略	空间焦虑度	认知地图扭曲指数	性别	年龄	到馆频次	专业	兴趣区注视总时长（s）	兴趣区访问总时长（s）
P1	1117	90%	路线	23	44.499	男	18	4	文	44.733	52.668
P2	1083	95%	导向	21	35.989	女	28	4	理	19.52838	30.401
P3	1347	83%	路线	27	68.609	女	20	4	文	75.00582	100.46
P4	1303	92%	路线	26	68.515	男	21	5	文	40.99547	70.04857
P5	919	80%	导向	13	23.995	男	25	4	理	18.90883	24.61548
P6	996	83%	导向	18	31.894	女	23	4	文	16.89996	29.22269
P7	946	87%	导向	13	23.978	男	27	4	文	22.39282	38.52959
P8	968	85%	导向	15	31.214	男	24	3	理	19.99311	27.07398
P9	1433	97%	路线	27	68.542	女	20	5	理	25.26487	90.31665
P10	774	86%	导向	10	18.229	女	20	4	文	28.44296	45.76262
P11	1001	79%	导向	20	34.839	女	25	3	文	23.25944	45.79284
P12	1942	83%	路线	38	79.648	男	19	4	理	112.5641	145.0443
P13	1607	91%	路线	35	75.627	女	20	2	文	58.18565	86.55904
P14	1268	93%	路线	25	63.376	女	24	2	理	55.59664	83.29001
P15	1590	81%	路线	34	74.583	女	20	3	理	60.42363	90.72529
P16	1168	93%	路线	24	61.239	男	27	2	理	49.94027	87.8278

续表

被试编号	实验时长（秒）	眼动追踪采样率	寻路策略	空间焦虑度	认知地图扭曲指数	性别	年龄	到馆频次	专业	兴趣区注视总时长（s）	兴趣区访问总时长（s）
P17	1269	66%	路线	25	63.170	女	19	3	理	95.10907	139.7886
P18	1801	80%	路线	37	77.050	男	20	3	理	93.86421	126.4208
P19	1526	78%	路线	33	72.425	男	21	4	文	39.84451	63.50564
P20	859	94%	导向	11	18.256	男	20	4	理	42.4115	62.57949
P21	1205	84%	路线	24	56.516	女	24	5	文	47.0057	63.30253
P22	867	70%	导向	12	21.7453564	女	21	4	文	22.70164	57.51577
P23	1123	77%	路线	23	43.43086917	男	23	4	文	18.85879	24.65873
P24	1563	77%	路线	33	71.10618771	女	26	3	文	31.4814	44.40379
P25	1080	94%	导向	20	32.09235495	男	24	5	理	28.48317	37.63764
P26	1515	89%	路线	31	70.09500324	男	24	5	理	68.61274	124.243
P27	1343	92%	路线	26	66.30119048	男	20	3	文	56.01672	77.07408
P28	1482	86%	路线	29	68.70894257	男	27	0	理	58.40549	86.01881
P29	1220	90%	路线	24	55.42940357	男	26	2	文	19.82812	34.55931
P30	1255	92%	路线	24	46.36345884	女	23	2	理	26.00457	43.41401
P31	954	74%	导向	13	22.44079953	女	19	3	文	29.92237	40.51596
P32	897	85%	导向	12	18.71575316	女	26	4	理	44.27299	65.90943
P33	625	89%	导向	9	18.22043659	男	24	3	理	14.94113	27.52378
P34	1488	73%	路线	30	70.68000817	女	24	3	文	60.18422	68.85424
P35	1260	86%	路线	24	46.875993	女	19	2	文	38.01072	62.52283
P36	1280	96%	路线	25	60.77551391	男	20	3	文	42.05521	58.95847
P37	1109	91%	导向	21	35.27253516	女	25	1	理	37.79073	56.38644
P38	1343	85%	路线	26	65.26971988	女	20	2	文	43.36451	61.76337

注:到馆频次中数值5,4,3,2,1分别代表被试每天、每周、每半个月、每个月、每三个月和每半年至少到馆一次检索书籍。

图 3.3 被试眼动实验兴趣区注视热点图与视轨迹图例(观光电梯立式导向索引)

3.5.3 标识物寻路可用性计算

根据 Anderson[135],Duckham[136] 和 Ohm[132] 等学者的研究发现,室内导向时空间用户最常使用的寻路标识物可以按其内在相似性划分类别,由于标识物数量被证明与实际寻路引导效果无关,且直观眼动指标如聚焦时长,难以揭示不同类别寻路标识物的可用性差异,因此使用基于眼动注视时长的计算标识物分类使用性指标(calculated landmark category use, CLCU)与可行标识物分类使用性指标(probable landmark category use,PLCU)来表征标识物在用户寻路过程中的可用性[130],见式(3.1)和式(3.2)。

$$CLCU_i = \frac{TC_i/n_i}{\sum_{i=1}^{m}(TC_i/n_i)} \qquad (3.1)$$

$$PLCU_i = n_i \cdot \frac{100\%}{N} \qquad (3.2)$$

式(3.1)和式(3.2)中,i 代表标识物类别序号;TC_i 代表被试对标识物类

别 i 的聚焦时长;n 代表标识物类别 i 中的具体标识物数量;m 代表标识物类别个数;N 代表具体标识物总数;CLCU 与 PLCU 比值将用于表征标识物类别的寻路可用性系数,如 CLCU 与 PLCU 比值大于 1,则该目标物具备较优良的引导功能性,若小于 1 则功能性较弱[135]。

前文提及,本书中寻路引导标识物被分为三大类,即地标、导向标识与信息标识,三类标识物又各包含 6 种具体标识物(表 3.1)。本书将被试对各类兴趣区的总注视时长(AOI total fixation duration)带入公式,计算结果如表 3.3 所示。

表 3.3 计算标识物分类使用性指标与可行标识物分类可用性指标数值

指标类型	地标	导向标识	信息标识
$CLCU_i$	0.11412	0.18529	0.70058
$PLCU_i$	0.33333	0.33333	0.33333
$CLCU_i/PLCU_i$	0.34236	0.55588	2.10176

注:根据式(3.1)、式(3.2),$i=3$,$m=3$,$n_1=n_2=n_3=6$,$N=18$。

3.5.4 独立样本 t 检验

对被试填写的寻路策略量表与空间焦虑量表进行信效度检验,发现定位策略量表信度为 0.608、路线策略量表信度为 0.821、策略量表总信度为 0.786、焦虑量表信度为 0.915;效度方面,策略量表与空间焦虑量表 KMO (0.879)和 Bartlett 球形度检验($Sig.=0$),以及两成分矩阵载荷数值均符合要求。

根据被试填写的寻路策略量表得分情况判断被试擅长使用的策略类型,并据此将被试分为路线策略组(24 人)与导向策略组(14 人),见表 3.2。分别统计两组被试对地标、信息标识、导向标识兴趣区的注视总时长,以及对所有标识的注视总时长。使用 SPSS 21.0 对上述分组数据进行独立样本 t 检验。分析发现,擅长使用导向策略的被试组,对于地标、信息标识、导向标识的关注度要显著低于采用路线策略的被试组眼动指标数值。其中,被试对导向标识的注视时长组间差异极大;同时,两组被试的检索时长也存在显著差异,导向策略组被试检索效率要显著高于路线策略组被试检索效率(表 3.4)。

表 3.4　独立样本 t 检验结果

指标	被试分组	均值	标准差	t	df	$Sig.$（双侧）
兴趣区总注视时长（ATFD）	路线策略	52.55648	23.76339	4.791***	32.722	0
	导向策略	26.42493	9.331553			
地标总注视时长（LM-ATFD）	路线策略	2.268024	1.677015	2.272**	34.983	0.029
	导向策略	1.225702	1.142318			
信息标识总注视时长（IS-ATFD）	路线策略	37.07962	17.05111	2.521**	36	0.016
	导向策略	24.54105	9.559983			
导向标识总注视时长（DS-ATFD）	路线策略	13.20884	14.36565	4.273***	23.142	0
	导向策略	0.65818	0.610327			
检索时长	路线策略	1393.67	207.801	7.453***	36	0
	导向策略	934.14	129.188			

注:***,**,*分别代表在 1%,5%,10%水平上显著。

3.5.5　多元逐步回归分析

3.5.5.1　模型变量的设计

研究使用多元逐步回归计算方法,运用 STATA 14 软件建模分析被试空间焦虑度及认知地图扭曲指数(自变量)与被试对三类标识物兴趣区的注视总时长、访问总时长(因变量)间的影响关系。自变量"空间焦虑"的数值使用被试试前填写的空间焦虑量表得分。

已有的研究发现,寻路过程中性别的差异往往较为显著,男女对于标识的依赖程度往往大相径庭[137]:一般认为,男性擅长使用空间坐标来寻路定位,能够较好地处理寻路信息缺失的情况;而女性则过多地依赖特征标识物[138]。相对于女性,男性辨别空间方位寻路的能力更强[139]。同时,寻路者年龄对其认知地图的形成有着显著的负向影响,与寻路效率、正确率也显著负相关[140]。学者同样验证了专业对寻路认知行为的显著影响作用[141]。而到馆频次与空间熟悉程度具有密切关联性,因此考虑加入上述所有因素作为控制变量。

3.5.5.2　空间熟悉程度的量化方法

以往,关于空间熟悉程度的研究主要采用定性调研法,通过被试主观描述判断其对实验场地的了解情况未免有失偏颇。行为地理学中认为,人们认知地图扭曲系数越高,其空间熟悉程度越低[142]。为此本书引入欧几里得回归法[143],通过计算被试试前绘制的认知地图坐标与实际地图坐标的回归方程,求得认知地图与实际地图的扭曲系数。

具体来说,由于本书使用认知地图法的主要目的在于量化判断被试对图书馆环境的熟悉程度,因此使用系统扭曲分离法,通过叠加认知地图与实际地图,计量认知地点和实际地点布局的相似程度,以支撑判断认知地图与实际地图的总体扭曲状况[144],其原理本质是一种二维相关系数法。

本研究采用认知地图限定描绘法,要求被试于给定的半空白纸质地图中标注特定功能区间的中心点①,主试扫描绘制完成地图后转至 Findgraph 软件平台提取被试手绘坐标点,具体绘制说明见附录 B.2。使用 Matlab 编写欧几里得回归方程算法(代码见附录 A.4),计算方法见式(3.3):

$$\begin{pmatrix} u_i \\ v_i \end{pmatrix} = \begin{pmatrix} a_1 & -a_2 \\ a_2 & a_1 \end{pmatrix} \begin{pmatrix} x_i \\ y_i \end{pmatrix} + \begin{pmatrix} b_1 \\ b_2 \end{pmatrix} + \begin{pmatrix} e_i \\ f_i \end{pmatrix} \quad (1 \leqslant i \leqslant n) \tag{3.3}$$

式(3.3)中,地点 i 的实际坐标为 (u_i, v_i);认知地图中的对应手绘坐标为 (x_i, y_i);a_1, a_2, b_1, b_2 为回归系数,对应着系统扭曲;n 表示地点数。

将区间实际中心点坐标(图 3.4)与被试手绘坐标带入式(3.3)计算,求得回归系数 a_1, a_2, b_1, b_2,构建欧几里得回归方程,并带入原始坐标求得扭曲坐标,最后利用式(3.4)和式(3.5)计算扭曲系数 DI。

$$R = \sqrt{1 - \frac{\sum_{i=1}^{n} (u_i - \hat{u}_i)^2 + \sum_{i=1}^{n} (v_i - \hat{v}_i)^2}{\sum_{i=1}^{n} (u_i - \bar{u})^2 + \sum_{i=1}^{n} (v_i - \bar{v})^2}} \tag{3.4}$$

$$DI = 100\sqrt{1 - R^2} \tag{3.5}$$

式(3.4)中的 R 值称为二维相关系数,可以进一步计算认知地图扭曲指数 Distortion Index(DI)[143]。两式中,$(\bar{u}, \bar{v})$ 表示实际地图各地点的平均中心坐标,$(\hat{u}_i, \hat{v}_i)$ 是回归后 i 点的坐标。与通常的相关系数相似,$0 \leqslant R \leqslant 1$,$R$ 趋向于 1,表明认知地图中各认知地点空间配置与实际地图吻合程度高。空间扭曲指数计算结果见附录 C.1。

---

① 半空白认知地图提供 16 块空白区域,保留"洗手间"等标识区间,要求被试凭借认知记忆将图 3.4 中的 10 处功能区间中心坐标绘制入正确的空白区域内。

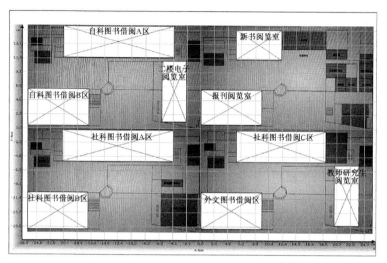

图 3.4 样本图书馆一至四楼平面地图四象限坐标

参与回归分析的所有变量原始数值见表 3.2,描述性统计与相关性分析见附录 C.2。使用 STATA 14 共建立了 21 个回归模型(表 3.5~表 3.7)。观察发现,模型逐步回归效果满意,由基准模型到综合模型逐步加入自变量后 R^2 数值依次递增;同时模型 1-3 中,空间焦虑(简称 Anxiety)与认知地图扭曲系数(简称 DI)对地标注视时长变量估计系数分别为 -0.227** 和 0.103**;模型 2-3 中,DI 对信息标识注视时长变量估计系数为 0.728*;模型 3-3 中,Anxiety 对引导标识注视时长变量估计系数为 1.955***;模型 4-3 中,Anxiety 与 DI 对地标总访问时长变量估计系数分别为 -0.867** 和 0.326**;模型 5-3 中,DI 对信息标识总访问时长变量估计系数为 1.248**;模型 6-3 中,Anxiety 对导向标识的总访问时长变量估计系数为 2.345***;最后,模型 7-3 中,Anxiety 对实验时长的变量估计系数为 34.90***。

表 3.5 逐步回归模型运算结果

因变量类型	兴趣区总访问时长								
	地标			信息标识			引导标识		
	模型 1-1(基准)	模型 1-2	模型 1-3(综合)	模型 2-1(基准)	模型 2-2	模型 2-3(综合)	模型 3-1(基准)	模型 3-2	模型 3-3(综合)
空间焦虑		0.029	-0.227**		0.556	-1.252		1.168***	1.955***
标准误差		-0.0357	-0.0991		-0.336	-0.981		-0.183	-0.545

因变量类型	兴趣区总访问时长								
	地标			信息标识			引导标识		
	模型1-1（基准）	模型1-2	模型1-3（综合）	模型2-1（基准）	模型2-2	模型2-3（综合）	模型3-1（基准）	模型3-2	模型3-3（综合）
扭曲指数			0.103**			0.728*			-0.317
标准误差			-0.0377			-0.373			-0.207
年龄	-0.0314	-0.0138	0.0084	-2.280**	-1.943**	-1.786**	-1.672**	-0.965*	-1.033**
标准误差	-0.093	-0.096	-0.0879	-0.903	-0.904	-0.87	-0.711	-0.491	-0.484
到馆频次	-0.194	-0.15	-0.112	-1.832	-0.989	-0.724	-0.918	0.853	0.738
标准误差	-0.222	-0.229	-0.209	-2.151	-2.157	-2.073	-1.694	-1.173	-1.152
性别	控制	控制	控制	控制	控制	控制	控制	控制	控制
专业	控制	控制	控制	控制	控制	控制	控制	控制	控制
Constant	2.344	1.213	1.446	95.65***	73.99***	75.63***	48.05**	2.521	1.805
标准误差	-2.445	-2.824	-2.576	-23.74	-26.59	-25.51	-18.7	-14.46	-14.18
观测值	38	38	38	38	38	38	38	38	38
R^2	0.1479	0.1651	0.3275	0.2087	0.271	0.3507	0.2598	0.6748	0.6976

注：***，**，*分别代表在1%，5%，10%水平上显著。

表3.6 逐步回归模型运算结果（续-1）

因变量类型	兴趣区总注视时长					
	地标			信息标识		
	模型4-1（基准）	模型4-2	模型4-3（综合）	模型5-1（基准）	模型5-2	模型5-3（综合）
空间焦虑		-0.0578	-0.867**		0.744	-2.356
标准误差		-0.126	-0.357		-0.488	-1.391
扭曲指数			0.326**			1.248**
标准误差			-0.136			-0.529
年龄	-0.294	-0.329	-0.259	-2.845**	-2.394*	-2.126*
标准误差	-0.325	-0.338	-0.316	-1.305	-1.313	-1.234
到馆频次	0.66	0.572	0.69	-2.236	-1.108	-0.654
标准误差	-0.774	-0.806	-0.753	-3.107	-3.135	-2.94
性别	控制	控制	控制	控制	控制	控制
专业	控制	控制	控制	控制	控制	控制

因变量类型	兴趣区总注视时长					
	地标			信息标识		
	模型 4-1（基准）	模型 4-2	模型 4-3（综合）	模型 5-1（基准）	模型 5-2	模型 5-3（综合）
Constant	7.315	9.567	10.3	129.6***	100.6**	103.4***
标准误差	-8.54	-9.933	-9.271	-34.29	-38.64	-36.17
观测值	38	38	38	38	38	38
R^2	0.0943	0.1003	0.2415	0.2081	0.2617	0.374

注:***,**,*分别代表在1%,5%,10%水平上显著。

表 3.7　逐步回归模型运算结果(续-2)

因变量类型	兴趣区总注视时长					
	引导标识			检索时长		
	模型 6-1（基准）	模型 6-2	模型 6-3（综合）	模型 7-1（基准）	模型 7-2	模型 7-3（综合）
空间焦虑		1.637***	2.345***		34.96***	34.90***
标准误差		-0.231	-0.702		-1.439	-4.455
扭曲指数			-0.285			0.0254
标准误差			-0.267			-1.694
年龄	-2.246**	-1.254*	-1.316**	-27.52	-6.326	-6.32
标准误差	-0.955	-0.621	-0.623	-16.37	-3.871	-3.95
到馆频次	-0.64	1.843	1.739	-51.31	1.729	1.738
标准误差	-2.275	-1.484	-1.484	-38.99	-9.243	-9.411
性别	控制	控制	控制	控制	控制	控制
专业	控制	控制	控制	控制	控制	控制
Constant	62.63**	-1.188	-1.833	1,918***	555.0***	555.1***
标准误差	-25.11	-18.29	-18.26	-430.4	-113.9	-115.8
观测值	38	38	38	38	38	38
R^2	0.2729	0.7168	0.7268	0.217	0.96	0.96

注:***,**,*分别代表在1%,5%,10%水平上显著。

　　以上证明,焦虑度对地标的总注视时长具有显著负向影响,而与导向标识的总注视时长有显著正向相关性;扭曲指数与地标、信息标识的总访问时长正相关,因此,空间熟悉程度与地标、信息标识的总访问时长有显著负相关性;而焦虑度显著正向影响被试检索时长,焦虑度越高的被试检索效率越低。此外,控制变量中年龄对因变量的估计系数在模型 2-3,3-3,5-3,6-3 中均为负值且显著,说明在 18~28 岁范围内,被试年龄增加会减少其对信息与导向标识的关注度,意味着相比低年级被试,高年级被试寻路时较少依靠上述两类标识的帮助。

3.6　实验研究发现

3.6.1　差异寻路策略使用者眼动行为特征分析

数据分析发现,两组导向策略使用者对不同引导标识的注意力存在显著的差异:两组被试对地标物的注视时长均较短,采用路线策略的被试更为关注寻路地标,图 3.5 显示各类标识物平均注视时长,比较发现,被试对观光电梯的注意力明显高于其他地标,各类检索台与室内花坛注视时长相仿,志愿者服务台的关注度最低;其次,信息标识更易受路线策略使用者关注,两类书库门前的立式标识牌被注视时长最久,各类书架侧边书目标识牌关注度差异不大;最后,对导向标识的注视时长特征与以上两类标识关注度差距最明显,导向策略使用者极少注视导向标识,而路线策略被试则表现出较强的注意程度,除电梯挂式标识受注视度较低外,其他导向标识差距较小。路线策略使用者更为关注三类标识物的态势,检索效率较低的路线策略使用者更倾向于检索过程中频繁借助各类标识物帮助寻找路径;而导向策略使用者最为关注信息标识,极少注意导向标识。

Passini 早期的寻路研究发现,路线策略寻路者更加依赖路标系统的行为特征,这与本研究实验结论相吻合。通过大声思考法与访谈分析也发现,样本馆室内空间中大量的信息标识与导向标识,均为被试提供了良好的方位参照,起到了应有的导航作用,而信息标识发挥的作用较导向标识更加明显,对前者的注视时长接近后者的三倍。这一方面说明了路线策略使用者的认知倾向,同时也说明样本馆信息标识物在标识的设计与部署上,要优于另两种标识类别,这从标识物可用性指标数值上也能看出端倪(表 3.3)。

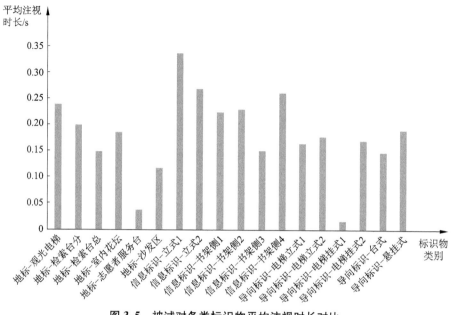

图 3.5　被试对各类标识物平均注视时长对比

　　导向策略使用者更依靠自身对环境空间的理解,经由对环境空间体系结构的认知来寻找路径。本次实验发现,相比地标与导向标识,此类被试主要关注的是信息标识。从信息标识包含的具体引导物判断,书库立式信息牌、书架侧边信息牌等均是表征空间功能或区域资源范围的标引物,对此类标识的关注,能够从宏观上帮助导向策略寻路者构建空间功能分区的认知体系,配合导向策略者的方向感与空间感,辅助导航者搭建更为科学的寻路决策系统。

3.6.2　寻路者空间焦虑感的双向影响

　　回归分析证明,被试的空间焦虑感对不同的标识物具有截然相反的影响效力。焦虑度越高,被试对地标的关注度越低,但对导向标识的注意力却会提升,检索时间增长,检索效率降低。空间焦虑度与寻路者自身寻路能力,以及以往的寻路经历(尤其是迷路经历)密不可分。较高的焦虑感会使得寻路者在寻路时出现慌乱、盲目、不知所措的情形,对寻路决策产生消极影响,实验中大声思考法记录结果也证明,高焦虑被试寻路时容易忽略地标的导向辅助作用,而将注意力主要集中于导向标识上;低焦虑度被试则恰恰相反,能够在寻路过程中捕捉到路线策略寻路者难以发现的地标,并在认知成图过程中将地标空间位置记录于认知地图,形成细节充分的寻路导向决策系统。

但是,传统寻路理论认为,路线策略寻路者一般具有较高的空间焦虑度,而导向策略使用者正好相反[115]。本章3.1节首先论述了路线策略使用者较导向策略使用者更为关注地标的结论,却在回归分析中发现空间焦虑与地标的关注度呈负相关关系。造成该现象的主要原因在于图书馆用户差异性寻路策略的交替使用:由于使用纸笔测量方式,问卷对被试两种策略使用水平的测度往往得出相近的数值,对此很难严格界定被试的实际寻路策略,极有可能是被试习惯于同时使用两种寻路策略。

为验证此猜想,根据寻路行为性别差异理论[118],分别对男性与女性被试的导向策略与路线策略量表得分做配对样本 t 检验。结果发现,男性被试的导向策略与路线策略得分并无显著差异($t = -1.569, df = 17, sig. = 0.135$),而女性的两组得分则差异显著($t = -3.531^{***}, df = 19, sig. = 0.002$)。可见男性被试常混合交替使用两种寻路策略,因而造成寻路者路线策略与空间焦虑度无正相关性的情况出现。类似的发现也出现在一项关于大学生寻路策略与空间焦虑感的研究中[145]。

与此相关的是,努力与准确性权衡理论(effort-accuracy trade-off)曾发现人类的一种有限理性现象[146]。通常,个人依靠多种策略以适应不同的情况,但当面临策略的选择时,他们权衡所选择策略的原因往往既不求最精确的结果,也不为最省力的付出,而是追求平衡于精确与省力结果之间的最优策略。通常,每种策略都需要一定的脑力努力并产生一定准确性的结果水平[147]。本实验还验证了出现在男性寻路者身上的努力与准确性权衡效应:相比女性读者,男性读者在检索寻路过程中更倾向于寻求路线策略与导向策略的权衡与融合,并以最终寻路目标作为唯一的行动准则。

3.6.3 环境熟悉程度的单向作用

回归分析发现,实验中被试呈现出对馆舍空间越陌生,关注地标与信息标识越频繁的行为特征,对因变量有着单向的影响效应,这恰恰与空间焦虑度负向影响地标关注度的结论相反,但却接近焦虑度正向影响导向标识关注度的发现。

对于地标标识来说,人们对于地标的功能作用认识差异较大,大部分学者认为,人们能够使用地标来学习和描述地点之间的路线,以及与寻路相关的高级认知概念[148]。当路标靠近路线并能关联指定动作时,路标将在路径引导中发挥巨大作用[149]。地标知识也是空间知识构成三要素中重要的一环[139]。也有学者提出,图书馆中拥挤的入口、服务台、导航点、走道、宣传栏、海报或装饰性植物有可能分散用户寻路时的注意力,导致视觉噪声,阻碍用户定位标识物,进而妨碍馆内导航系统功能的发挥[114]。

据此推断,寻路者对于地标的视觉关注程度可能与其对地标物的主观认知有较大联系:对环境较陌生的用户对于空间内的地标物更加敏感,也更易于注视到地标的空间坐标,无论采用何种寻路策略,陌生用户都会借助地标点来生成认知地图。但焦虑感较高的用户则不然,在焦急、恐慌的情形下,空间中的地标成为引导系统中的细枝末节,甚至是分散寻路者注意力的视觉噪声,更多的高焦虑用户愿意选择关注正式的导向标识牌,而无暇顾及潜在的寻路线索。但单从地标注视时长上来判断,全部被试对其关注度均远小于导向与信息标识,标识物可用性指标计算结果也小于后两者,因此在实际检索寻路过程中发挥的引导作用实属有限。

此外,对于环境陌生的被试明显更为关注信息标识。经分析,造成这一局面的原因主要有两个:首先,标识物可用性指标结果发现,信息标识具有更加优异的寻路引导辅助性,对于不熟悉空间环境的被试来说,可用性较高的信息标识能够在寻路伊始便吸引到被试们的注意力;其次,相比信息标识物,样本馆导向标识物的平均注视时长更低(图3.5),这与导向标识物的物理规格设计、空间布局摆放位置都有莫大的关系。这类因素可进一步延伸至高校馆舍导向标识系统的设计优化实践问题上来。

3.7　本章小结

本章从高校图书馆实体资源检索情境视角切入,以高校图书馆内的寻路导向标识系统认知为研究主题,使用眼动追踪技术与准实验研究方法,记录被试在实境检索环境中完成寻路任务的系列眼动与行动指标。基于回归、差异性检验等数理统计分析方法,对地标、信息标识与导向标识三种标识物的视觉引导可用性做量化比较,确定了导向策略与路线策略寻路者对引导系统的注意力差别,同时验证了读者空间焦虑感与环境熟悉程度变量对其寻路导向标识系统视觉兴趣区关注度的影响路径。

4 高校读者实体资源检索行为书架照明影响研究

扎根理论与田野调研发现在证明了潜在环境对高校读者实体资源检索行为显著影响的同时,也验证了馆舍环境照明与色彩要素是诸多潜在环境因素中最具影响效力的关键核心要素。因此,本章首先从室内环境照明的视角出发,探索书架照明条件对高校读者实体资源检索行为绩效的影响机理。

4.1 引言

建筑照明研究领域的环境光线变量与用户行为及情绪的变化有着千丝万缕的联系,且涉及环节多元、要素复杂。历史上最著名的有关室内照明环境与空间用户行为绩效间关系的研究是 1924 年开展的霍桑实验,迄今都被认为是照明环境优化,甚至是环境与人类行为交互研究史上里程碑式的节点[150]。随后的相关研究主要聚焦心理学中的空间行为与环境要素的交互机理。人们发现了个人空间需求与照明环境间的紧密关联性[151],而空间用户对照明条件的满意度又受到照明灯具特性、采光系统设计以及照明模式优化等因素的直接影响。

图书馆内的照明设计研究源于 20 世纪初[46],早期的馆舍照明研究聚焦元素相对直观,阅览桌材质、配色的光学效能、阅览空间反光等问题已在这一阶段得以解决。随着技术手段与用户体验标准的升级革新,各类型区间的采光问题已逐步得到解决并形成相应的国家标准,因而图书馆照明质量与读者行为交互研究逐步兴起,涉及量化检测读者知识、信念、偏好层面上对馆内光照的体验水平[48]、读者对光源的主观感受[49],以及图书馆室内照明氛围对读者环境感知的影响[55]。

在尊崇自然采光、绿色馆舍建筑理念的背景下,大面积使用全玻璃幕墙的设计风格成为当下优化自然采光条件一种颇为流行的选择[152]。诸如考文垂大学的兰卡斯特图书馆(Lanchester Library of Coventry University)等知名高校图书馆都采用此设计方案,既提升了自然采光效率,又博得了读者群体的眼球。但开架借阅区的照明设计并不能完全套用其他功能区间的原则,由于纸质文本、光碟、珍惜馆藏资源的保护需求,书架区仅能承受有限的自然照明水平,以保护实体资源远离紫外线、高温、腐蚀的伤害[153]。坐南朝北安置玻璃幕墙的设计一定程度上能够减少夏季强烈的光线照入馆内[154],书架区内安置北面透窗也能使光线维持在合理阈值内。

经过一个多世纪的努力,环境空间照明研究领域已形成了完备的研究体系,各个分支依托光学、建筑学、心理学等理论基础,通过实验、实证研究方法,对包括图书馆在内的商业、公共文化等领域的建筑空间照明优化问题给出了科学、客观的解决方案,大大提升了各类空间用户的工作学习效率,优化了空间用户的光环境体验。

作为高校图书馆内最为高频的活动类型,读者实体资源检索行为往往受到环境照明设计等建筑要素的影响,书架区域照明水平的变化对读者资源检索行为的效率、体验与满意度影响最为直接,但涉及该主题的量化研究工作并不多见。因此,探求不同书架照明条件下,读者迥异的在架实体资源检索行为特征,将有助于优化读者检索体验,提升馆舍室内照明环境质量与空间使用价值。

4.2　照明量化标准与研究假设

4.2.1　照明测度指标的选取

从建筑学角度来说,光具有光强度、对比度、光亮度、光反射四项基础属性。用户对于光线的感知与满意度主要受光照质量的影响,而光照质量主要由光亮度、直接反光、反射反光、散射等因素构成[155]。这其中,又以光照度的测度最为客观、便捷。前人研究发现,相对于相关色温(CCT)等指标,光照度更能反映用户的视觉感知[156],也有研究以光照度测度英国邓迪大学图书馆的亮度条件以及在馆读者的满意度[157]。所以,光照度适合作为检验馆舍采光质量的重要指标。

4.2.2　研究假设的提出与依据

早在霍桑实验时期,研究人员就开始针对不同光照条件下劳工的生产效率问题进行研究,部分实验结果能够得出高光照度对工人生产效率有促进作用的结论[158]。而图书馆界已经证实,图书馆采光条件变化会对读者的阅读、情绪、舒适性及在馆行为产生影响[55],也有文献证明读者在室内选择座位时普遍习惯于朝阳方位[159],而他们的在馆时间也会受光线条件变化的影响[157]。由于光照度较好时,读者呈现出较为积极的举动,对于光照充足的区域也表现得更加青睐。因此,光照度与读者的在架检索效率可能存在如下关系。为了相互验证假设指标提出的有效性,本书设计了相关性较高的 H2,H3 两项假设,防止单项指标无法全面体现被试检索表现:

H1,光照度与读者在架检索行为的查准率呈正向关系,白天光照度大时,读者检索查准率较高,反之夜间较低,昼夜读者检索查准率差异显著;

H2,光照度与读者在架检索行为的时长呈逆向关系,白天光照度大时,读者检索时长较短,反之夜间较长,昼夜读者检索时长差异显著;

H3,光照度与读者在架检索行为的检索效率呈正向关系,白天光照度大时,读者检索效率较高,反之夜间较低,昼夜读者检索效率差异显著。

4.2.3　研究框架与流程设计

本章研究工作参照图 4.1 所示的流程开展。为探明中美高校图书馆书架光照度差异水平与读者实体资源检索行为绩效及体验的关联性,采用跟踪观察记录法与准实验研究法,一方面记录中美不同馆舍书架季节与昼夜光照度的变化情况;另一方面设计读者书架检索任务,记录不同光照环境下读者检索书籍的绩效数据。结合质性访谈结果与量化数据数理统计分析结论,提出本项实验的研究结论。

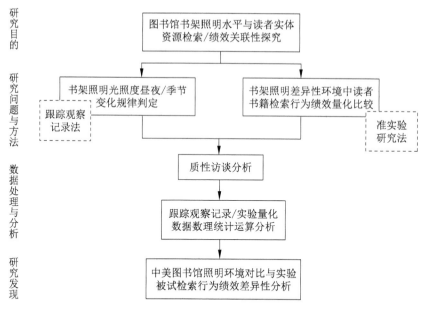

研究目的

研究问题与方法

数据处理与分析

研究发现

图 4.1　高校读者实体资源检索行为书架照明影响研究流程

4.3　书架区光照度跟踪观察研究

　　为量化了解不同照明设计图书馆中书架区域的照明水平差异,首先使用跟踪观察法,分别对美国伊利诺伊大学香槟分校(以下简称伊大)的社会科学图书馆和文学语言图书馆中的两种书架,以及我国江苏大学(以下简称江大)图书馆社会科学阅览室中两种书架的光照度作定期观察。观察频次为每周采集一组数据,每组数据包括昼(根据光照峰谷变化规律[160],选择午间12:00~13:00)、夜(20:00~21:00)两个时段,记录了自 2016 年 9 月至 2017 年 9 月间四类书架季节光照度的变化情况①。

　　如图 4.2 所示,伊大社会科学馆内三层低架采用褐色实木质框架,书架隔板为浅灰色金属质,借阅时需要读者下蹲浏览。伊大文学语言馆的八层高架,材质为浅褐色实木框架与浅灰色金属隔板,由于书架较高,配有脚凳,以方便读者浏览顶层书籍,但对于身高较矮的读者仍然存在借阅困难的问题。

---

　　① 秋季为 2016 年 9 月 21 日至 12 月 23 日,冬季为 2016 年 12 月 24 日至 2017 年 3 月 19 日,春季为 2017 年 3 月 20 日至 6 月 20 日,夏季为 2017 年 6 月 21 日至 9 月 22 日。

江大图书馆社科阅览室四层与六层书架规格相对统一,四层书架与六层书架均采用浅色木质框架与灰色金属隔板,四种书架详细规格见图4.2和图4.3。挑选以上四类书架作为样本的原因在于中美书架物理规格与光照环境具有可比性:中美两种高低架规格保持基本一致,光源类型上,中方两种书架相同,美方伊大社会科学馆矮架使用高色温荧光灯管,而文学语言馆高架采用低色温荧光灯泡。

图4.2 伊大社会科学图书馆(左上)、文学语言馆(左下)和江大图书馆(右)书架对比

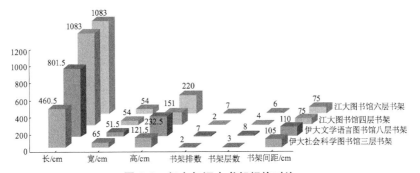

图4.3 伊大与江大书架规格对比

光照度记录数据采用9点测度方法,见图4.4,即测量整面书架左中右三部分自上到下间距相等的九个点位的光照度并计算均值,用以表征此面书架的光照度。书架采光观测指标有日期、位置、天气、温度、光照度均值,以及阅览区采光极值做对比参照。记录过程中,观测者采用页边笔记法,就具体光照环境变化情况做说明与直观思考记录,光照度测量工具为 BeneTech 手持移动式光度计,自动量程 0~200 000 Lux,精度±4% Lux,分辨率 0.1 Lux。

图 4.4　光照度 9 点记录法

4.4　读者书架实体资源检索行为绩效照明影响要素实验

4.4.1　实验被试筛选原则

根据梅拉比安的刺激过滤理论[73],不同个体对于环境刺激做出的反应并不相同,这与人们的刺激过滤能力高度相关,刺激过滤者相对于非刺激过滤者,对环境要素的反应程度更加迟缓,不易受环境的影响。为了更好地检验光线等环境因素对读者的影响,本书采用梅拉比安刺激过滤测量 9 点量表,涉及 40 道题项,每道题项分数值在-4 到 4 之间,得分越低,表示被试越符合非刺激过滤者的人格特质,也就越易受到环境要素的影响[161](附录 B.3)。

4.4.2　实验操作流程

伊大实验部分,首先使用梅拉比安刺激量表测度法,从 28 名参与预测试的伊大师生中筛选出 10 名问卷分数在-80 至-160 分之间的非刺激过滤者,邀请他们参与读者在架检索采光要素影响实验,其中男性 4 名,女性 6 名,年龄由 23 岁到 44 岁不等。研究被试抽样与 Pepijn[130],Afrooz[131],Ohm[132] 等的准实验设计原则保持一致,且根据以上研究,被试性别比例并未对实验结果产生影响。实验于 2017 年春季举行,分为白天与夜间检索对照组,昼夜每组实验均要求 10 名被试根据检索书目,在伊大文学语言图书馆八层架上检索 10 本指定书籍,每本实验书籍长宽控制在(9~10)cm×(4~4.5)cm 之间,封面底色均为深红或黑色,书脊字号、字体保持基本一致,检索标签粘贴位置完全相同。

实验开始前,主试记录每本书籍所在书架位置的光照度,实验期间记录被试检索每本书所用的时间、检索次数,并计算检索准确率①与检索效率②,同时,要求被试采用大声思考法向记录者汇报检索感受与满意度等心理变化。其中,检索次数以被试抽出书籍次数为准,实验记录表格见附录 A.5。

江大图书馆检索实验部分,使用梅拉比安量表从 31 名应试师生中挑选出 10 名被试参与实验,其中男性 3 名,女性 7 名,年龄区间为 21 岁到 30 岁,测试场地为江大图书馆社会科学阅览室的六层高架区,实验时间与操作流程与美方实验保持一致。由于不同种族间可能存在行为及作息习惯的巨大差异[162],为控制实验被试群体文化差异因素变量,中美两地实验被试均邀请华人师生进行。

4.4.3　实验细节说明

中美双方的实验材料均采用本国的图书分类标准,美方使用的是杜威十进制分类法,中方使用是中图分类号,两套分类标准均以字母和数字按照逻辑顺序组合而成,具有内在认知的一致性。每次实验开始前,主试均要求被试充分休息,以防生理疲劳给实验结果带来影响。实验期间,被试需要配合大声思考法向主试表明检索过程中的心理变化与主观检索满意度。实验结束后,补充读者随机访谈,对中美实验场地内累计 50 名读者的在架检索体验做实证分析,访谈大纲见附录 B.4。

4.5　跟踪观察与实验数据统计分析

4.5.1　书架光照度季度变化概况

美方两种图书馆书架光照度的年度记录显示(图 4.5、图 4.6),使用高色温荧光灯管的社科馆三层书架昼夜光照季节变化幅度较为平稳(昼间标准差 =19.26,夜间标准差 =26.21),位于文学语言馆的八层架使用低色温荧光灯泡,白天光照度季节差异大(标准差 =53.21),夜间光照度季节差异小(标准差 =2.73)。无论昼夜,三层书架季节光照度均值都大于八层书架,两种书架

---

① 检索准确率=1/检索频次。
② 检索效率=10/检索时长。

白天光照度最大值都出现在夏季,谷值出现在冬季,而夜间光照度季节变化
较小且无特殊规律。

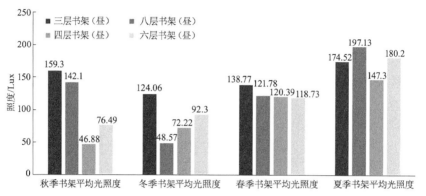

图 4.5　四类书架白天季节光照度变化情况

与伊大不同的是,江大图书馆的两种书架均处于同一空间光照环境下,
光源统一使用高色温荧光灯灯管,无论各季节昼夜的光照度变化波动都很低
(图4.5、图4.6)。平均照度最大值出现在夏天昼间的六层书架上(180.2
Lux),而夜间秋季四层书架光照度均值最低(38.76 Lux)。从季节差异上看,
白天两种书架最大光照度值均出现在夏季,最低值均出现在秋季,夜间光照
度如美方书架特征,波动较小。

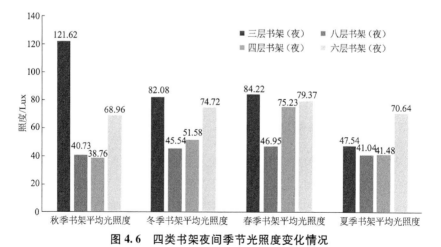

图 4.6　四类书架夜间季节光照度变化情况

4.5.2　书架照明条件季节变化检验

四种书架各季度的光照度值均呈正态分布,One-way analysis of variance

（ANOVA）发现（表 4.1），书架光照度季节差异上，伊大三层书架四季白天光照度 F 统计量为 2.645（$p=0.061$），样本均值检验结果显示，秋、冬、夏三季白天光照度差异显著。八层书架四季白天光照度 F 统计量为 16.731（$p < 0.001$），组间样本均值检验发现，除春夏两季间差异显著外，冬季分别与秋、春、夏季光照度差异显著。伊大三层书架夜间光照度 ANOVA 分析显示，F 统计量为 1.981（$p=0.137$），均值不等；八层书架夜间四季光照度组间差别与之类似（$F=1.661, p=0.179$），两类书架夜间光照度并无季节差异。

表 4.1 伊大书架光照度季节差异单因素方差分析

	(I)季节（昼）	(J)季节（昼）	Mean Difference（昼）	Sig.（昼）	(I)季节（夜）	(J)季节（夜）	Mean Difference（夜）	Sig.（夜）
伊大社科图书馆书架	秋	冬	35.217**	0.035	秋	冬	39.550	0.104
		春	20.550	0.274		春	37.550**	0.046
		夏	−15.200	0.417		夏	8.300	0.728
	冬	秋	−35.217**	0.035	冬	秋	−39.550	0.104
		春	−14.667	0.472		春	−2.000	0.940
		夏	−50.417**	0.017		夏	−31.250	0.314
	春	秋	−20.550	0.274	春	秋	−37.550**	0.046
		冬	14.667	0.472		冬	2.000	0.940
		夏	−35.750	0.114		夏	−29.250	0.277
	夏	秋	15.200	0.417	夏	秋	−8.300	0.728
		冬	50.417**	0.017		冬	31.250	0.314
		春	35.750	0.114		春	29.250	0.277
伊大文学语言图书馆书架	秋	冬	93.586***	0.000	秋	冬	−4.671	0.243
		春	20.371	0.853		春	−6.243**	0.042
		夏	−54.914	0.132		夏	−.314	0.937
	冬	秋	−93.586***	0.000	冬	秋	4.671	0.243
		春	−73.214***	0.000		春	−1.571	0.725
		夏	−148.500***	0.000		夏	4.357	0.399
	春	秋	−20.371	0.853	春	秋	6.243**	0.042
		冬	73.214***	0.000		冬	1.571	0.725
		夏	−75.286**	0.011		夏	5.929	0.186
	夏	秋	54.914	0.132	夏	秋	0.314	0.937
		冬	148.500***	0.000		冬	−4.357	0.399
		春	75.286**	0.011		春	−5.929	0.186

注：***，**，* 分别代表 p 值在 0.01，0.05 与 0.1 水平上显著。

江大图书馆在架方差分析呈现出不同的结果（表 4.2）。白天四层书架季节光照度差异分析显示，F 统计量为 43.812（$p<0.001$），样本均值检测发现，秋季与春、夏两季，冬季与春、夏两季分别光照度均值差异显著；而白天六层

书架季节光照度 F 统计量为 $102.857(p<0.001)$，两两季节光照度均存在显著差异。夜间四层书架季节光照度 F 统计量为 $10.113(p<0.001)$，春季与秋、夏季存在光照度显著差异；六层书架光照度 F 统计量为 $16.213(p<0.001)$，秋季与冬、春季，以及春、夏两季都存在夜间光照度的显著差异。据此总结，尽管江大图书馆六层书架存在显著的白天光照度的季节差异，但该差异在其他三种书架上并未得到验证；同时，夜间两国图书馆书架上光照度的组间差异也仅在少部分季节间发现。

表 4.2　江大书架光照度季节差异单因素方差分析

	(I)季节 (昼)	(J)季节 (昼)	Mean Difference (昼)	Sig. (昼)	(I)季节 (夜)	(J)季节 (夜)	Mean Difference (夜)	Sig. (夜)
江大图书馆四层书架	秋	冬	-25.3308	0.058	秋	冬	-12.786	0.137
		春	-73.5850***	0.000		春	-36.396***	0.004
		夏	-100.4183***	0.000		夏	-2.590	0.981
	冬	秋	25.3308	0.058	冬	秋	12.786	0.137
		春	-48.2542**	0.012		春	-23.610	0.114
		夏	-75.0875***	0.000		夏	10.610	0.597
	春	秋	73.5850***	0.000	春	秋	36.396***	0.004
		冬	48.2542**	0.012		冬	23.610	0.114
		夏	-26.8333	0.038		夏	33.806**	0.020
	夏	秋	100.4183***	0.000	夏	秋	2.590	0.981
		冬	75.0875***	0.000		冬	-10.196	0.597
		春	26.8333	0.038		春	-33.806**	0.020
江大图书馆六层书架	秋	冬	-15.7854**	0.026	秋	冬	-5.7636***	0.009
		春	-42.2014***	0.000		春	-10.4231***	0.000
		夏	-103.7371***	0.000		夏	-1.6850	0.595
	冬	秋	15.7854**	0.026	冬	秋	5.7636***	0.009
		春	-26.4161***	0.000		春	-4.6595	0.126
		夏	-87.9518***	0.000		夏	4.0786	0.181
	春	秋	42.2014***	0.000	春	秋	10.4231***	0.000
		冬	26.4161***	0.000		冬	4.6595	0.126
		夏	-61.5357***	0.000		夏	8.7381***	0.000
	夏	秋	103.7371***	0.000	夏	秋	1.6850	0.595
		冬	87.9518***	0.000		冬	-4.0786	0.181
		春	61.5357***	0.000		春	-8.7381***	0.000

注：*** 、** ,* 分别代表 p 值在 $0.01,0.05$ 与 0.1 水平上显著。

4.5.3　书架照明条件昼夜差异检验

昼夜光照度差异分析使用独立样本 t 检验法，发现伊大图书馆三层书架秋季($p=0.017$)、春季($p=0.002$)、夏季($p=0.053$)均存在光照度显著昼夜差异,但冬季组间数值却并不显著($P=0.119$)。八层书架呈现同样规律,秋季($p=0.000$)、春季($p=0.000$)、夏季($p=0.000$)昼夜差异均显著,冬季则没有差异($p=0.458$)。与之相比,江大图书馆四层书架秋季($p=0.038$)、冬季($p=0.055$)、春季($p=0.003$)和夏季($p=0.000$)均存在光照度的昼夜显著差异。六层书架同样在四个季节里均表现出昼夜光照度的显著差异(秋、冬、春、夏光照度昼夜 t 检验 p 值分别为 0.000,0.003,0.000,0.000)。综合四种书架的检验结果,不难发现书架光照度的昼夜差异并非全季节显著,仍存在环境性、季节性的变化特征。

4.5.4　实验数据分析

实验数据的分析设有平均光照度(avg-lux)、平均检索时长(avg-duration)、平均检索准确率(avg-accuracy)、平均检索效率(avg-efficiency)四项指标,实验结果见表 4.3,正态性检验显著性系数均大于 0.05,数据符合正态分布。伊大文学语言馆实验环境下,实验用书白天平均光照度 63.73 Lux,夜间为 49.62 Lux。江大图书馆社科书库实验环境中,实验用书白天在架光照度均值为 140.4 Lux,夜间为 56.6 Lux。两地昼夜实验环境下光照度差异显著(伊大:$t=2.428$,$p<0.05$;江大:$t=2.994$,$p<0.05$),证明白天实验光环境更为明亮,昼夜实验环境成功建立。

表 4.3　实验结果

图书馆	时段	平均照度/Lux	被试平均检索时长/s	被试平均搜索准确度	被试平均搜索效率
伊大文学语言图书馆	昼	63.73333	75.73333	0.854722	0.146305
	夜	49.61667	58.32933	0.873889	0.203778
江大图书馆社科书库	昼	140.44	55.2255	0.94916	0.12573
	夜	56.56	93.202	0.8	0.06797

研究假设 1-3 的零假设为:书架光照度变化与被试检索行为无关。经三个因变量的独立样本 t 检验发现,被试检索效率并未受到光线变化的影响(表 4.4),故无法拒绝原假设,假设 1-3 不成立。证明伊大书架光照实验环境下,书架光照度的变化并未影响读者的检索行为。

表 4.4 被试实验指标独立样本 t 检验(昼夜对照)

	指标	t	$Sig.$
伊大实验	检索时长	1.524	0.145
	检索准确度	-.0451	0.657
	检索效率	-1.640	0.126
江大实验	检索时长	-22.897***	0.000
	检索准确度	3.287***	0.004
	检索效率	3.300***	0.008

注: ***, **, *分别代表 p 值在 0.01,0.05 与 0.1 水平上显著。

与此截然不同的是,江大图书馆两个对照组的昼夜检索时长、检索准确率、检索效率指标值独立样本 t 检验均差异显著,说明在光照度环境变化的条件下,被试检索行为存在显著差异:白天高亮度环境中(140.4 Lux),被试平均检索时长(33.16 s)要短于昏暗环境下(56.6 Lux)的夜间检索时长(68.79 s);检索准确率(94.92%)要高于夜间(80.00%);检索效率(0.029 本/s)同样也高于夜间数值(0.023 本/s),H1~H3 假设成立。

实验后为了证明被试检索经验因素对实验结果并无影响,研究者按照被试报告过去一年中月度入馆书籍检索频次,将每个国家的被试都划分为两组,由于入馆频次越多,读者对于实验场景中书架与馆舍空间的熟悉程度就会越高,因此每月检索次数低于一次的被试被划入新手组,而高于阈值的则划入老手组。通过中美两国两组被试三项检索绩效指标的独立样本 t 检验,研究并未发现他们的检索行为有显著差异(表 4.5),由此证明,中美被试的检索经验并未在实验中影响到最终的检索结果。

表 4.5 新老读者被试检索指标独立样本 t 检验

	伊大图书馆				江大图书馆			
	昼间实验		夜间实验		昼间实验		夜间实验	
	t	$Sig.$	t	$Sig.$	t	$Sig.$	t	$Sig.$
检索时长	-0.267	0.796	-0.525	0.614	-0.694	0.507	0.145	0.888
检索准确度	0.306	0.768	0.151	0.884	-0.287	0.781	-0.411	0.692
检索绩效	0.299	0.772	1.27	0.24	1.307	0.227	-1.125	0.293

4.6 馆舍照明环境季节与昼夜特征分析

4.6.1 书架光照度季节差异成因分析

白天时段,伊大社科馆的三层书架仅冬季与夏、秋两季存在光照度差异。由于香槟市所在的北半球与经纬位置,一年中大部分时间,最强的直射日光都是由南边照入(表4.6),因此,社科馆北面与东面的窗户更有利于散射光与半直射光对室内的照明[50, 163](图4.7),空间照明环境更加柔和,书架季节间的照度差异也相对抹消了。再者,社科馆临窗的低矮书架设计,使得书架区即使是在日间光照不充足的冬季也能维持令人较为满意的光照度水平。高色温荧光灯管的易用性也有助于营造稳定的照明环境,后续章节将重点阐述。

表4.6 镇江市与香槟市日照时数与辐照度对比

位置	经纬度	季节平均日照时数/h				季节平均日光辐照度/ $[KWh/(m^2 \cdot d)]$			
		春	夏	秋	冬	春	夏	秋	冬
香槟市	40°6′59″N 88°14′36″W	13.193	14.480	11.233	9.933	4.387	5.567	4.250	3.133
镇江市	32°12′39″N 119°27′18″E	12.917	13.863	11.450	10.487	3.547	3.433	3.710	4.190

＊所有相关数据均获取自美国国家航空和宇航局(NASA)POWER项目的太阳与气象数据集(https://power.larc.nasa.gov/data-access-viewer/)。

位于文学语言馆的八层书架冬季昼间光照度与其他三季度光照度差异明显,冬季光照度均值远低于社科馆的三层书架,幅度超过50%,相对采光条件最差。究其原因,该馆采用圆盘形吊顶暖色荧光灯(图4.7),在自然光线较为昏暗的冬季,日间室内光照度衰减严重。尽管书架区窗户开在东、南两个方位,但7排书架被完全包裹其中,西侧书架区仅依靠人造光源采光。外加南面窗户狭长且大部分时间都有百叶窗遮蔽,光线无法透过第一排书架延伸反射到北面的借阅区,如此排架方式造成自然光环境质量的劣化。

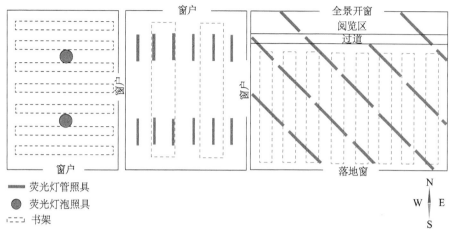

图 4.7　文学语言馆(左)、社科图书馆(中)和江大图书馆(右)书架区照明位置俯视图

　　然而应当注意到,虽然书架区部署在北面,避免光照直射最为理想[164],可是文学语言馆设置于南部与东部的遮光百叶窗实则是纸本书籍的有效保护措施,避免了长期暴晒造成的纸本资源损毁,并最大限度地避免了读者在架检索或书架前短暂停驻阅览时的反光困扰;而高耸的南朝向窗户同样避免了高层书架对北面阅览区域光线的遮挡[165]。可见,对于书架区域来说,如何处理其与窗户朝向的空间关系确实是棘手的问题。出于妥善保护实体馆藏的考虑,应避免额外的自然光补充,综合来看,增加人造照明是维持区域读者检索视觉舒适度的代偿办法。

　　至于白天江大图书馆的两类书架照明,却呈现出分明的季节差异,尤其是六层书架四季光照度均差异显著(表4.2)。考虑到中美馆舍空间照明条件与地理特征的差异,造成上述差异的主要因素在于书架区域的建筑结构差别。江大图书馆社科书库的书架区南北光照通透而充足,北面全景玻璃窗与南面落地窗的采用(图4.7),使得自然光线的变化对于室内光照影响格外强烈,出现了分明的四季光照度差异。

　　对比日间的光照度变化状况发现,伊大社科馆一般的冷色荧光灯源与矮书架排架方式的临窗组合,能够有效降低白天在架光照度的季节波动,给读者提供更加稳定的照明环境,是四类开架阅览环境中最理想的一种。而文学语言馆的悬挂式暖光日光灯与高架的搭配,能够有效降低夜间光照度的波动,但白天的照明表现可能在日照较短的季节中表现低迷。江大图书馆社科书库的书架采光环境则验证了广视角全景开窗的使用能够在室内人造光采光功率较低时提供充足的自然光照,但由此带来的问题是,季节光照度差异会相对显著,室内照明环境随季节变化波动较大。夜间时段,伊大两馆舍光照几乎不存在显著季节差异,江大图书馆偶有季节光照度差异,但光照度均值并无太大波动。

总结而言,无论昼夜,样本馆内的书架光照度均存在部分季节的显著差异,且主要由两地的地理位置因素与馆舍室内照明设计差别决定,因此书架光照度季节变化并无明确的规律可循。

4.6.2　书架光照度昼夜差异成因分析

伊大两图书馆的书架在测试过程中均表现出春、秋、夏季光照度显著的昼夜差异,而冬季昼夜光照差异不明显的态势。显然,自然光源对馆舍书架的光照质量产生了较大影响。具体来说,建筑室内照明条件是一个受地理位置等要素影响的复杂而动态的因素[166]。香槟市地处美国中部平原,春、夏季强烈的光照对室内照明条件的影响十分巨大,昼夜光照差异也由此产生。但冬季因当地纬度较高(北纬 40 度),多阴雨、雨雪天气,相比其他三季日照时间严重缩短(表 4.6),因而造成冬季日间光照度不足与昼夜光照度无差别的现象。对于日照时数不足的季节,图书馆管理者应着重注意低照度书架区域,如底层书架或紧靠墙壁远离开窗的位置,增大照明灯具功率或安放临时人造光源以应对。

江大图书馆社科书库四季昼夜照度差异形成因素略有不同。较之香槟地区,镇江地区冬季昼间更长的日照时数造成了冬季昼夜光照度的显著差异(表 4.7)。采光环境优越,书架南北两侧大面积开窗补充光线(图 4.7),通透的采光策略使得白天整片书架区域都在北边散射光与半直射光的照射范围之内,北面有阅览区临窗摆放间隔开窗与书架区,南面采用步进式交叉建筑格局,有走道与大厅做日光过滤区域,而夜间仅有人造光源照明,自然形成了四季昼夜光照度差异的现状。

4.7　书架照明要素对读者实体资源检索行为影响机理分析

尽管中美两馆舍在架昼夜光照度均存在显著差异,但伊大实验结果并没有证明白天光照度水平高时,被试检索准确率与效率更高、耗时更短的结论,书架昼夜光照度变化并未给被试检索行为带来显著影响。甚至在实验中存在白天少数被试检索准确率低于夜间检索状态的情况。引人深思的是,江大图书馆实验结果充分证明,不同照明环境下的被试群体有着明显的行为差异,且照明水平高时,被试检索表现更佳。

因为实验设计阶段充分考虑了所有物理变量与个人主观因素,对光照之外的要素均做了严格的变量控制,因此,照明条件的差异成为造成实验结果的主要因素。以下将从光源、书架照明布局方式,以及被试对两者的心理感受三方面着手分析。

4.7.1　光源

光源的选择上,伊大文学语言馆采用两盏悬挂式荧光灯①为 7 排书架提供光照,色温 3500 K。天花板为白色,反光系数较高,墙壁为浅绿色,地板为褐色。在夜间无自然光照射的情况下,此类型光源搭配墙壁色调能够很好地利用光散射为空间提供充足光线,消除阴影。由于此书架区照明灯盏数较少,且天花板与书架高度差较大,夜间照度仅能维持在 40 Lux 左右,但实验情况却证明,被试昼夜检索行为并无明显差异,甚至偶有夜间检索效果好过昼间的情况发生。分析被试大声思考文本内容发现,这与低色温灯具的视觉舒适性不无关系。接近自然光的光谱系数与类阳光的色温,使得即使在照度较低的情况下,相对舒适的暖色光线也能够有效降低视觉疲劳度,一定程度上提升了被试的检索效率,因而在昼夜光照度不同的环境中,检索行为绩效并无明显差别,同时也证明了低色温紧凑型荧光灯管的优异可用性[165]。

反观江大的社科书库,多排平行低功率荧光灯管②组嵌入白色天花板,光源排布密集(图 4.7),6000 K 高色温光线经由金属栅格散射均匀地照射在灰色金属书架区与水泥色地面。江大社科书库的昼夜照度差异相对伊大文学语言馆更小,夜间照度均值较高。在白天有自然光线进行补充的情况下,实验被试的信息检索流程顺畅。然而通过读者访谈发现,夜间冷色光线明显使被试各项检索指标下降。有研究证实,博物馆公共空间使用者更青睐青白色灯光[167],夜间或寒冷季节昼间的书架区,荧光灯的使用能优化照度条件,使之呈现出更高的照度值,可对读者来说,这并不等同于视觉舒适性,单纯的荧光灯高色温光线一定程度上会造成检索体验值的降低,但曾有研究表明荧光

---

① 每只灯泡 42 W,3200 流明,3500 K 色温。
② 每只灯管 36 W,2400 流明,6800 K 色温。

灯会使用户产生生理不适的结论[49]并未在本研究中得到验证。

馆舍采用高色温荧光灯照明,能够很大程度上提升书架区域昼夜光照度水平,而低色温荧光灯光更易营造夜间舒适的检索环境,但其白天光照度数值会因此受到削弱。LED 灯源的面世提供了低成本的色温转换解决方案,此外,LED 灯源因其绝佳的能耗比,近年来已广泛使用在图书馆等公共空间,已有的照明优化方法能够在保证同等相关色温(CCT)的基础上,通过使用 LED 替代白炽灯,达到超过 78% 的节能效果[168],可见,LED 灯具将是未来图书馆人工照明系统的进化趋势。

总而言之,灯具的选择是照明设计问题的主要考虑因素之一[165]。研究发现,支持的最佳灯具选择是紧凑型线性排布的荧光灯管,显色指数在 80~85 CRI 值间具有更佳的自然光属性与视觉友好性。3000~3500K 相关色温的散射式荧光灯具,能在书架区散发出更加柔和的散射光线,而且使用时长更是长达 10000 小时以上,并相对白炽灯能节约 80% 的能源。

4.7.2 书架照明布局方式

书架照明布局上,主流的策略有四种[169]:平行照明,即线性排布的灯具直接置于书架走道的正上方与之平行;垂直照明,与平行照明灯具排布方式相反,灯具与走道呈 90 度;间接照明,光源光线由下向上照射,通过光线散射与反射为周围提供光线,常安装于各类造型的书架上;混合照明,垂直式与间接式照明的组合。

伊大社科馆采用平行照明方式,灯具嵌入天花板内,采用线性排布的方式平行于书架照射,这种灯具排布方式直观而且能有效缩减能源成本,它要求光线必须均匀地分布在各个书架上,并有充足的光线能到达书架底层,且上层书架没有黑暗区域。而文学语言馆采用间接照明方式,相比平行与垂直照明,在良好灯具排布的基础上,光线散射更加均匀,尤其在夜间仅有人工照明的环境下,读者面对的书架各个方位敏感度对比会更加柔和,从而带来更好的视觉舒适度。

与此区别,江大图书馆社科书库书架采用斜布式照明策略,灯管嵌入天花板而与书架在平面上呈 45 度斜角(图 4.7),该照明方式综合了平行与垂直两种照明方法的优劣:一方面,该照明方式相比平行或垂直方式使用更少的灯具,被视作一种低成本解决方案;但另一方面,却也可能造成顶部书架与过道的暗区,导致书架采光不均,忽明忽暗的检索环境则最可能是造成被试检索效率低下的直接原因。

再观自然光与书架排布方式,引人注意的是,两所馆舍对阅览位和书架位摆设方位的差异,关于这一问题的争议早已存在[170],就两样本图书馆来看,伊大馆舍将书架置于临窗位,其并未有助于白天读者的检索(部分被试昼间实验效率低于夜间),而江大图书馆将阅览位置于窗前,书架位置后,却也没有削弱昼间自然光线对照明的辅助力度(昼夜被试检索效率差异显著)。

综上,照明设备与书架照明布局方式的差异,的确是造成两馆舍被试检索行为差异的另一主要原因,对比嵌入式斜布灯管,悬挂式散射灯具更能在低光照度的环境中为被试提供均匀的光照环境。更重要的是,书架位置对自然采光或人工采光效果的影响效应揭示了书架位置与光线投射的不可分离性,驳斥了书架位置与图书馆采光布局没有直接关系的结论[171]。

4.7.3 读者照明视觉感知影响

光源与书架照明布局方式的不同搭配,给被试带来了截然不同的实验环境与检索感受。"可视性"与"温暖度"是不同光照条件下参观者可感知的多元指标[172],影响用户行为的往往是他们对于采光的既有概念、知识和潜意识,而不仅仅是采光要素本身[173]。

随机访谈中,在回答读者在架检索时对于光线的满意度标准时,绝大多数受访者反映,现有馆舍采光存在的问题集中在"夜间、雨天灯光照明度不足"上,尽管在夜间与极端天气情况下的书架光照度能够满足国家建筑标准,但"明亮的环境更能够使(读者)查找书籍时心情愉悦,雨天时较为抑郁,检索效率也受到影响",这一发现也和"天气状况与心情关系"的研究紧密相关[174]。因此,环境照明等因素主要通过读者在架检索效果体验与受环境刺激后产生的心理反应来影响自身实际检索行为。

总结来说,本实验的目的在于,探究光线照度差异的环境是否会对读者馆内信息检索行为造成不同的影响。实验结论从一个视角证明,差异性的书架照明环境可能会对读者在架书籍检索行为绩效产生显著影响;更进一步证明在某种较为合理的光环境设计前提下,读者的检索行为能够保持一致,从而优化读者不同时段的馆内信息检索满意度。

在本书的研究情境下,伊大文学语言馆的光照条件更有益于读者不同时段的在架检索体验。相较于倾斜于书架且平行分布的高色温荧光灯管与高日光透光率窗户的设计组合,低色温暖光源的悬挂式间接照明日光灯与较低透光率的百叶窗搭配的设计组合,更能削减读者不同照度水平下所感知到的光环境差异,提升读者检索效率,优化实体资源的检索体验。

4.8　本章小结

本书从跟踪观察与实验研究的角度验证了样本图书馆书架季节光照度变化的无规律性,以及昼夜间存在的光照度显著性差异,证明了光照环境与读者在架书籍检索满意度间存在的关系,解读了照明因素对读者实体资源检索行为的影响机理;认为图书馆开架借阅区的采光系统,在选择合适光源、合理调整书架与采光布局的前提下,仍需考虑读者的心理预期和感受,从而全方位保证读者实体资源检索的效率与满意度。

5 高校读者图书馆室内环境色彩感知研究

潜在环境要素对于读者实体资源检索行为的影响机理已在质性分析章节中得到验证。本章将关注另一个重要的高校图书馆馆舍潜在环境要素——室内环境色彩。对应第三章中的环境认知概念,感知是认知机制中的主要构成要素,是在感觉概念——人们感官系统对环境刺激的简单反应之上发展而来的更为高级的心理活动,它指人们对日常生活中更为复杂且蕴含意义的环境刺激信息进行加工、整合与解释的过程。读者对高校馆舍环境色彩的主观心理感受属于感知范畴,又由于感知与认知的从属关系,本章的研究内容也包含于潜在环境认知活动范畴之中。此外,对比环境照明研究设计思路,本章采用环境色彩感知研究,将结合模拟现场研究法与语义差异法,在实验室中检测被试对馆舍环境色彩的情绪反应变化与感知机理。

5.1 引言

环境色彩心理感知层面,色彩心理研究者往往使用孟塞尔色彩系统的色相、明度与彩度(饱和度)三项指标,来表征色彩主波长、亮度与纯度给人们带来的主观心理反应。不同波长光线作用于视觉器官产生色感,对人们的生理与心理产生影响[175],而人们对色彩生理与心理上的满意度与和谐感又催生出他们对色彩美感的理解,从而唤起人们对色彩的情感偏好评价。

在单一色彩实验中,人们证实了明度、饱和度与色相均会对人们的色彩情感感知产生影响,而前两者对人们的色彩情感影响力要更大[176]。较低的明度与较高的饱和度往往使人产生暖色的感觉;色彩明度越强,其产生的冷峻感越强。

环境心理学中,情感评估(affective appraisals)概念用于指代人们对于环境的情绪,环境场景通过空间隐喻途径改变空间用户的情绪感受[177],通过情绪三因子——唤醒度、愉悦度、控制度的评测,能够确定环境中人们情绪的好坏。室内环境色彩对人们的认知与神经运动水平有着不同的唤醒作用,影响着人们的生理与心理反应,如短期记忆水平、联想能力、焦虑程度等。通过调节环境色彩,空间用户能够感受到最佳刺激程度,这被称作适应性水平(adaptation level)[178],该水平上人的情绪将保持高愉悦度状态[179]。

为了最大限度地优化环境色彩唤醒度与愉悦度,激发用户的适应性水平,心理学家对色彩感知做了大量的量化研究。他们发现,环境色彩的明度、彩度与人们的愉快情绪高度相关,人们往往偏好较高明度、较饱和的冷色感色彩。色彩能够通过视觉影响人们的内分泌系统,导致人体内荷尔蒙的变化,进而影响情绪,如红色令人活跃、白色使人明快、淡蓝色给人清凉感[77]等。又如暖色具有扩张性特质,能够提升人们对外界刺激的接受程度,增强兴奋水平;而冷色相反,具有安抚情绪、舒缓行为的作用[180]。

此外,环境色彩唤醒度与空间用户的行为绩效有着密切的关联。作为环境压力(ambient stressor)角色的扮演者,室内环境色彩基于个体的环境敏感性差异而持续影响人们的工作满意度与长期工作绩效[181]。研究证实,蓝、绿色工作环境下,被试的工作行为表现要优于红色环境,工作绩效更高且失误率较低;虽然人们在红色环境中工作的绩效要高于白色环境,但主观上人们更青睐白色的工作环境。相比暖色环境,人们烦躁不安的情绪能在冷色空间内得到很大程度消除,工作满意度也会相应提高[182]。

近年来,有关人类对组合色彩的情感唤醒研究得到进一步的发展。多色彩组合是除了单一色彩外能够唤起特定情感的必要条件[183]。与单一色彩相比,多色彩组合提供了一种更恰当、更准确的图像色彩情感语意描述方式。多色彩环境下的用户色彩情感变化特征已被证明可以通过实验的方式检测得出[184],这为本书基于实验发现提供馆舍室内环境色彩设计原则的优化提供了理论基础。

5.2 高校读者图书馆室内环境色彩感知研究的假设提出

5.2.1 研究问题缘起

作为高校图书馆内重要的情境行为类型,读者的实体资源检索行为时刻受到馆舍建筑的深刻影响,而内部环境色彩作为潜在环境认知要素,与读者检索过程中的情绪感知、行为绩效有着莫大的关联,厘清读者实体检索中的环境色彩感知机理,将为优化物理馆舍空间设计、升级读者馆内检索体验与绩效奠定理论基础。20世纪建筑大师勒·柯布西耶曾说,色彩是被人们遗忘了的巨大建筑力。然而,面对图书馆建筑室内色彩这一研究主题,却鲜有国内外学者从量化的专业角度深入探索。

5.2.2　研究假设提出

首先,Russell 等提出情感评估理论与情绪因子理论[185],明确将环境唤醒度与愉悦度作为环境用户情绪的评估标准,而作为环境压力存在的室内色彩又是重要的潜在环境认知要素。因此,读者在实体检索过程中对室内色彩的感知可用环境要素的评价维度来分析,假设 1 设立如下:

高校读者在实体检索过程中的馆舍环境色彩感知可以从唤醒与愉悦两个维度进行定量评估(H1)。

其次,已有研究中,虽然对关于"色彩三重属性对色彩感知的影响机理"并无一致定论,但能够达成的共识是,明度属性对色彩唤醒度与愉悦度的影响最大,其次是彩度,最次是色相[186],因此设立假设 2:

高校读者在实体检索过程中感知到的环境色彩唤醒度与愉悦度,主要受室内色彩的明度影响,彩度与色相的影响水平依次递减(H2)。

最后,耶克斯-多德森定律指出,人的情绪、行为效率受环境唤醒程度的深刻影响,而适宜的环境唤醒度能够将行为绩效最大化[186]。环境色彩的研究证实,冷色感的空间环境能产生适应性水平;高明度的环境色彩带来的愉悦感最为强烈[187];且低彩度的色彩相比高彩度的色彩更受人偏爱[188]。据此,能够满足高校读者实体检索唤醒度需求、增强检索愉悦度与满意度的馆舍环境色彩应符合冷色感、高明度、低彩度的特征,故提出以下假设:

高校图书馆多运用冷色感、高明度、低彩度的主体环境色彩,将在读者实体资源检索过程中产生更适宜的唤醒水平(H3),更高地提升读者实体资源检索愉悦度(H4),更好地增强读者实体资源检索满意度(H5)。

5.3　高校读者图书馆室内环境色彩感知研究设计

5.3.1　研究基本流程

为解释读者在实体检索过程中受馆舍空间色彩感知影响的机理路径,笔者根据环境心理学与色彩学相关理论基础,使用语意差异法设计色彩感知测度问卷,邀请高校学生被试参与色彩感知实验,并运用因子分析法对获取的测度数据进行降维,尝试从唤醒与愉悦两个维度来解读建筑色彩冷暖感、空间感、动力感给读者检索带来的信息感受,据此提出对高校馆舍建筑色彩设计的优化建议与启示。研究设计框架见图 5.1。

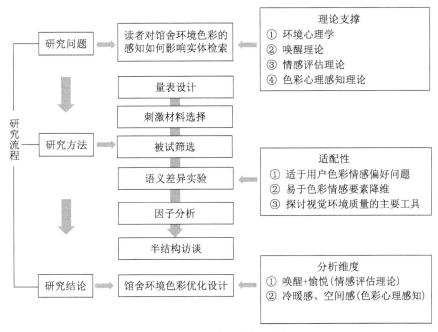

图 5.1　研究设计框架图

5.3.2　研究方法与适配性简介

5.3.2.1　模拟现场研究法

环境心理学中的现场研究法与实验室研究法相对立,是指在现实环境中检测人类的真实行为。由于该方法能够更有效地研究一些在实验室中无法重现的控制变量,因而在领域性研究、空间密度研究等环境心理学和环境行为学研究方向上运用广泛。但也正因为现实环境中存在大量无法控制的变量,导致现场研究中有时会掺杂过多环境噪音,这些不可控的变量会对实验结果的解释产生影响。在此基础上,环境心理学家尝试使用环境幻灯片在实验室中模拟真实的自然与社会环境,借此观察被试对环境的检视过程,该方法曾用于城郊环境复杂度与居住者偏好等研究中。

由于本章关注的环境类型是高校图书馆室内环境色彩,而要将国际图书馆室内色彩设计方案向图书馆读者展示,最好的方法莫过于现场研究法,但从可行性上考虑,该方法执行成本过高。因此,选择通过播放国际优秀馆舍色彩设计方案图片的形式,检测被试对环境色彩的心理感知。

5.3.2.2 语义差异法

那么如何检测被试对环境色彩的心理感知? 语义差异法(semantic differential method)由 Osgood 在 20 世纪 50 年代发明[189],用以量化检测被试对色彩刺激材料的情感偏好,通过对系列反义词对,即情感尺度的被试填写结果进行因子分析,达到抽取主要情感要素、量化被试对刺激材料情感倾向的研究目的。

本书将使用现实高校图书馆环境色彩照片作为刺激材料,依据色相、明度、彩度将照片分组。邀请高校被试,在暗室内观看照片投影的同时,针对刺激材料填写重新设计的语义差异问卷。其中关键前提在于要求被试根据照片影像营造出置身其中并进行实体检索的假想情境。

而后使用因子分析法,从唤醒与愉悦两个维度量化计算各组样本馆舍环境色彩方案的因子得分,以验证被试在实体资源检索情境下的环境色彩感知与色彩属性、分析维度间的关联性。该方法能够准确量化被试色彩情感,对复杂的色彩情感维度实现降维,成为解决本书研究问题的有效手段。

5.4 高校读者图书馆室内环境色彩感知实验设计与操作

5.4.1 语意差异量表设计

5.4.1.1 情感尺度挑选

在已有的色彩情感尺度研究中,诸多研究者从色彩评价维度(evaluative)、潜力维度(potency)、指向性活动维度(oriented activity)、稳定性维度(stability)、紧固维度(tautness)、新颖性维度(novelty)、接受维度(receptivity)、侵入性维度(aggressiveness)等 8 个传统维度展开分析[189],也有敏感维度、情感维度、动力维度等色彩情感尺度分析维度[186]。但在本书中,如何关联被试对环境色彩感知与其实体资源检索行为成为亟待解决的关键问题,上文提及的环境心理学的情感评估理论与唤醒理论为此提供了解决思路。

环境情感评估二维空间标示了 40 种在此结构下产生的常见情绪(图5.2),依照该情绪词组,同时参考色彩情感表现、色光情感尺度、建筑色彩情感尺度形容词对[190-192]，笔者设计了 47 组初始英文正反意情感尺度(附录A.6)，用以从唤醒和愉悦两个维度评估读者对馆舍环境色彩的感知情况。

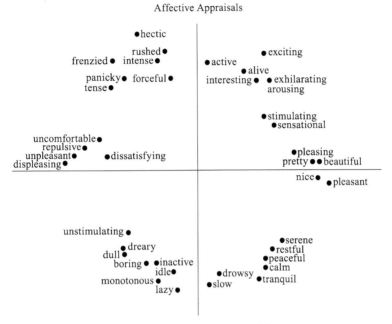

图 5.2 情感评估二维空间坐标

为保证中英文词意转化的准确性，特邀请 3 位英文专业教师翻译，在此基础上邀请 5 位工业设计、建筑设计专业师生对中文情感尺度的熟识度与可量化度打分做复核(百分制)，最终保留双项得分均在 75 分以上的情感尺度 26 组(表 5.1)。其中，结合专家访谈与文献研究，确定"明亮的—昏暗的""暖的—冷的""鲜艳的—阴沉的"分别代表孟塞尔色彩三属性：明度、色相、彩度。

表 5.1 初始 26 组情感尺度中英文对照

情感尺度序号	中文词对	英文词对
Scale 1	愉悦的—令人不快的	Pleasing—Displeasing
Scale 2	抑郁的—振奋的	Gloomy—Cheering
Scale 3	明朗的—压抑的	Exhilarating—Depressing
Scale 4	活跃的—肃穆的	Active—Inactive
Scale 5	单调乏味—生动活泼	Monotonous—Alive
Scale 6	刺激的—沉闷的	Stimulating—Unstimulating

情感尺度序号	中文词对	英文词对
Scale 7	有趣的—无趣的	Interesting—Dull
Scale 8	舒适的—不舒适的	Comfortable—Uncomfortable
Scale 9	无聊的—感动的	Dreary—Sensational
Scale 10	兴奋的—镇静的	Exciting—Calming
Scale 11	舒缓的—恐惧的	Peaceful—Horrible
Scale 12	明亮的—昏暗的	Bright—Dark
Scale 13	令人讨厌的—讨人喜欢的	Unpleasant—Pleasant
Scale 14	热闹的—安静的	Animated—Quiet
Scale 15	有活力的—无活力的	Dynamic—Undynamic
Scale 16	喜庆的—哀伤的	Festive—Distressed
Scale 17	阳刚的—阴柔的	Masculine—Feminine
Scale 18	暖的—冷的	Warm—Cool
Scale 19	鲜艳的—阴沉的	Vivid—Sombre
Scale 20	紧张的—放松的	Tense—Relaxed
Scale 21	华丽的—平淡的	Ornate—Plain
Scale 22	美丽的—丑陋的	Beautiful—Repulsive
Scale 23	通透的—浑浊的	Transparent—Turbid
Scale 24	振奋人心的—昏昏欲睡的	Arousing—Drowsy
Scale 25	明晰的—模糊的	Distinct—Vague
Scale 26	快乐的—悲伤的	Happy—Sad

5.4.1.2 实验刺激材料选择

研究证明,图片刺激材料能够在设计学研究中替代实体模型来检测被试的空间认知行为[193]。本书研究中刺激材料图片部分出自詹姆斯·坎贝尔的《图书馆建筑的历史》一书[194],少部分国内图书馆照片来自网络。在保证摄影调色专业性的基础上,所选图片均能够还原读者的观察视角。为避免纸本书籍影印转换过程中的色彩偏差,本书研究中使用 IrisReading 网站提供的《图书馆建筑的历史》原始数字图片作为实验材料①。同时为了避免非环境色

---

① IrisReading. 100 Majestic libraries every book lover should see[EB].[2021-8-2].https://www.irisreading.com/100-majestic-libraries-every-book-lover-should-see/.

彩视觉要素干扰,对所有图片进行 Photoshop 处理,隐去馆内读者、杂物等影像。

刺激物制作的重要步骤是对样本馆舍主要环境色彩的抽取。根据 Koba-yashi 对冷暖感的量化判定准则[186],以孟塞尔色彩空间中的 10R(以亮度为2、饱和度为8计,对应 RGB 值98:19:18)与5B(以亮度为8、饱和度为8计,对应 RGB 值80:219:249)两种色相为冷暖色分界线,笔者使用 Matlab R2012a 编辑算法区分图片像素的冷暖色相,并自动累计色彩面积比例且排序(代码语句见附录 A.7)。按照每张图片中冷暖色彩的面积比例来判断环境主体色彩的冷暖属性,由此筛选出冷、暖感色彩组各 25 张图片备选。

邀请 5 名工业设计与建筑设计专业教师,使用卡片分类法对初步筛选出的图片做进一步属性细分:设计 6 张色彩属性卡,2 张写有冷、暖色相,高、低明度与彩度各 2 张。评估的教师凭借专业色彩感知力,给每张图片赋予色相、明度、彩度属性卡各 1 张。完成后统计并选出具有冷色感、高明度、低彩度的刺激材料 12 张,暖色感、低明度、高彩度的照片 13 张,形成对照组(附录A.8)。

5.4.1.3 量表设计

问卷设计采用 7 级李克特量表形式,每张刺激材料照片都对应 26 组情感尺度,每组尺度的消极性至积极性分值由-3 分至+3 分不等,为避免默然偏差,随机挑选 5 道题目设置反向题。在卷首加入引导语、基本信息问项,并在每 26 组情感尺度后都加入 3 题,询问被试在实体资源检索情境下,对刺激照片的色彩满意度、唤醒度及愉悦度感知。最终形成正式问卷,共计 730 题(附录 B.5)。

5.4.2 被试筛选

为确保实验被试对环境色彩刺激的过滤水平及情感认知程度保持在相对一致的区间内,研究设计了被试筛选环节,招募国内某高校来自 30 个专业、共计 69 名本、硕、博学生,在通过石原式色盲测验的前提下,先后接受梅拉比安刺激过滤量表与单一色彩情感语义差异测试。

梅拉比安刺激过滤量表用于检测人们对于外界环境刺激,如色彩、温度、噪音的反应能力,得分越高代表参试者过滤环境刺激的能力越强[161](量表见附录 B.3)。检测发现,初始被试群体由量表得分可划为三类:低刺激过滤者19 人、中等刺激过滤者 45 人、高刺激过滤者 8 人,选择中等刺激过滤被试继续参与筛选环节①。

由于环境色彩语义中包含的文化性差别,以及不同人群对于同一色彩隐喻认知的理解差异[195],研究设计了单一色彩情感语义认知水平检测环节,请45 名被试对 6 种随机挑选的单一色彩(附录 D.2)进行 26 组情感尺度打分,使用 Person 相关分析检验,挑选情感尺度平均分具有显著正相关性的 31 名被试参与最终的实验。

5.4.3 实验流程操作

实验在无窗的教室内进行,使用 Epson EMP280 型号天花悬挂式投影仪播放刺激照片。实验前,被试在轻音乐声中熟悉实验流程与问卷填写规则,情绪得到舒缓。实验开始时,关闭室内灯光、音响,重点要求被试营造出在刺激材料所呈现的图书馆中实体检索的模拟情境,同时观看投影,使用手机或平板电脑填写在线问卷。每张照片展示 90 s,被试需完成 29 题问项填写。每2 张照片播放间隔 5 s,填写完第 15 张照片问项后休息 10 min,总流程约47 min,最终完成 31 人次实验。每位被试测后均接受半结构化访谈,用于后期定性分析(实验场景见图 5.3)。

图 5.3 实验现场展示

① 本书所做研究中梅拉比安量表采用 9 级李克特量表编制,每题分数-4 至 4 分,共计 40 题,被试得分-160 至-50 分段被界定为低刺激过滤者;得分-49 至 50 分段被界定为中等刺激过滤者;得分51 至 160 分段被界定为高刺激过滤者。

5.5 高校读者图书馆室内环境色彩感知实验数据分析

5.5.1 实验数据基本信息检验

实验完成后清洗实验数据,首先检测各组情感尺度间的相关性,删除相关系数低于 0.5 的项,最终保留 18 组情感尺度。分析发现,保留的情感尺度数值内部一致性系数良好(0.977),反映像矩阵 MSA 检验中 21 号尺度 MSA 数值为 0.452,不满足 0.5 的标准(附录 C.3),因此删除,最终保留 17 组情感尺度数据用于因子分析。

5.5.2 人口要素对环境色彩情感尺度评分结果的影响验证

除了色彩本身,人们的自身因素、成长环境等同样会影响他们对空间色彩的感知,研究过程中应将此类影响排除在外。为了验证被试专业、性别、地区等人口要素对其情感尺度评分并无影响,笔者采用 Pearson 积差相关系数计算法分别对以上三个维度划分出的两组数据均值进行检验,根据表 5.2 计算结果,不难发现三个维度下的两组情感尺度得分均存在显著关系(显著性<0.05,相关系数 r>0.3),除专业视角下 Scale20 两组尺度得分间的相关性稍低,其余情感尺度均具有较强的线性相关性。由此证明,人口要素并未对被试的情感尺度评分造成显著影响,刺激材料中的环境色彩是唯一的实际影响要素。

表 5.2 专业、性别与地区变量影响相关性分析

专业(理工农医/人文社科艺术)			性别(男/女)			地区(东部地区/非东部地区)		
情感尺度	相关系数	显著性	情感尺度	相关系数	显著性	情感尺度	相关系数	显著性
Scale1	0.756**	0	Scale1	0.706**	0	Scale1	0.580**	0.002
Scale2	0.802**	0	Scale2	0.674**	0	Scale2	0.631**	0.001
Scale4	0.813**	0	Scale4	0.860**	0	Scale4	0.859**	0
Scale6	0.805**	0	Scale6	0.793**	0	Scale6	0.757**	0
Scale7	0.664**	0	Scale7	0.806**	0	Scale7	0.821**	0
Scale8	0.788**	0	Scale8	0.715**	0	Scale8	0.839**	0

专业(理工农医/人文社科艺术)			性别(男/女)			地区(东部地区/非东部地区)		
情感尺度	相关系数	显著性	情感尺度	相关系数	显著性	情感尺度	相关系数	显著性
Scale9	0.594**	0.002	Scale9	0.507**	0.01	Scale9	0.624**	0.001
Scale10	0.583**	0.002	Scale10	0.676**	0	Scale10	0.632**	0.001
Scale11	0.799**	0	Scale11	0.757**	0	Scale11	0.792**	0
Scale12	0.874**	0	Scale12	0.883**	0	Scale12	0.870**	0
Scale13	0.683**	0	Scale13	0.688**	0	Scale13	0.725**	0
Scale14	0.510**	0.009	Scale14	0.747**	0	Scale14	0.442*	0.027
Scale15	0.756**	0	Scale15	0.836**	0	Scale15	0.789**	0
Scale18	0.653**	0	Scale18	0.710**	0	Scale18	0.541**	0.005
Scale19	0.775**	0	Scale19	0.857**	0	Scale19	0.844**	0
Scale20	0.401*	0.047	Scale20	0.729**	0	Scale20	0.670**	0
Scale26	0.770**	0	Scale26	0.809**	0	Scale26	0.781**	0

注:**,*分别代表 p 值在 0.01,0.05 水平上显著。

5.5.3 因子分析

5.5.3.1 因子分析与主成分提取

因子分析首先需对数据进行 KMO 值与 Bartlett 球形检验,分析发现,17组情感尺度数据 KMO 值为 0.774,球形检验显著性系数为 0,满足因子分析要求。采用主成分分析法提取因子,利用垂直正交旋转的方差最大法旋转因子,最终获得 2 项公因子以概化表达 17 组情感尺度。表 5.3 显示了主成分法提取因子后的变量共同度(communalities),初始共同度为 1 表示 17 组情感尺度均可被解释;表中各项变量再生共同度均值为 0.836,较接近 1,说明因子全体解释了变量的较大部分方差,各变量信息丢失较少,提取因子全部对变量信息解释程度良好。

表 5.3 因子分析初始解共同度

情感尺度	初始共同度(initial)	再生共同度(extraction)
Scale1	1	0.898
Scale2	1	0.923
Scale4	1	0.928
Scale6	1	0.941
Scale7	1	0.893
Scale8	1	0.882
Scale9	1	0.858
Scale10	1	0.853
Scale11	1	0.857
Scale12	1	0.926
Scale13	1	0.894
Scale14	1	0.554
Scale15	1	0.947
Scale18	1	0.785
Scale19	1	0.807
Scale20	1	0.838
Scale26	1	0.957

由表 5.4 可见,初始特征值中,由第三个因子开始,特征值对解释原有变量的贡献值逐渐减小。提取平方和载入数据列中,前两项公因子共解释原有 17 项情感尺度变量的 83.631%。方差极大法旋转后,最终因子累积方差比没有变化,因子旋转并未影响原有情感尺度的共同度,各个因子解释原有变量的方差却得以重新分配,2 项因子的方差贡献也被改变,因子解释度得到提升。总体来说,17 项情感尺度变量信息丢失较少,因子分析效果理想。

表 5.4 因子分析模型与初始因子载荷矩阵判读

成分	解释的总方差								
	初始特征值			提取平方和载入			旋转平方和载入		
	合计	方差的%	累积%	合计	方差的%	累积%	合计	方差的%	累积%
1	13.245	73.581	73.581	13.245	73.581	73.581	7.899	43.881	43.881
2	1.809	10.05	83.631	1.809	10.05	83.631	7.155	39.75	83.631

提取方法:主成分分析。

表 5.5 因子载荷矩阵与因子分析模型显示,本研究馆舍环境色彩主观评测因子分析模型如下:

表 5.5　因子载荷矩阵与因子分析模型

	成分		因子分析模型
	1	2	
Scale1	0.941	0.114	Scale1 = 0.941f1+0.114f2
Scale2	0.955	−0.109	Scale2 = 0.955f1−0.109f2
Scale4	0.848	−0.458	Scale4 = 0.848f1−0.458f2
Scale6	0.882	−0.403	Scale6 = 0.882f1−0.403f2
Scale7	0.945	0.030	Scale7 = 0.945f1+0.03f2
Scale8	0.905	0.251	Scale8 = 0.905f1+0.251f2
Scale9	0.912	0.161	Scale9 = 0.912f1+0.161f2
Scale10	0.854	−0.352	Scale10 = 0.854f1−0.352f2
Scale11	0.905	0.194	Scale11 = 0.905f1+0.194f2
Scale12	0.847	−0.456	Scale12 = 0.847f1−0.456f2
Scale13	0.920	0.220	Scale13 = 0.92f1+0.22f2
Scale14	0.675	−0.314	Scale14 = 0.675f1−0.314f2
Scale15	0.96	−0.162	Scale15 = 0.96f1−0.162f2
Scale18	0.478	0.746	Scale18 = 0.478f1+0.746f2
Scale19	0.87	0.225	Scale19 = 0.87f1+0.225f2
Scale20	0.834	0.376	Scale20 = 0.834f1+0.376f2
Scale26	0.976	0.064	Scale26 = 0.976f1+0.064f2

提取方法:主成分。

5.5.3.2　因子命名

采用方差最大法对因子载荷矩阵进行正交旋转,以使因子具有命名解释性,最终使一部分变量仅与2个公共因子其中之一有关,输出旋转后的因子载荷矩阵(表5.6)。表中,Scale2,4,6,10,12,14,15 在主成分1上有较大的载荷系数,因此,主成分1主要解释馆舍环境色彩的唤醒度指标;主成分2主要解释 Scale1,7,8,9,11,13,18,19,20,26 项情感尺度,可解释为环境色彩的愉悦度指标。观察发现,两个主成分内情感尺度与图 5.2 中情感评价坐标中唤

醒与愉悦两个维度的情感词汇保持一致,可见因子分析效果良好,假设 1
成立。

表 5.6　旋转后因子载荷矩阵

维度	情感尺度	成分	
		1	2
F_1 唤醒尺度	Scale2 振奋的—抑郁的	0.769*	0.576
	Scale4 活跃的—肃穆的	0.926*	0.261
	Scale6 刺激的—沉闷的	0.921*	0.303
	Scale10 兴奋的—镇静的	0.873*	0.305
	Scale12 明亮的—昏暗的	0.927*	0.255
	Scale14 热闹的—安静的	0.726*	0.202
	Scale15 有活力的—无活力的	0.813*	0.533
F_2 愉悦尺度	Scale1 愉悦的—令人不快的	0.609	0.726*
	Scale7 有趣的—无趣的	0.667	0.67*
	Scale8 舒适的—不舒适的	0.48	0.821*
	Scale9 感动的—无聊的	0.553	0.743*
	Scale11 舒缓的—恐惧的	0.516	0.788*
	Scale13 讨人喜欢的—令人讨厌的	0.513	0.804*
	Scale18 暖的—冷的	-0.147	0.847*
	Scale19 鲜艳的—阴沉的	0.494	0.736*
	Scale20 放松的—紧张的	0.345	0.858*
	Scale26 快乐的—悲伤的	0.668	0.716*

提取方法:主成分。
旋转法:具有 Kaiser 标准化的正交旋转法。
a 旋转在 3 次迭代后收敛。

5.5.3.3　计算因子得分

确定因子后,可计算因子在各样本上的具体数值,即因子得分,从而形成
25 个图书馆环境色彩样本在两个公因子上的得分。设每组环境色彩情感尺
度因子得分为 x_1 至 x_{17},由主成分得分系数矩阵(附录 C.4)可知,每个图书馆
环境色彩样本在两个主成分上得分函数满足:

$F_1 = 0.009x_1 + 0.094x_2 + 0.22x_3 + 0.201x_4 + 0.041x_5 - 0.045x_6 - 0.011x_7 + 0.18x_8 - 0.024x_9 + 0.219x_{10} - 0.032x_{11} + 0.156x_{12} + 0.114x_{13} - 0.256x_{14} - 0.037x_{15} - 0.096x_{16} + 0.03x_{17}$ (5.1a)

$F_2 = 0.094x_1 + 0.005x_2 - 0.141x_3 - 0.117x_4 + 0.061x_5 + 0.148x_6 + 0.112x_7 - 0.098x_8 + 0.125x_9 - 0.14x_{10} + 0.136x_{11} - 0.092x_{12} - 0.016x_{13} + 0.326x_{14} + 0.136x_{15} + 0.195x_{16} + 0.076x_{17}$ (5.1b)

又由因子载荷矩阵判读表中的提取平方和载入数值，确定两项主成分方差贡献率的权重分别是 0.736 和 0.101，故得图书馆环境色彩情感评价得分函数：

$$F = 0.736F_1 + 0.101F_2 \qquad (5.2)$$

根据因子分析结果计算图书馆环境色彩样本得分，被试对 25 组图书馆样本产生情感偏好程度见表 5.7。

表 5.7　图书馆环境色彩样本主成分得分

馆舍环境色彩样本	F_1 唤醒维度	F_2 愉悦维度	F
Stimuli22	1.31771	−0.350100	0.934475
Stimuli20	1.066645	0.114000	0.796565
Stimuli6	0.932419	0.329548	0.719545
Stimuli10	1.17971	−1.77365	0.689128
Stimuli8	0.871355	−0.09323	0.631901
Stimuli18	0.770903	−0.21181	0.545992
Stimuli24	0.615839	0.762065	0.530226
Stimuli3	0.432258	−0.138000	0.304204
Stimuli13	0.569129	−1.39197	0.27829
Stimuli1	0.394452	−0.53023	0.236764
Stimuli23	0.35829	−0.454000	0.217848
Stimuli14	0.456032	−1.21652	0.212772
Stimuli12	0.265548	−0.42071	0.152952
Stimuli21	0.13529	−0.05977	0.093536
Stimuli11	0.101968	−0.49094	0.025464
Stimuli17	−0.01526	0.109065	−0.000210

续表

馆舍环境色彩样本	F_1 唤醒维度	F_2 愉悦维度	F
Stimuli2	0.122903	−1.17648	−0.028370
Stimuli16	−0.21419	0.243387	−0.13306
Stimuli15	−0.46465	−0.25542	−0.36778
Stimuli25	−0.63913	−0.25948	−0.49661
Stimuli19	−0.84474	−0.06406	−0.6282
Stimuli7	−1.02432	0.11229	−0.74256
Stimuli5	−0.96829	−0.34994	−0.74801
Stimuli4	−1.1691	−0.65265	−0.92637
Stimuli9	−1.50668	−0.31368	−1.1406

为检验被试主观评测满意度、色彩唤醒度与愉悦度得分与因子分析主成分得分 F 间的正向相关性,使用积差相关分析计算所有色彩样本 4 组变量间的相关性(表 5.8)。结果发现,被试对于各色彩样本的主观 3 项评分都分别与因子分析计算而来的样本主成分得分 F 显著相关,即证明了主成分得分 F 能够表征 25 组图书馆环境色彩给被试感知检索体验带来的满意度、唤醒度与愉悦度水平;且读者感知到的环境色彩唤醒度及愉悦度与其检索满意度高度正向相关,可解释为检索满意度水平由馆舍环境色彩唤醒度与愉悦度水平共同决定。

表 5.8　F 值与检索色彩感知满意度、唤醒度、愉悦度积差相关性分析

	唤醒度	愉悦度	检索满意度
主成分得分 F	0.813**	0.690**	0.628**
唤醒度		0.907**	0.917**
愉悦度			0.967**

问卷设计过程中,将色彩的色相(Scale 18)、明度(Scale 12)、彩度(Scale 19)属性均列入情感尺度,为证明三属性对刺激材料的唤醒、愉悦维度的影响水平,使用 SPSS 21.0 计算相关系数。如表 5.9 所示,高校图书馆环境色彩的唤醒度感知主要受明度的影响,为情感尺度相关性之最;而愉悦度则主要受色相,即色彩冷暖感的影响,也为同列相关系数最大值;但样本馆舍色彩的彩

度对唤醒度与愉悦度的影响都相对较小。可以判定,高校图书馆主体色彩的
明度属性主要决定环境对读者检索行为的唤醒度,色相主要正向影响环境给
读者检索带来的愉悦度,而彩度的影响力相对不显著,故原假设 2 被推翻。

表 5.9 F_1, F_2 主成分得分与各情感尺度相关性

	F_1 唤醒维度	F_2 愉悦维度
Scale1	0.662	0.592
Scale2	0.813	0.407
Scale4	0.952	0.063
Scale6	0.938	0.115
Scale7	0.718	0.518
Scale8	0.549	0.7
Scale9	0.608	0.611
Scale10	0.878	0.14
Scale11	0.589	0.655
Scale12(明度)	0.953	0.056
Scale13	0.582	0.674
Scale14	0.719	0.084
Scale15	0.85	0.363
Scale18(色相)	−0.092	0.881
Scale19(彩度)	0.535	0.646
Scale20	0.419	0.757
Scale26	0.725	0.564

为验证两组对照刺激材料对被试实体检索色彩感知的差异性,使用独立
样本 t 检验验证对照材料组间的唤醒度、愉悦度与满意度得分的差异性(表
5.10),发现冷、暖两组刺激材料的三项得分均差异显著;且冷色组维持在
0.683 中度偏高唤醒水平上,暖色组唤醒度为负值;愉悦度方面,冷色组大幅
领先于暖色组;被试对冷色组材料平均满意度高达 0.793,而暖色组小于零。

表 5.10　冷暖色彩两组检索感知唤醒度、愉悦度与满意度差异比较

		方差方程的 Levene 检验		均值方程的 t 检验			得分均值	
		F	$Sig.$	t	df	$Sig.$（双侧）	冷色组	暖色组
唤醒度	假设方差相等	0.98	0.332	5.607	23	0	0.683	-0.104
愉悦度	假设方差相等	1.13	0.299	7.529	23	0	0.841	0.0149
满意度	假设方差相等	3.862	0.062	6.431	23	0	0.793	-0.122

　　因此可以断定,两组馆舍环境色彩刺激材料中,冷色感、高明度、低彩度的样本馆环境色彩对读者实体检索具有更好的唤醒度,能产生更高的检索愉悦度与满意度。因此,假设 3,4,5 成立。

5.6　高校图书馆环境色彩设计启示

5.6.1　维持馆舍色彩适度唤醒水平

5.6.1.1　读者检索绩效与环境色彩唤醒水平

　　耶克斯-多德森定律（Yerkes-Dodson Law,图 5.4）将人们的行为绩效与身处的环境唤醒水平存在的相关性描述为倒 U 形曲线[196]。因此,个体处于最佳环境唤醒水平时能使行为绩效最优化,过高或过低的唤醒度都会令人产生不愉快感并使得效率下降。原因在于,高水平唤醒度将导致人们获取信息量受限,造成注意力分散;而过低水平唤醒则不会产生最佳绩效[131]。

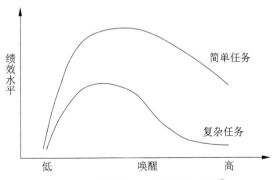

图 5.4　耶克斯-多德森定率曲线①

---

① 保罗·贝尔.环境心理学［M］.北京:中国人民大学出版社,2009:99.

因此,在实体资源检索行为情境下,优化高校图书馆环境色彩设计的关键在于营造中等唤醒度水平,刺激读者保持最优检索状态,使得他们在检索过程中既不会因刺激度过低而失去兴趣,也不会因色彩刺激度过高而分心导致降低效率。中等唤醒度水平可以提升读者实体检索资源定位速度,提升视觉检索精准度,压缩检索时间与精力成本感知,进而优化实体检索效能感。

5.6.1.2　色彩的环境负荷调节

不同于其他类型馆舍,高校图书馆作为以学习与科研为主要使用目的的知识获取场所,更加强调宁静与严肃的环境色彩感知状态。具体来说,首先,实验中主成分得分较高的样本色彩设计方案具有如下共性:对于高明度的冷色,如白色、蓝色、浅灰色、浅紫色的使用频次较高,且基本用于背景色与主体色等大面积色块中,这类色彩方案往往给人以中等稍高的唤醒度感知数值(约 0 至 0.5)以及较高的愉悦度、满意度(约 0.5 至 1.5),能够带来轻微"肃穆"感与高度"镇静""明亮"感;相反,大量使用低明度、暖色感主体色的馆舍则在实体检索时带给被试"沉闷""昏暗",甚至"抑郁"感。因此,明度在维系适度唤醒水平上的作用不容小觑,这也与因子分析结论相得益彰。

再从刺激材料的尺度得分角度观察附录 D.3。可以发现,被试对于 F 值较高的馆舍图片的情感尺度打分存在较高的集中性,题项间得分差距较小,如刺激材料 S22,S20,S6,S8,S18,S24。相反,部分 F 值低分的刺激材料的情感尺度得分差距很大(如刺激材料 S4,S7,S9,S19),离散度较高,说明低分馆舍可能存在适度刺激的色彩设计,但因为设计存在短板,造成整体色彩愉悦度、唤醒度下降,低分尺度主要集中在唤醒维度的"明亮—昏暗"(Scale 12)、"有活力—无活力"(Scale 15)和愉悦维度的"有趣—无趣"(Scale 7)、"快乐—悲伤"(Scale 26)。但也存在一个意外情况,刺激材料 S10 虽然具有较高的 F 值与满意度,但是仍存在多项低分尺度。考虑该情况出现的原因是,该馆舍色彩方案在"明亮—昏暗"(Scale 12)、"有活力—无活力"(Scale 15)等高成分得分系数的尺度上获得很高的分数(表 5.10),因此,F 值受低分尺度的影响较小。可以说刺激材料 S10 虽有色彩设计的缺陷,但其优点更加值得研究者关注。

5.6.1.3　视觉复杂度负向影响环境色彩唤醒度

环境色彩唤醒水平与视觉复杂性呈反比[197],即越丰富的配色方案越会使得唤醒度激增,造成人们视觉感知负荷过高。因此,在馆舍室内色彩设计阶段,在选择合适属性的主体、背景色彩基础上,还应有意识地控制色彩的数量与组合。在本书中,无论主观色彩感知效果优劣,绝大多数冷暖组色彩的馆舍样本都能很好地控制环境色彩数量,主体色与背景色多以"1+1"的设计方式呈现,即天花板与墙体采用同色,地板采用异色。

为避免色彩凌乱,书架、桌椅等家具需要与主体色中任意一种色彩保持色系一致,如样本8白色天花、墙壁与深灰色地板的组合中,部署白色书架;样本23白色天花与墙体配合原木色地板,桌椅使用木色设计(附录D.4)。但本书中,以上两种色彩组合方式均有F值与满意度值较高的样本存在,因此,家具色彩无须固定配合哪一种背景色或主体色来设计,但与面积较大的色区色彩保持一致时能获得较好的读者主观视觉感受。

5.6.2 突显馆舍环境色彩冷色感受

与单一色彩环境下的情感研究结论不同,愉悦度并非与明度或彩度关联性较大,而主要受冷暖感,即色相的显著影响。主体色为冷色的馆舍色彩样本显著地提升了被试们的实体检索感知愉悦度。而实验后测访谈中,不少被试表示,相比暖色的空间,他们更愿意在冷色氛围中从事高认知负荷的工作,如数学计算、撰写论文等。由于实体资源检索需要充分调动被试的专业知识与视觉感知能力,以编制最优检索策略,精准定位书库、书架位置与目标书籍。因此,在检索书目时需要聚精会神,这种任务情境下,冷色的环境色彩更受他们青睐。

有理由相信,冷色感的馆舍环境能够对读者的检索愉悦度产生积极影响,通过安抚情绪、舒缓行为[180],冷色能够产生适度环境刺激,以维持读者检索行为在适应性水平上,进而提升读者检索满意度与绩效。因此,在涉及读者实体检索的室内空间,如走道、重要交通节点(电梯、楼梯出入口)、书库区、书架等主体色与背景色区域时,应注意色彩设计策略中冷色感的营造。

实验发现,空间中白色与深蓝色、深灰色、浅绿色的搭配易形成冷色感,如样本6,8,22。有趣的是,部分暖色相色彩如黄色、原木色、浅褐色、棕色等同样能与白色、蓝色组合产生冷色感,尤其是样本12,14(附录D.5),虽采用黄蓝两色组合,却带给读者宁静、雅致的感受,这与纯冷色相色彩组合带来的感受类似。

但是,部分冷色相色彩如果在空间组合位置上出现差池,会使色彩感知效果适得其反。15号样本使用深灰色墙体搭配黑色瓷砖地板,就受到了被试的一致批评,主观观感较差。总结而言,馆舍高对比度反差色的使用需遵守

"上轻下重"的原则,墙体与天花板应以高明度、低彩度甚至无彩度色彩为主,而地板适宜采用低明度、高彩度的色彩作反衬,实现自上而下、由浅入深的自然过渡。

5.6.3 融汇前进色与后退色表现色彩空间感

本书前期实证工作与第四章读者空间认知行为研究结论均证明,作为环境认知要素的馆舍路线易识别性对于读者实体检索效能感有着显著的正向影响。正因如此,利用室内色彩设计能够优化建筑内部的空间感,以辅助读者实体检索;而表现色彩空间感的关键在于,在充分符合美学与环境心理学标准的基础上,糅合具有不同层次感的色彩。

色彩样本中,唤醒度适宜、愉悦度与满意度较高的馆舍均避免了大面积单一色彩的使用,这与降低视觉疲劳的设计用意紧密相关[198],当然更具营造色彩空间感的设计优势。室内色彩配置有三种类型:单色配置、类似色配置,以及对比色配置[199]。参照各类图书馆环境色彩方案主成分得分可以发现,具有较高满意度与愉悦度的色彩方案多以单色配置或类似色配置出现,主体色为单色设计时,常以明度和彩度作为调节变量,通过同种色相不同明度、彩度的组合达到色彩空间感表现的目的。

而对于主成分与满意度得分较低的色彩方案,如馆舍样本5,9,则普遍暴露出色彩配置单调性的问题。这类馆舍设计年代久远,虽充满古典气息,但馆内三维空间均以深棕色为主,低明度、高彩度的环境极大地降低了读者环境色彩的感知友好性,甚至产生了"恐惧感",这严重阻碍了读者优化检索的路径。可能也正因如此,现代馆舍的色彩设计中很少再见到这样的色彩搭配方式。反观1号样本,大面积的白色环境中坐落着火红色的沙发,虽有高刺激度暖色的加入,但却毫无违和感,甚至增强了空间辨识度,易于读者检索路线的识别,在"冷""静"的主旋律下强化了空间动力感,做到静中有动,色彩层次分明,沉稳而不失灵活(附录 D.6)。

综合 5.6.1 和 5.6.2 小节两项结论,在保证主体色为高明度、低彩度的冷感后退色前提下,灵活点缀具有迫近感的高明度、高彩度的暖感前进色做装饰,能够使馆舍环境在主体色彩的影响下呈现出膨胀却又不失分量的空间感[200]。明度的差异变化关系又便于形成平面空间的前后层次感,使得读者在馆实体检索富有探索性,抗视觉疲劳度大幅提升。

5.7 本章小结

　　本章通过语义差异法,检测了实验被试在实体资源检索情境下,对 25 组高校图书馆室内环境色彩刺激材料的情感认知状况。研究发现,高校读者对馆舍环境色彩的感知机理能够从唤醒与愉悦两个维度量化检测。同时发现,色彩情感感知的唤醒维度主要受色彩明度影响,而愉悦度主要受色相影响。此外,研究发现读者更加倾向于主体色彩为冷色感、高亮度、低彩度的馆舍色彩设计方案。基于以上,获得对高校图书馆环境色彩设计优化的经验启迪,以期优化读者馆内检索体验与满意度,促进读者检索效能感的增强。

6 高校读者实体资源检索行为主体-环境影响路径模型

本书扎根理论研究章节首先提取了高校读者实体资源检索行为的主体与环境影响要素,据此搭建读者实体资源检索行为概念模型。本书已经对读者实体资源检索行为的馆舍环境认知机理与潜在环境认知机理做出验证性探索,检测了环境维度下扎根研究结论的科学性与正确性。然而,本书尚未对读者实体资源检索行为主体影响要素做量化验证,不同维度变量间的具体影响路径及影响程度也依然无从得知。为了进一步验证并量化读者实体资源检索行为的关联变量影响路径,本章选用偏最小二乘法构建主体-环境影响路径结构方程模型,对上述问题展开研究。

6.1 引言

常见的信息检索行为变量量化评测维度包括行为的绩效、信息搜索的努力水平、信息搜索量(或搜索时长),以及检索工具、对象、策略和信息素养等。由于研究视角的不同,研究者以研究对象的群体行为特征、心理差别以及行为发生环境的差异作为划分依据,将个体检索行为的影响变量划分为个体与非个体要素两大类型。

个体要素层面,情感、认知等心理要素是学界长期关注的焦点。信息检索的情感影响研究发现,信任是造成用户风险性信息搜寻行为差异的主要原因[201]。积极的情感能使消费者增加对产品信息的认可度。学术型信息检索者的个体认知反应与情感反应是影响信息搜索的重要成分[202]。在消费者产品购买信息检索研究中,人们总能发现检索者的感知收益、感知风险对其检索行为及购买决策的影响[203]。此外,信息需求、检索动机、自我感知能力对检索行为的影响路径均被学界研究证实。

检索者的学习能力、知识经验也能对检索行为造成显著影响。有研究证实,学习能力较高的检索者表现出更强的检索绩效水平[204]。个人的学习风格与其信息搜寻行为表现关系密切[205]。个体知识与经验的掌握程度同样对检索行为影响甚大,如检索者受教育程度、知识水平与行动经验的增强是影响检索者信息搜索量正向变化的主要因素[206]。

人口统计学变量中,性别对检索者的检索行为差异的影响研究最为广泛[207];检索者的年龄会显著影响他们的期刊检索行为[208];学科专业对信息检索行为差异的影响难以确定,部分研究显示两者关联性并不显著,但也有人发现在学术性信息检索情境下,检索者专业会影响其检索行为。

信息检索行为的非个体影响要素研究领域同样取得了长足的进展。除了信息检索系统、检索环境等顶层分析框架外[209],网络信息搜索者所承担的检索任务情境类型也被证实会对个体的检索行为产生明显的影响。也有研究探索了居住、工作环境与主体信息检索的交互关系[210]。而在就业信息搜索任务中,研究者发现了家庭与社会关系对检索者信息搜索成本造成的改变[211]。

通过回顾本领域研究不难发现,个体与非个体分析维度是信息检索行为研究所选择的经典视角。结合第二章扎根反思结论,在信息检索行为理论、环境心理学等理论概念的基础上,本章提出实体资源检索行为的"主体-环境"研究视角,以此作为切入口,对高校读者的实体资源检索行为及其关联变量做量化路径建模分析。

6.2 主体-环境影响路径模型变量设计与假设

高校读者实体资源检索行为影响要素研究的核心前提在于,提取与信息检索行为密切相关的行为影响变量。第二章扎根理论分析与 LDA 主题模型反映了高校读者的实体资源检索行为影响要素类型。根据勒温的行为、个体、环境交互作用公式 $B = \int (P \cap E)^{[60]}$,本书选择读者检索动机、检索能力、环境认知要素与潜在环境认知要素为自变量,使用读者检索自我效能感代理检索行为绩效,也即因变量。

6.2.1 模型变量设计

6.2.1.1 实体资源检索行为代理变量选择
作为信息搜寻情境内用于判断用户检索行为绩效的主观指标,自我效能感被视为本研究理想的检索行为代理变量。理由如下:

自我效能感概念源自社会学习理论[212],指人们坚信自己能够成功完成特定行为并达成预期目标产出的信念。Bandura 的著作曾对个人行为表现与自我效能感信念之间的交互关系做了明确说明[213],他认为行为表现与自我效能感互为因果:一方面,行为的结果会成为自我效能感的来源;另一方面,效能感直接影响行为表现[214]。面对行动中的困境与阻碍,高自我效能感的人更能持续努力行动,兴趣、努力、坚韧都是行为成功的关键,反过来也进一步坚定了人的自我效能感信念。这一结论在诸多类型的信息检索行为研究中得到验证,如大学生高效的数字信息检索行为能够提升他们的自我效能感[214]。

这与信息搜寻生命周期理论(information seeking cycle)高度吻合。该理论将搜寻行为划分为三个过程[215]:准备阶段、探索阶段与巩固阶段。每一次信息搜寻过程的完成都伴随着搜寻结果的评估,并对下一搜寻周期的准备阶段造成影响。其中,行为绩效与检索自我效能感就是一对重要的影响变量关系[216]。高质量的检索行为会带来成功的检索经历,进而造成检索自我效能感的增长,如此良性循环将进一步提升下一周期的检索成效,反之亦然。可以说,检索行为绩效是最具影响力的效能感来源[217]。

自我效能感具有四项基本评判维度[218, 219]:个人绩效熟练经验、效能比较、社会反馈,以及情感生理状态。它们不仅能表现出检索行为的速度、成效、特征、模式,也包含有检索者对行为绩效的主观情感表达和评估,如满意度、绩效对比、愉快和失落水平等。由于信息检索行为还是主体思考过程、情感、感知的相互整合,因此,检索者的情感状态往往会给检索行为绩效带来决定性的影响[220]。寻求信息的过程中,用户会经历不同的行为阶段、有不同的情绪体验,如愉悦和沮丧[221],这也使得蕴含四项维度的自我效能感与各阶段的检索行为都密切关联[99]。

综上,信息检索情境下的自我效能感与信息资源的使用行为高度相关[222],是影响信息搜寻的关键因素[223],可表征为检索行为绩效、结果与满意度[224, 225]。因此,本研究选择自我效能感作为实体资源检索行为的代理变量。

6.2.1.2 检索动机

行动理论始终将信息检索行为与动机概念捆绑,任何检索行动都源于有意识的检索动机。期望价值理论研究发现,用户的信息检索动机总是伴随着快乐和痛苦的情绪,这将左右检索行为的绩效水平[221],而 6.2.1.1 节的分析也能进一步证明,检索动机将造成自我效能感的增强或衰减。同时,已有的研究也证明了网络信息检索情境下,内部动机对信息自我效能感的调节作用[216]。

信息检索者的感知成本、感知收益一般经由检索动机中介而间接影响检索行为[226]。扎根理论结论反思与相关研究证明,由于不确定性的存在,高校读者在馆内实体资源检索情境下,用户将为信息检索付出时间、精力上的努力与心理上的牺牲[227]。时间压力越大,检索者表现出的行为越简单,越倾向于搜索更加少量的信息资源。信息经济学中也将时间价值与搜索时间成本概念等同,认为时间成本能够构成比重较大的信息经济成本[228]。而读者的认知成本可以解构为实体检索行为主体的精力、耐心成本[226],其将联合时间成本共同影响读者的检索行为。

同时,用于增加用户检索功效或帮助用户完成检索目标的要素可使用感知收益概念来表达,它包含了经由高校馆内检索而为读者节省的时间、获取到的免费信息资源或知识等。研究证实了信息检索的感知收益与成本能够成为检索行为的动机源泉[229],检索者感受到的收益与用户的信息搜索活动频率存在显著正相关[203]。因此,检索成本与收益能够通过搜索动机间接影响读者实体资源检索行为[229, 230]。

6.2.1.3 检索能力影响要素

(1) 信息检索能力感知

质性研究发现,读者实体资源检索能力感知与信息检索活动正相关[231],它由检索者对高校图书馆检索工具、设备、平台的使用熟练度、环境空间的熟悉度及检索的策略使用水平构成。读者信息检索能力感知能够正向影响检索动机,并积极影响检索的自我效能感[229]。研究发现,检索能力强的用户在检索过程中并不会因为遭遇困难而改变搜索目标,依然能够产生极强的自我效能感并准确完成检索任务[147]。在高校图书馆环境下,读者信息检索能力感知往往与其具备的信息素养水平以及掌握的检索、专业知识直接相关。此外,根据已有研究结论[232],它还受到读者馆舍熟悉程度与读者检索感知易用性的正向影响。

(2) 环境卷入

由于读者的空间环境熟悉程度是构成检索能力感知的重要因素,因此考虑引入卷入概念进行表征。卷入(involvement)源于社会判断理论,原意表示人对于某事件涉入的程度决定了其接纳或排斥同类或异类事件的态度[233]。研究证明,具备更高网络卷入程度的消费者会认为其能够从网络中获取更多有益的信息,因而长期通过网络平台获取信息,交互频繁,也因此该类人群的网络信息检索能力练就得更好[232]。

参照网络卷入程度概念,本研究设置了"环境卷入"变量,即高校读者基于检索需求与目的,而对所在高校图书馆环境与资源的认知程度。该要素能够正向影响读者在馆内的检索能力感知,意味着读者对于本馆检索情境与资源部署情况越熟悉,其馆内检索熟练度与绩效越高、能力越强。

（3）感知易用性

技术接受模型(TAM)提出感知易用性的概念,认为其代表人相信使用某系统、技术时所不需努力的程度。消费者网络信息检索研究认为,消费者网络信息检索感知易用性正向影响其检索能力[232]。网络内容、网站设计、界面友好性,以及人机互动性都会影响人们的个性化信息搜索,同时,信息搜索者的网络感知易用性将受到网络搜索环境的影响。这一概念也与齐普夫提出的"最小努力原则"(Zipf's principle of least effort)相匹配[63],即人在选择信息资源时习惯以最小努力获得最大收益,信息检索行为也常以检索速度最快为标准,而非最优。

面对海量信息,人们会有意识地回避复杂、费事、陌生的信息源,倾向于寻找便捷途径[234]。高校读者也存在对于馆内信息检索易用性的感知,意味着其对馆内检索这件事本身持有相当的自信,对于自己检索能力的评价也会比低易用性感知的读者更高。在实体资源检索过程中,高校馆舍的格局设计与检索路径的友好性、书库书架与书籍的有序性,乃至各类检索辅助服务措施环境等均能够直接影响读者的检索感知易用性,进而对读者的检索能力感知造成影响。

6.2.1.4　实体资源检索行为环境影响变量

结合扎根理论研究结论,信息检索行为除了受主体因素的影响外,还与环境要素显著相关[235]。区别于虚拟信息检索行为的紧急性与时间压力等情境要素[229],实体资源检索行为场景鲜明的物理性特征,使得馆舍空间环境要素对于读者馆内行为的影响机理能够被预见和被解释。第二章中陈述的环境心理学核心思想为该问题提供了环境的研究视角。环境负荷、情绪三因子理论、环境行为情境与环境认知等系列理论证明了人的行为环境与人的心理、行为之间的紧密关联性。读者实体资源检索作为发生在图书馆物理场域下的行为,自然受到检索者所在环境的显著影响,环境刺激唤醒水平与读者自身的刺激过滤能力直接影响读者的检索表现。

（1）环境认知要素

高校读者的馆内环境认知主要指其在建筑室内的空间认知过程。寻路行为是环境认知理论关注的焦点[79]。优良的环境特征将有利于人的路线识别，个体素质、空间环境易读性、导向信息完备性均是影响寻路的元素[236]。建筑室内空间定向设计应呈现既有结构，又丰富变化，寓固定与动态于一体、有机统一的空间环境，以利于人们加强对环境的控制感和归属感[237]。依照 Lawton 空间寻路实验研究发现[115]，本研究使用读者空间导向能力与馆舍空间路线搜寻便利性两项主、客观指标来表征实体资源检索行为中的环境认知影响要素。前者含义与读者检索能力感知、环境卷入变量均有相似之处，这里指代读者的馆内寻路、导向能力。而后者与检索感知易用性较为相似，这里指物理空间的读者引导服务、辅助系统的优异程度等，将决定读者入馆检索时的寻路便利性感受。

（2）潜在环境认知要素

环境用户时刻承载着的环境负荷，能够激发其感官刺激，使用户感受到环境信息的强度、新奇性与复杂度，产生心理与行为反应[77]。环境唤醒度与人们行为的绩效存在高度相关性，耶克斯-多德森定律[196]认为，复杂与简单任务下绩效的最佳唤醒水平总存在显著差异，中等水平的唤醒度能够激发人们的最佳绩效，过高或过低的唤醒都将造成绩效的降低与不愉快情绪的产生[238]。而影响唤醒的因素就是人们对环境的潜在认知要素，如色彩、光线、温度等。可见，读者实体资源检索行为也受到潜在环境要素的显著正向影响。

目前，已有研究使用定向反应和感觉寻求来评测人们对于环境刺激的反应，其中梅拉比安刺激过滤理论用于解释人们对于潜在环境要素刺激的反应机理[73]：拥有不同刺激过滤能力的人，其易激发水平也不同，非过滤者，即易受环境刺激影响的人，其定向反应较强，持续时间久，环境中信息量的增加会使他们激发水准上升，更易受到愉快、激发情境的吸引，有可能避免不愉快、高度激发的环境情境。中等程度的刺激过滤和感觉寻求对于个体获得和维持环境信息更为有利。

6.2.2 模型假设提出

由以上章节理论论述可推论如下假设，见表6.1。

表 6.1 研究假设与变量列表

假设编号	研究假设
H1	读者实体资源检索动机正向影响其检索效能感
H2	读者实体资源检索能力正向影响其检索效能感
H3	读者空间导向能力正向影响其检索效能感
H4	高校馆舍路线搜寻便利性正向影响读者检索效能感
H5	读者潜在环境认知水平正向影响其检索效能感
H6	读者实体资源检索感知成本负向影响其检索动机
H7	读者实体资源检索感知收益正向影响其检索动机
H8	读者实体资源检索能力正向影响其检索动机
H9	读者环境卷入度正向影响其检索能力
H10	读者检索感知易用性正向影响其检索能力

6.3 高校读者实体资源检索行为问卷设计与数据收集

6.3.1 初始问卷题项设计

依据假设与相关研究成果中的变量设计方案,表 6.2 列举了本研究中涉及的 10 组一级潜变量,参考相关文献后设计了二级潜变量 63 个问项,并在问卷卷首增加指导语及被试基本信息问项 6 题。问卷采用 7 级李克特量表制成,被试需表明其对于每组题干的认同程度。为避免默然偏差,问卷中随机设计了 10 题反向问项,后期回收后用于检验问卷的填写质量。

表 6.2 各级指标与各问项主题

潜变量(一级指标)	潜变量类型	观测变量(二级指标)	问卷问项参考	对应假设
实体资源检索感知成本 ξ_0(PC)	外源变量	精力成本 x_{01} 时间成本 x_{02} 耐心成本 x_{03}	信息检索成本、收益感知实证研究[232, 239]	H6
实体资源检索感知收益 ξ_1(PB)	外源变量	检索速度 x_{11} 检索全度 x_{12} 检索准度 x_{13} 决策辅助 x_{14}		H7
环境卷入 ξ_2(LI)	外源变量	卷入程度 x_{21} 学习卷入 x_{22} 卷入时间 x_{23} 因子分析删除问项	网络卷入程度测量[232]	H9
实体资源检索感知易用性 ξ_3(EU)	外源变量	易用性程度 x_{31} 技巧熟识度 x_{32} 技巧掌握度 x_{33} 因子分析删除问项 因子分析删除问项	感知易用性测度[240]	H10
实体资源检索动机 ξ_4(SM)	内源变量	信息源唯一性 x_{41} 信息源重要性 x_{42} 信息源替代性 x_{43}	消费者信息检索动机测度[241]	H1 H6~H8
实体资源检索能力 ξ_5(SC)	内源变量	检索工具、服务使用熟练度 x_{51} 实体资源易检索性 x_{52} 检索自信 x_{53}	消费者信息检索能力测度[241]	H2 H8
环境认知要素 读者空间导向能力 ξ_6(ID)	外源变量	转向辨认 x_{61} 方向辨认 x_{62} 导向记忆 x_{63} 导向策略 x_{64} 室内外导向统一 x_{65}	寻路策略量表[115] 空间焦虑量表[119]	H3
环境认知要素 高校馆舍路线搜寻便利性 ξ_7(IR)	外源变量	空间路线引导 x_{71} 室内路线地图 x_{72} 空间标志引导 x_{73} 寻路辅助 x_{74} 空间格局对称性 x_{75} 空间格局简洁性 x_{76} 空间格局规整性 x_{77}		H4

续表

潜变量(一级指标)	潜变量类型	观测变量(二级指标)	问卷问项参考	对应假设
潜在环境认知要素 ξ_8(PE)	外源变量	一般低唤醒度 x_{81} 快速适应能力 x_{82} 突发情形唤醒 x_{83} 温度过滤 x_{84} 环境改变唤醒 x_{85} 声音过滤 x_{86} 触觉与动觉过滤 x_{87} 嗅觉过滤 x_{88} 复杂环境/多重环境唤醒 x_{89} 色彩过滤 x_{810} 光线过滤 x_{811}	梅拉比安刺激过滤量表[73]	H5
实体资源检索自我效能感 ξ_9(SE)	内源变量	检索速率 x_{91} 信息资源过滤 x_{92} 检索策略调整 x_{93} 检索速度优势 x_{94} 检索策略优势 x_{95} 快乐 x_{96} 精力充沛 x_{97} 整体反馈 x_{98} 能力认同 x_{99} 因子分析删除问项 因子分析删除问项 因子分析删除问项	信息检索自我效能感量表(IRSES)[217]	H1~H5

6.3.2 定向小规模访谈与内容效度优化

在获取初始问卷后,研究小组通过网络调研或便利抽样,将问卷发送给图书馆学与情报学领域内的教师,邀请其评估问卷内容效度。对于同仁们提出的问项语意不明、逻辑失误、语句精简等细节问题进行了修正。经过访谈与反复优化,一定程度上提升了问卷的内容效度。

6.3.3 问卷预发放及结构效度检验

使用优化后的问卷展开预发放测试,初期经问卷星网络平台发放问卷155 份,采用因子分析法分析 10 项潜变量与 63 项题项间的结构效度。运用

SPSS 21 软件计算发现,预发放问卷数据 KMO 值与球形检验效果良好(KMO = 0.918,Bartlett 检验 *Sig.* = 0),公因子方差、解释总方差均达因子分析前提标准。主成分分析中,因子经过最大方差法旋转,共计 10 项主成分累积解释了 77.014%的方差。除 SE1~3,EU4~5,LI2 这 6 项外,各组题项因子载荷系数均在唯一主成分上超过 0.5(附录 C.5),这与研究问卷题项设计保持一致,说明问卷结构效度良好。删除以上低载荷系数问项后,形成 57 题项的正式问卷(附录 B.6)。

6.3.4 问卷正式发放与样本描述性统计

正式问卷发放采用网络发放途径,发送对象为全国各高校师生群体,共发送问卷链接 500 条,累积回收填写问卷 415 份,经默然偏差检验与信息完整度筛选,最终合格问卷共计 336 份。本次问卷调研共发往全国 19 个省、市、自治区,被试基本信息见表 6.3。调研被试性别、学科分布基本均衡,年龄以 18~25 岁青年为主,绝大多数被试在校超过一年,对于本校图书馆实体资源使用频次各组人数差异不大(表 6.4)。

表 6.3　问卷地区来源

省份	人数	省份	人数
安徽	3	江苏	125
福建	55	内蒙古	1
甘肃	2	山东	2
广东	2	陕西	2
贵州	1	上海	3
河北	1	四川	2
河南	20	香港	1
黑龙江	97	浙江	7
湖北	9	重庆	2
湖南	1	总计	336

表 6.4　被试描述性统计

性别	人数	入校时长	人数
男	143	不到半年	19
女	193	半年到一年之间	70
年龄段	人数	一年到三年之间	130
18~22 岁	172	三年到五年之间	72
23~25 岁	103	五年以上	45
26~30 岁	40	使用频次	人数
31~35 岁	9	基本不使用	59
36 岁及以上	12	每半年至少一次	60
学科	人数	每三个月至少一次	55
理工农医类	157	每个月至少一次	44
		每半个月至少一次	41
文史哲社科	179	每周至少一次	45
		每天至少一次	32

6.4　主体-环境影响路径模型偏最小二乘法建模与分析

6.4.1　偏最小二乘法结构方程模型基本原理

结构方程模型是一个假设模型,指在一组潜变量和观测变量中包含的直接的、因果的和非直接线性相关的关系,由内、外部模型组成,内部模型用于检测直接的因果关系,外部模型用于检测潜变量与观测变量间的关系[242]。偏最小二乘法结构方程模型(partial least squares,PLS)内、外部模型结构见图 6.1。

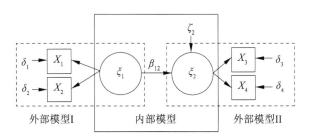

图 6.1 PLS 结构方程模型机理

模型原理及变量间关系见式(6.1)至式(6.3)：

$$X = \lambda x \xi_1 + \delta \tag{6.1}$$

$$X = \lambda x \xi_2 + \delta \tag{6.2}$$

$$\xi_2 = \beta_{12} \xi_1 + \zeta_2 \tag{6.3}$$

其中,式(6.1)为自变量外部模型计算方法,x 为观测变量、ξ_1 为潜变量(自变量)、λ 为因子 x 负载量、δ 为变量 x 的误差项;式(6.2)为因变量外部模型计算方法;公式(6.3)为内部模型自变量与因变量间假设性因果关系的计算方法,β_{12} 为回归系数、ζ_2 为内源变量 ξ_2 的估计误差[242]。

6.4.2 两种结构方程建模方法之比较

目前,主流的结构方程模型有基于共变量的模型(covariance-based SEM)与基于主成分的模型(component-based SEM)。前者以变量的共变量结构进行分析,借由定义一个因子模型结构来解释变量的共变关系,代表技术有线性结构关系(linear structure relation),AMOS、LISREL 等软件均使用这一方法建模。而后者则主要基于变量间的线性关系整合定义一个主成分模型,再利用回归原理解释和验证主成分间的预测关系,代表技术是本章使用的PLS 法。

对比用于验证理论适用性的基于共变量的建模方法,基于主成分的建模方法更适合于探索性理论模型构建,数据可在无分布要求下回归求解,且本研究所使用的反映性模型(reflective model)回归过程中不受多重共线性问题的影响[242]。基于以上方法特征选择 PLS 方法建模。

6.4.3 主体-环境影响路径模型的建立与设定

本研究模型包含的 10 项潜变量有:信息检索动机、信息检索成本感知、信息检索收益感知、信息检索能力、感知易用性、环境卷入、环境认知要素(空间导向能力与路线搜寻便利)、潜在环境认知、检索行为效能感,初始模型如图6.2所示。

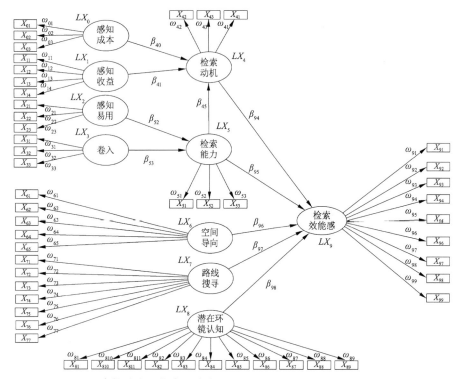

图 6.2　高校读者实体资源检索行为主体—环境影响路径模型(初始)

对应式(6.1)至式(6.3),潜变量为 ξ_r,$\xi_{0,1,2,3,4,5,6,7,8}$ 为潜自变量(外生变量,$r=0,1,2,3,4,5,6,7,8,9$),ξ_9 为潜因变量(内生变量);x_{rt} 为显变量(观测变量,$r=0,1,2,3,4,5,6,7,8,9$),即为 ξ_r 的指标,t 为潜变量对应观测值的个数($t=1,2,\cdots,k_r$,k_r 为第 r 个潜变量对应观测值的个数);LX_r 分别为潜变量 ξ_r 的 PLS 估计值;β_{rt} 为潜变量间的回归系数;ω_{rt} 为潜变量在自变量上的负载系数。

高校读者实体资源检索效能影响路径模型中的一级指标为上述 10 项潜变量,各潜变量对应显变量为二级指标,三级指标为问卷中各二级指标涉及的问项,指标体系见 6.3.1 节的表 6.2。

6.4.3.1　内部关系

PLS 结构方程模型包含多组潜变量间关系,其内部关系应能够构成一个

线性因果链系统(linear causal chain system)$^{[243,244]}$,此时有:

$$\xi_4 = \beta_4 + \beta_{40}\xi_0 + \beta_{41}\xi_1 + \beta_{45}\xi_5 + \upsilon_0 \tag{6.4a}$$

$$\xi_5 = \beta_5 + \beta_{52}\xi_2 + \beta_{53}\xi_3 + \upsilon_1 \tag{6.4b}$$

$$\xi_9 = \beta_9 + \beta_{94}\xi_4 + \beta_{95}\xi_5 + \beta_{96}\xi_6 + \beta_{97}\xi_7 + \beta_{98}\xi_8 + \upsilon_2 \tag{6.4c}$$

同样有:

$$E(\xi_4 | \xi_0, \xi_1, \xi_5) = \beta_0 + \beta_{40}\xi_0 + \beta_{41}\xi_1 + \beta_{45}\xi_5 \tag{6.5a}$$

$$E(\xi_5 | \xi_2, \xi_3) = \beta_1 + \beta_{52}\xi_2 + \beta_{53}\xi_3 \tag{6.5b}$$

$$E(\xi_9 | \xi_4, \xi_5, \xi_6, \xi_7, \xi_8) = \beta_2 + \beta_{94}\xi_4 + \beta_{95}\xi_5 + \beta_{96}\xi_6 + \beta_{97}\xi_7 + \beta_{98}\xi_8 \tag{6.5c}$$

因此,

$$r(\xi_4, \xi_0) = 0 \tag{6.6a}$$

$$r(\xi_4, \xi_1) = 0 \tag{6.6b}$$

$$r(\xi_4, \xi_5) = 0 \tag{6.6c}$$

$$r(\xi_5, \xi_2) = 0 \tag{6.6d}$$

$$r(\xi_5, \xi_3) = 0 \tag{6.6e}$$

$$r(\xi_9, \xi_4) = 0 \tag{6.6f}$$

$$r(\xi_9, \xi_5) = 0 \tag{6.6g}$$

$$r(\xi_9, \xi_6) = 0 \tag{6.6h}$$

$$r(\xi_9, \xi_7) = 0 \tag{6.6i}$$

$$r(\xi_9, \xi_8) = 0 \tag{6.6j}$$

6.4.3.2 权重关系

在 PLS 算法中,各组观测变量之间的所有信息均由潜变量来传递,这种信息交换是通过内部关系和权重关系两种方式来体现的。权重关系利用信息交换过程中的部分信息估计潜变量值。任何一个潜变量均可通过其指标变量的加权和来估计,而权重则由所选择的权重关系来确定,每个潜变量权重关系可根据不同的情况包括模式 A 和模式 B:

模式 A 权重关系:

$$x_{rtn} = \omega_{rt}U_r + d_{rtn} \tag{6.7}$$

模式 B 权重关系:

$$U_r = \sum_{t=1}^{k_r} (\omega_{rt}x_{rtn}) + d_{rn} \tag{6.8}$$

U_r 定义为高校读者实体资源检索行为效能感影响要素模型中潜变量 ξ 的符号权重和。假设与 ξ_i 邻接的潜变量是 ξ_j,则公式表示如下:

$$U_r = \sum_j (S_{rj}LX_j) \qquad (6.9)$$

式中，s_{rj} 是 Lx_r 和 Lx_j 的带符号相关系数，Lx_r 是 ξ_r 的估计值。

$$s_{rj} = signr(LX_r, LX_j) \qquad (6.10)$$

$$LX_r = f_r \sum_{t=1}^{k_r} (\omega_{rt} x_{rtn}) \qquad (6.11)$$

$$f_r = \pm N^{-\frac{1}{2}} \left\{ \sum_n \left[\sum_t (\omega_{rt} x_{rtn}) \right]^2 \right\}^{-\frac{1}{2}} \qquad (6.12)$$

f_r 的正负符号选择取决于期望的相关关系，如果改变 f_r 的符号，就会改变 LX_r 的符号，因此每个观测变量的载荷 π_{rk_r} 符号也会随之改变。同样的，若 LX_r 的符号发生了改变，则与 LX_r 相邻接的潜变量之间的相关关系 $r(LX_r, LX_j)$ 的符号也会随之改变。因此，在规划路径图时可以预先假设观测变量与潜变量之间、潜变量之间的正负相关性。所选择的 f_r 符号作为 PLS 算法的一个输入项，与 PLS 算法的输出项（载荷系数 π_{rk_r} 与相关系数 $r(LX_r, LX_j)$）作比较。若两者符号与假设符号一致，则通过检验。

6.4.3.3 模型估计

模型估计使用 SmartPLS 2.0 软件进行运算，采用 PLS Algorithm，权重计算方法为 Path Weighting Scheme，所有数据均已标准化，均值为 0，方差为 1，最大迭代系数设置为 300，初始权重值为 1。计算获得模型各潜变量间路径系数和各潜变量在观测变量上的载荷系数。

实体资源检索效能感影响因素模型设定完成后即可使用 PLS 算法估计模型中各个参数，本研究使用 SmartPLS 软件负责模型的估计运算工作，估计各类模型参数并求解整个结构方程模型，其中 n 代表样本容量（$n=1,2,3,\cdots,N$）且所有数据都已标准化，均值为 0，方差为 1。求解读者实体资源检索行为自我效能影响模型的 PLS 算法流程如下：

① 设定初始权重 $\omega_{rt}^{(s)}$；

② 利用 $\omega_{rt}^{(s)}$，根据式（6.12）计算 f_r，后根据式（6.11）计算 ξ_r 的估计值 LX_r；

③ 参照式（6.10），利用 LX_r 计算 s_{rj}；

④ 用 s_{rj} 根据式（6.9）计算 U_r；

⑤ 利用 U_r 根据式（6.7）回归计算新的权重 $\omega_{rt}^{(s+1)}$；

⑥ 继续步骤②。重复迭代②至⑥步过程，当满足设定的迭代终止标准时

见式(6.13),计算出各潜变量的估计值(case value):

$$| \omega_{rt}^{(s+1)} - \omega_{rt}^{(s)} | < 10^{-5} 或 (| \omega_{rt}^{(s+1)} - \omega_{rt}^{(s)} |) / \omega_{rt}^{(s)} < 10^{-5} \qquad (6.13)$$

将得出的潜变量估计值 LX_r 分别与对应的指标观测值回归,根据潜变量的估计值与式(6.11)计算外部关系载荷系数,利用式(6.12)计算内部关系回归系数。

（1）块结构的参数估计（外部关系）

假定块内每个指标分别与对应的潜变量存在线性关系,具体设定如下:

$$x_{rt} = \pi_{rk_0} + \pi_{rt} \xi_r + \varepsilon_{rt} ; r = 0,1,2,3,4,5,6,7,8,9 \quad t = 1,2,\cdots,k_r \qquad (6.14)$$

$$x_{rtn} = p_{rt} LX_{rn} + \varepsilon_{rtn} ; r = 0,1,2,3,4,5,6,7,8,9 \qquad (6.15)$$

式中,ε_{rtn} 为残差,P_{rt} 为回归系数,即外部模型系数。

（2）内部关系的参数估计

根据式(6.4)可得:

$$LX_{4n} = b_{40} LX_{0n} + b_{41} LX_{1n} + b_{45} LX_{5n} + \upsilon_{0n} \qquad (6.16a)$$

$$LX_{5n} = b_{52} LX_{2n} + b_{53} LX_{3n} + \upsilon_{1n} \qquad (6.16b)$$

$$LX_{9n} = b_{94} LX_{4n} + b_{95} LX_{5n} + b_{96} LX_{6n} + b_{97} LX_{7n} + b_{98} LX_{8n} + \upsilon_{2n} \qquad (6.16c)$$

式中,υ_n 为残差,b 为回归系数,即内部模型系数。

由于结构方程偏最小二乘法第三阶段数学推导中将相应数据标准化为均值来进行,考虑去除数据标准化结构方程中各参数的推导计算情况,由式(6.11)可知:

$$\overline{LX_r} = f_r \sum_t (\omega_{rt} \bar{x}_{rt}) \qquad (6.17)$$

通过计算附加参数来求得相应的定位参数,由估计方程式(6.15)计算块结构方程式(6.14)中的定位参数,因此式(6.15)中截距项分别为:

$$P_{rt_0} = \bar{x}_{rt} - p_{rt} \overline{LX_r} \qquad (6.18)$$

对于内部关系式(6.4),由相应的估计方程式(6.16),可得其定位参数如下:

$$b_4 = \overline{LX_{4n}} - b_{40} \overline{LX_{0n}} - b_{41} \overline{LX_{1n}} - b_{45} \overline{LX_{5n}} \qquad (6.19a)$$

$$b_5 = \overline{LX_{5n}} - b_{52} \overline{LX_{2n}} - b_{53} \overline{LX_{3n}} \qquad (6.19b)$$

$$b_9 = \overline{LX_{9n}} - b_{94} \overline{LX_{4n}} - b_{95} \overline{LX_{5n}} - b_{96} \overline{LX_{6n}} - b_{97} \overline{LX_{7n}} - b_{98} \overline{LX_{8n}} \qquad (6.19c)$$

经过以上求解,整个 PLS 路径模型参数估计完成。至此可以计算出结构方程模型中所涉及的各个参数的偏最小二乘估计,进而根据预先设定的模型情况与这些估计做比较,从而验证模型设定的合理性。

6.5 主体-环境影响路径模型评价

PLS 结构方程模型合理性评价分为外部和内部模型评价两部分[245],前者涉及潜变量块单一维度分析、信效度检验;后者则主要是模型路径系数分析。

6.5.1 块单一维度分析

模型内每组潜变量都应能满足单一维度(unidimensionality),各观测变量应都能受其所在的标准化潜变量影响。本研究使用主成分分析法对潜变量块单一维度做检验,通过比较每组观测变量的主成分相关系数矩阵特征值,发现 14 组观测变量的相关系数矩阵第一主成分特征值都大于 1,且远大于其第二主成分特征值,又因各组潜变量的 Cronbach's α 系数与 Dillon-Goldstein's ρ 均大于 0.7,故可以判定本模型的每组潜变量单一维度检验均已通过(表 6.5)。

表 6.5 潜变量块单一维度检验

块(Block)	变量类型	观测变量数	模式	eig. 1st	eig. 2nd	Cronbach's α	Dillon-Goldstein's ρ
检索动机	内源变量	3	Reflective	2.074	0.520	0.776	0.870
感知成本	外源变量	3	Reflective	2.515	0.280	0.904	0.848
感知收益	外源变量	4	Reflective	3.009	0.476	0.889	0.924
检索能力	内源变量	3	Reflective	2.423	0.341	0.881	0.926
感知易用	外源变量	3	Reflective	2.471	0.343	0.892	0.933
环境卷入	外源变量	3	Reflective	2.503	0.280	0.901	0.938
室内导向	外源变量	5	Reflective	3.824	0.479	0.922	0.942
室内路线	外源变量	7	Reflective	5.307	0.506	0.946	0.956
潜在环境认知	外源变量	11	Reflective	5.924	0.984	0.914	0.927
自我效能感	内源变量	9	Reflective	2.471	0.343	0.947	0.955

6.5.2 主体-环境影响路径模型信度分析

6.5.2.1 内部一致性

本研究中,模型采用内部一致性系数 Cronbach's α 进行信度检验,该信度判断标准源自 Cronbach 于 1951 年发表的论文 *Coefficient Alpha and the Internal Structure of Tests*[246]。后 Nunnally 研究发现,探索性研究中数据的内部一致性值应大于 0.6 即能达到可接受的信度范围,而验证性研究中的 α 值应更大(高于 0.7)[247]。

本次探索性研究中,各潜变量 α 均值为 0.897,最低 α 值为 0.776(表6.6),已符合高可信度范围,获取的观测变量数据内部一致性均满足要求。

表6.6 模型各项拟合优度指标数值

	Cronbach's α	Composite Reliability	AVE	R^2	Communality	Redundancy
环境卷入	0.900776	0.937962	0.834437		0.834437	
感知成本	0.903588	0.847632	0.654798		0.654798	
感知收益	0.889087	0.923608	0.751765		0.751765	
感知易用性	0.892507	0.933295	0.823538		0.823538	
读者潜在环境认知	0.913918	0.927443	0.538125		0.538125	
读者空间导向能力	0.922212	0.941763	0.764511		0.764511	
馆舍路线搜寻便利性	0.946089	0.956202	0.757779		0.757779	
检索动机	0.776279	0.869769	0.690245	0.374824	0.690245	0.217
检索能力	0.880663	0.926296	0.807315	0.772649	0.807315	0.613
检索自我效能感	0.947087	0.95526	0.703874	0.693467	0.703874	0.118

6.5.2.2 复合信度估计

潜变量复合信度(composite reliability,C. R. 或 Goldstein-Dillon's ρ_r)指构面内部观测变量的一致性,如果潜变量的 *C. R.* 系数高,则代表潜变量内测量变量具有高度的相关性,即构面内观测变量均在衡量相同的潜变量。该系数基于多元相关平方(squared multiple correlation)概念提出[248],计算公式如下:

$$C.R. = \rho_r = \frac{\left(\sum_t \pi_{rt}\right)^2}{\left(\sum_t \pi_{rt}\right)^2 + \sum_t \left(1 - \pi_{rt}^2\right)} \tag{6.20}$$

式中,t 表示潜变量个数,π_{rt} 表示第 r 个潜变量第 t 项指标的因子负荷。

根据 Bagozzi(1988),Raines-Eudy(2000)等研究,该系数在验证性研究中应至少大于 0.7,而在探索性研究中则应大于 0.6[249],当该系数至少达到 0.5 时,测量工具基本稳定[250]。由表 6.6 可知,本探索性研究模型中潜变量 $C.R.$ 系数值均大于 0.85,表示各潜变量至少能解释对应测量工具 85% 的变化,测量工具较可靠。

然而,具有高 $C.R.$ 信度系数的测量工具并不一定就能测量单一潜变量,判定单一维度条件的标准还要参考潜变量因子负荷,以保证观测变量与其潜变量之间的线性等价关系[243]。表 6.7 显示本模型各观测变量在其潜变量上因子负荷系数均值为 0.853,最小值也远大于 0.5,因此判定各观测变量与其潜变量间满足偏最小二乘法单一维度条件。

6.5.2.3 观测变量外部权重与负载系数

PLS 模型中观测变量在潜变量上的负载系数,也即潜变量与观测变量之间的相关系数(仅在反映型模型中适用),能够较好地反映观测变量的信度,一般该指标要求大于 0.7,以保证每个潜变量都能够解释观测变量组 50% 以上的方差。本模型中,除了三个观测变量负载系数略小于 0.7 外(表 6.7),其他潜变量均能满足判定标准,且全部观测变量的平均负载系数为 0.853,模型整体观测变量信度较好。

表 6.7 模型观测变量与潜变量外部权重与负载系数

潜变量 (一级指标)	显变量 (二级指标)	外部权重 ($\widetilde{w}$)	负载系数 (Loadings)
实体资源检索感知成本 ξ_0	精力成本 x_{01}	0.622	0.843
	时间成本 x_{02}	−0.527	0.635
	耐心成本 x_{03}	0.879	0.922
实体资源检索感知收益 ξ_1	检索速度 x_{11}	0.292	0.804
	检索全度 x_{12}	0.284	0.898
	检索准度 x_{13}	0.285	0.896
	决策辅助 x_{14}	0.294	0.867

续表

潜变量 (一级指标)	显变量 (二级指标)	外部权重 ($\widetilde{W}$)	负载系数 (Loadings)
环境卷入 ξ_2	卷入程度 x_{21}	0.374	0.908
	学习卷入 x_{22}	0.361	0.923
	卷入时间 x_{23}	0.361	0.909
实体资源检索感知 易用性 ξ_3	易用性程度 x_{31}	0.355	0.874
	技巧熟识度 x_{32}	0.377	0.928
	技巧掌握度 x_{33}	0.370	0.919
实体资源检索动机 ξ_4	信息源唯一性 x_{41}	0.353	0.796
	信息源重要性 x_{42}	0.436	0.838
	信息源替代性 x_{43}	0.412	0.857
实体资源检索能力 ξ_5	检索工具、服务使用 熟练度 x_{51}	0.360	0.912
	实体资源易检索性 x_{52}	0.366	0.896
	检索自信 x_{54}	0.387	0.887
环境认 知要素	室内空间导 向能力 ξ_6	转向辨认 x_{61}	0.253	0.915
		方向辨认 x_{62}	0.251	0.918
		导向记忆 x_{63}	0.230	0.898
		导向策略 x_{64}	0.186	0.774
		室内外导向统一 x_{65}	0.218	0.859
	室内路线搜 寻便利性 ξ_7	空间路线引导 x_{71}	0.183	0.850
		室内路线地图 x_{72}	0.155	0.880
		空间标识引导 x_{73}	0.154	0.877
		寻路辅助 x_{74}	0.165	0.761
		空间格局对称性 x_{75}	0.168	0.910
		空间格局简洁性 x_{76}	0.163	0.900
		空间格局规整性 x_{77}	0.163	0.907

续表

潜变量 （一级指标）	显变量 （二级指标）	外部权重 （$\widetilde{W}$）	负载系数 （Loadings）
潜在环境认知要素 ξ_8	一般低唤醒度 x_{81}	0.130	0.735
	快速适应能力 x_{82}	0.105	0.658
	突发情形唤醒 x_{83}	0.117	0.725
	温度过滤 x_{84}	0.148	0.745
	环境改变唤醒 x_{85}	0.135	0.741
	声音过滤 x_{86}	0.125	0.787
	触觉与动觉过滤 x_{87}	0.125	0.742
	嗅觉过滤 x_{88}	0.129	0.774
	复杂环境/多重环境唤醒 x_{89}	0.122	0.744
	色彩过滤 x_{810}	0.107	0.663
	光线过滤 x_{811}	0.117	0.745
实体资源检索自我效能感 ξ_9	检索速率 x_{91}	0.131	0.812
	信息资源过滤 x_{92}	0.139	0.863
	检索策略调整 x_{93}	0.132	0.842
	检索速度优势 x_{94}	0.134	0.860
	检索策略优势 x_{95}	0.144	0.909
	快乐感 x_{96}	0.130	0.828
	精力充沛 x_{97}	0.128	0.832
	整体反馈 x_{98}	0.128	0.832
	能力认同 x_{99}	0.126	0.766

6.5.3　主体-环境影响路径模型效度分析

为检验 PLS 结构方程模型各潜变量能否收敛至其所在的潜变量,以及量表是否可以区别出不同特质的观测变量[251],本研究使用收敛效度(convergent validity)和判别效度(discriminant validity)两项效度检验方法测度模型。

6.5.3.1　收敛效度检测

PLS 收敛效度检测一般由两部分构成,首先需要检测的是观测变量问项在其潜变量上的标准化因子负荷。由表 6.6 可知,本研究模型所有题项在自身潜变量上的因子负荷都远高于 0.5,代表问项与潜变量之间的方差要大于问项与误差方差之间的共同方差,观测变量能够很好地收敛至所观测的潜在变量,因此模型建构具有收敛效度。其次,计算模型平均萃取变异量(average variance extracted,AVE)系数,由表 6.8 可知,各潜变量 AVE 系数均大于 0.5,表示各潜变量能够解释问项中超过 50% 的有效方差。以上两项检测证明本模型具有良好的收敛效度。

6.5.3.2　判别效度检测

PLS 模型中潜变量之间的区别度,即各潜变量独立存在的必要性,可以使用判别效度来检测。该检测涉及潜变量 AVE 平方根与潜变量相关性系数之间的比较,若每一项潜变量 AVE 平方根大于其与其他潜变量的相关性系数,则说明模型具有较好的判别效度。

表 6.8　潜变量 AVE 平方根值与相关系数比较

	LI	PC	PB	EU	SM	SC	SE	PE	ID	IR
环境卷入(LI)	0.913									
感知成本(PC)	0.006	0.809								
感知收益(PB)	0.457	−0.047	0.867							
感知易用性(EU)	0.605	−0.007	0.593	0.907						
检索动机(SM)	0.451	−0.035	0.583	0.492	0.831					
检索能力(SC)	0.597	−0.003	0.631	0.875	0.512	0.899				
检索自我 效能感(SE)	0.638	−0.055	0.616	0.732	0.528	0.711	0.839			
读者潜在 环境认知(PE)	0.419	0.092	0.432	0.499	0.351	0.450	0.640	0.734		
读者空间 导向能力(ID)	0.640	0.048	0.413	0.545	0.361	0.520	0.594	0.427	0.874	
馆舍路线 搜寻便利性(IR)	0.443	−0.003	0.549	0.452	0.473	0.461	0.575	0.423	0.487	0.871

表 6.8 中,对角线上显示了各潜变量的 AVE 平方根值。比较发现,所有 AVE 平方根均远大于下方的潜变量相关系数,证明本研究模型判别效果良好。

6.5.4 主体–环境影响路径模型估计参数检验

6.5.4.1 Bootstrap 检验

使用 SmartPLS 的 Bootstrap 再抽样方法对本研究模型进行检验[252-254]，通过对初始样本进行有放回的反复随机再抽样，对每组再抽样样本进行相同的模型估计，用得到的多组参数估计值构造 t 统计量。Bootstrap 检验的原假设认为被检验的某项系数的数值为 0，如拒绝原假设则认为该系数显著不为 0，如不能拒绝原假设，则该系数对应的变量在模型中未能通过显著性检验，需要进行调整。Bootstrap 计算流程如下：

① 对原始样本数据 $X = (X_1, \cdots, X_n)$ 进行有放回的随机抽样，抽取的样本数同原始样本数一样，得到 B 个 Bootstrap 样本（通常 $B = n$）。

$$X_b^* = (X_1^*, \cdots, X_n^*) \qquad b = 1, \cdots, B \tag{6.21}$$

② 对每个 Bootstrap 样本 X_b^*（$b = 1, \cdots, B$），对 PLS 模型中的每个参数求估计值，每个参数可以求得 B 个估计值。

$$T_{n,b}^* = g(X_b^*) = g(X_{1,b}^*, \cdots, X_{n,b}^*) \tag{6.22}$$

③ 根据 Bootstrap 复制 $T_{n,b}^*$（$b = 1, \cdots, B$），即利用每个参数的估计值，计算其方差、偏差与置信区间等。

本次检验样本数（cases）为 336，再抽样次数（samples）为 5000，Bootstrap 检验结果见表 6.9。根据统计理论，t 统计量值在 95% 的概率下，自由度 $df = 335$ 时的 $|t_{\alpha/2}| \approx 1.961$。由表 6.9 可知，除了感知成本对检索动机路径的 t 统计量小于 1.97 外，其他模型路径系数都通过统计检验，系数显著不为 0。

表 6.9 模型负载系数的 Bootstrap 检验

	Original Sample	Sample Mean	Standard Deviation	Standard Error	T Statistics
感知易用性→检索能力	0.810	0.809	0.031	0.031	25.943
感知易用性→检索自我效能感	0.317	0.315	0.040	0.040	8.028
感知易用性→检索动机	0.194	0.194	0.050	0.050	3.865
读者空间导向能力→检索自我效能感	0.164	0.164	0.045	0.045	3.673

续表

	Original Sample	Sample Mean	Standard Deviation	Standard Error	T Statistics
馆舍路线搜寻便利性→检索自我效能感	0.147	0.148	0.043	0.043	3.437
环境卷入→检索能力	0.107	0.108	0.039	0.039	2.756
环境卷入→检索自我效能感	0.042	0.042	0.016	0.016	2.667
环境卷入→检索动机	0.026	0.026	0.013	0.013	2.023
感知收益→检索自我效能感	0.045	0.046	0.023	0.023	1.977
感知收益→检索动机	0.432	0.432	0.061	0.061	7.125
感知成本→检索自我效能感	−0.001	−0.002	0.008	0.008	0.186
感知成本→检索动机	−0.013	−0.018	0.065	0.065	0.209
读者潜在环境认知→检索自我效能感	0.306	0.308	0.042	0.042	7.220
检索能力→检索自我效能感	0.367	0.367	0.046	0.046	8.601
检索能力→检索动机	0.239	0.240	0.063	0.063	3.805
检索动机→检索自我效能感	0.104	0.104	0.047	0.047	2.225

6.5.4.2 共同度

共同度（communality）指标指每个观测变量与其结构变量相关系数平方的平均值，模型共同度为观测变量共同度均值，用以表征潜变量的信度与收敛效度，该指标大于 0.5 时，模型观测变量对潜变量的预测能力较好，计算见式（6.20）。

其中，k 表示潜变量个数，由表 6.6 可知，本模型中各潜变量共同度数值均符合判别标准要求。

6.5.4.3 平均萃取变异量

平均萃取变异量（average variance extracted，AVE）用于评价外部模型潜变量间的区别效度。当模型为反映型时,外部模型中各潜变量 AVE 值等于其观测变量因子共同度的均值。判别标准上,AVE 应大于 0.5,以解释潜变量所反映的观测变量方差的 50% 以上。计算公式如下:

$$AVE = \frac{\sum_t \pi_{rt}^2}{\sum_t \pi_{rt}^2 + \sum_t (1 - \pi_{rt}^2)} \qquad (6.23)$$

由表 6.8 可知,本模型中各潜变量 AVE 数值均大于 0.5,平均 AVE 数值达到 0.764,满足判别要求。

6.5.5 主体-环境影响路径模型拟合优度

6.5.5.1 R^2

模型解释能力与其解释各潜变量贡献度见表 6.10。R^2 为潜变量与其相应解释潜变量之间因子负荷与相关系数的乘积之和,用于表征潜变量对其潜变量的解释程度,若所有潜变量 R^2 值大于 0,模型即可接受,计算公式如下:

$$R^2 = \sum_r \hat{\beta}_r \cdot \mathrm{cor}(LX_{r'}, LX_r), r' \neq r \qquad (6.24)$$

如表 6.10 中,模型各解释潜变量对其相应潜变量 R^2 值均大于 0,模型具有良好的解释能力。在检索效能感的 R^2 值及其解释潜变量贡献度(表 6.10)中,检索能力潜变量对于检索自我效能感潜变量解释程度贡献最大,为 37.7%;潜在环境认知、读者空间导向能力与馆舍路线搜寻便利性要素其次,分别为 28.2%,14.1% 和 12.1%;检索动机贡献度较小,仅为 7.9%。由此可见,环境要素(54.4%)相比主体要素(45.6%)对于行为效能感的解释力度要更高。

表 6.10　各潜变量 R^2 值及其对 R^2 解释的贡献度

	解释潜变量	β_r	相关系数	R^2	对 R^2 解释贡献程度
	感知成本	−0.013	−0.035		0.1%
检索动机	感知收益	0.432	0.583	0.375	67.3%
	检索能力	0.239	0.512		32.6%
检索能力	环境卷入	0.107	0.597	0.773	8.3%
	感知易用性	0.810	0.875		91.7%

解释潜变量		β_r	相关系数	R^2	对 R^2 解释贡献程度
自我效能感	检索动机	0.104	0.528		7.9%
	检索能力	0.367	0.711		37.7%
	读者空间导向能力	0.164	0.594	0.693	14.1%
	馆舍路线搜寻便利性	0.147	0.575		12.1%
	读者潜在环境认知	0.306	0.640		28.2%

6.5.5.2　内部模型冗余

内部模型冗余度(redundancy)用于度量外源潜变量预测内源观测变量的能力,也用于反映内外部关系间的联合预测能力,计算公式如下:

$$redundancy_r = communality_r \times R^2 \qquad (6.25)$$

如表 6.6 中所示,模型各潜变量共同因子度均大于 0.5,内源潜变量 R^2 最小为 0.375,则理论上 $redundancy$ 值应大于 0.1875,由此判定本内部模型冗余度指标符合要求,模型内部关系具有良好的整体拟合效果。

6.5.5.3　模型适配度

PLS 模型拟合优度重要指标(goodness of fit,GoF)计算公式如下:

$$GoF = \sqrt{\overline{communality} \times \overline{R^2}} \qquad (6.26)$$

该指标用于测量 PLS 整体结构模型的适配度指标,超过 0.36 的 GoF 指标代表模型具有强适配度[255]。通过式(6.26)得本研究模型 GoF 为 0.49,说明该模型具有良好的拟合效果。

6.5.6　主体-环境影响路径模型评测结果

经由分析计算,该模型各潜变量之间的标准化路径系数与路径显著度见图 6.3 和表 6.9,模型各潜变量之间的关系公式如下:

$$\xi_4 = -0.013\xi_0 + 0.432\xi_1 + 0.239\xi_5 \qquad (6.27a)$$

$$\xi_5 = 0.810\xi_2 + 0.107\xi_3 \qquad (6.27b)$$

$$\xi_9 = 0.104\xi_4 + 0.367\xi_5 + 0.164\xi_6 + 0.147\xi_7 + 0.308\xi_8 \qquad (6.27c)$$

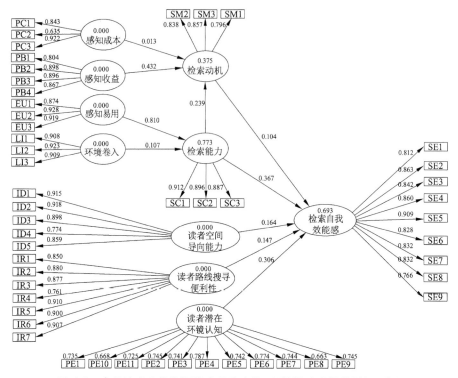

图 6.3　高校读者实体资源检索行为主体-环境影响路径模型(正式)

　　正如假设推断,高校读者实体资源检索效能感受到检索动机、检索能力、读者空间导向能力、馆舍路线搜寻便利性、读者潜在环境认知要素的正向影响。核心内部模型中,路径系数由高到低的检索能力(0.367)、读者潜在环境认知(0.306)、读者空间导向能力(0.164)、馆舍路线搜寻便利性(0.147)要素依次正向作用于检索效能感;检索动机(0.104)影响力相对最低。其次,检索能力对检索动机正向影响关系(0.239)的假设得到验证;感知成本要素对于检索效能感的影响路径虽不显著,但构成负相关(-0.013),一定程度上证明成本感知会逆向影响读者的检索动机;感知收益要素对动机的影响路径显著(0.432);相对于环境卷入要素对检索能力的正向影响程度(0.107),检索能力主要受到感知易用性要素的积极影响(0.810)。因此,假设 H1 至 H10 中,除 H6 外,其他假设均成立。此外,环境要素对于因变量的影响程度整体也要大于主体要素的影响力。

6.6 研究发现

6.6.1 读者实体资源检索感知成本对检索动机影响效力缺失

模型路径分析发现,读者检索感知成本对于检索动机并不能构成有效的影响路径。尽管相关文献理论证明了两者之间存在一定的相关性,但通过访谈分析发现,高校读者实体资源检索动机较为单一。在面临学习型资源检索任务时,学生读者往往是在教学或科研过程中按照教材或教师的要求到馆搜寻特定书籍或多媒体资源。对于这种强制性的检索任务,在执行过程中读者往往不会过多地考虑检索所需花费的时间与精力,而是无论付出何种成本或代价都务必要找到。因而感知成本在实体资源检索动机中能够发挥的作用相对消费者信息检索或网络信息检索行为要小得多。

而在娱乐休闲型实体资源检索任务中,多数被访表示不会花费太多的时间、精力来搜寻资源,一旦出现检索障碍,绝大多数的被试会选择主动放弃检索,或寻找相似资源来替代,又或者干脆放弃使用高校馆实体资源检索,转而寻求网络商城、实体书店的帮助。可见,无论是哪种检索任务类型,高校读者的实体资源检索动机都不会受检索感知成本的显著影响,这验证了建模结论。

6.6.2 读者实体资源检索能力与检索效能强相关

被访读者的实体资源检索能力喜忧参半。扎根分析发现,几乎全部的老生(入校时间超过 0.5 年)在回答问题时,都或多或少地表现出对于常规实体资源检索工具或技巧的误解、疑惑;新生被访者(入校时间不超过 0.5 年)基本检索素质的欠缺则表现得更加突出,6 名本科生与 2 名研究生被访者表示几乎不会使用本校图书馆检索实体资源,偶有的检索行为也费时费力,效能感极差。一方面,他们的回答显示出入校时图书馆入馆培训教育的失败,新生面对基本的 OPAC 检索平台操作无从下手,甚至无法辨别检索台的位置与主要功能,到馆频率与资源利用率低,也即环境卷入程度极低。另一方面,样本馆舍空间布局与设施设计上的不合理造成了人为的检索障碍,加剧了读者对实体资源检索的排斥度。

扎根理论分析发现,书籍错架、乱架、索书号标签磨损、书籍排布顺序和引导牌设置人性化不足等图书馆资源易用性问题,均导致读者的检索意愿低迷,在抗拒心理的作用下,部分读者环境卷入度愈发降低,实践经验的缺失进一步造成检索能力的衰退。

研究证明,低检索效能感的读者往往具有低卷入度与低感知易用性的通病,反观检索效能高度自信的读者,其较强的检索素养、熟练的馆内资源设备操作技能、频繁的检索实践,无不确保其信息检索效能感的增强。

6.6.3 读者环境认知影响要素解析

模型路径系数表明,在实体资源检索效能感变量的解释程度上,环境认知要素中的读者空间导向能力变量(0.164)稍高于馆舍室内路线搜寻便利性变量(0.147),即相比于高校馆舍的空间路线引导优化与格局设计,读者的个人空间认知能力更能影响使用者的信息检索效能感。

6.6.3.1 读者室内空间导向策略个体差异

由模型潜变量与观测变量负载系数可发现,诸多读者空间导向能力要素中,导向策略要素(0.774)是主要的短板。田野调研中发现,部分读者表示并不会使用东南西北方位坐标来定位馆内的功能区间方位,尤其是在入馆初期,对于各楼层功能与书库位置相对陌生,检索过程中会遭遇更多的阻碍。根据环境认知理论,人类路线搜寻能力的形成一部分由先天因素决定,而后天的年龄、知识储备、社会地位、经验阅历的增长也会加剧个体间差异的产生[110]。因此,高校图书馆应思考如何因人而异,提供差异化服务与辅助的导向举措,以满足不同读者群体的导向需求,进而帮助读者迅速熟悉检索环境,最终提升读者的信息检索效能,由此引出 6.6.3.2 节的讨论。

6.6.3.2 图书馆建筑易识别性与平面拓扑复杂度

高校馆舍路线搜寻便利性外部模型负载系数表明,高校读者对于馆内人工路线导向作用的认同度偏低(0.761),而更加倾向于使用建筑内部的路线引导设施与工具。实证与扎根研究均证明了各类引导标识牌与室内导向地图确实能够对读者检索效能的提升起到较大的帮助,而良好的建筑格局规整性设计也是协助读者顺利完成检索的要因。以上两个维度的元素,在充分符合人性化与友好性原则的基础上,能够帮助新读者迅速熟悉馆舍环境,辅助用户记忆重要的功能区间和物理节点,巩固读者对环境的控制感与归属感,增强用户实体资源检索效能感。

6.6.4 读者潜在环境认知影响要素解读

读者潜在环境认知影响要素对检索效能感变量的路径系数为 0.308,仅次于影响程度最高的检索能力要素(0.367),读者过滤馆舍潜在环境要素的程度对其实体资源检索效能感有较大影响,通过分析具体的潜在环境要素类型,能够找出高校馆舍空间潜在环境要素设计与优化的核心环节。

最终,外部模型负载系数计算结果显示,除嗅觉过滤要素外,高校读者的环境色彩(0.658)与光线(0.725)强过滤能力对潜在环境认知要素路径系数影响最低。根据梅拉比安的刺激过滤理论解释,相比温度、湿度、噪音、体感等要素,高校读者对于环境色彩与光线影响要素的敏感度最高,易于受这两项环境要素变化的剧烈影响。扎根理论编码结果发现,在高校图书馆特定的物理环境中,嗅觉因素对读者的检索行为影响往往可忽略不计,故可以确定,高校图书馆建筑室内空间设计的优化重点应主要聚焦在环境色彩与采光上,以符合耶克斯-多德森定律[196],使用适度的唤醒水平激发读者最佳适应性水平与检索绩效。

6.7 本章小结

本章在质性与实验研究结论的基础上,采用偏最小二乘法结构方程建模,搭建高校读者实体资源检索行为主体-环境影响路径模型。使用自我效能感作为检索行为代理变量,证明了高校读者馆内实体资源检索行为除受检索动机与能力等主体要素的正向影响外,还受到馆内空间导向能力、馆舍路线识别便利性,以及读者潜在环境认知水平等环境要素的显著影响。同时发现,相比学界已研究较为透彻的信息检索者主体要素,高校读者实体资源检索行为更受图书馆环境要素的影响。总结而言,本研究中的扎根理论、实验研究发现均与结构方程模型结论保持一致,三部分研究内容互为补充、相互验证。

7 高校读者实体资源检索体验升级管理策略与建议

前文从理论层面上较为详细地论述了高校读者实体资源检索行为主体与环境影响路径、读者空间导向标识系统认知机理、环境照明和色彩潜在环境认知要素与读者检索行为交互关系等主要研究。为使研究成果回归实践,发挥研究工作的社会价值与实际管理指导意义,本章将糅合上述研究发现与国内外调研案例,从升级读者实体资源检索体验的初衷出发,分析高校读者实体资源检索行为机理与特征,探讨我国高校读者实体资源检索行为引导与管理策略,思考本研究给读者馆舍环境认知与潜在环境认知要素优化工作带来的经验启示。

7.1 基于实验与实证结论的高校读者实体资源检索行为机理与特征梳理

7.1.1 检索动机层次化构成

7.1.1.1 信息需求型检索动机

高校读者的实体资源检索行为概念界定了读者检索的三种目的,即满足知识需求、文化需求和生活需求。这类检索行为的动机水平往往与读者的自我知识状态认知不满或信息非常态密切相关,此时的检索行为动力源自于读者感受到自我知识信息缺乏,是典型的行为内在动机,被划入信息需求型检索动机。

实证与实验研究中的绝大多数被试个体检索行为都受到此类检索动机的激励。受到较高信息需求水平的驱动,读者们在馆内的检索行为模式往往更为线性、直观。为了尽快满足弥补现有知识漏洞的需要,读者会尽可能挑选最为便捷、快速的检索途径,利用最为高效的检索工具,全面调动个人感官完成目标明确的检索任务。从空间认知层面上看,此类读者的检索路径距离偏短,检索时间也普遍不长,是最常见的读者馆内检索行为类型。

从层次上看,实体资源检索行为的动机源自读者学业或日常信息需求,常与强制性的课业任务有很大关联性。图书馆在应对数量众多的此类型检索者时,应当注重基础实体资源质与量的保障,尽量全面、精准地把握读者的知识信息需要。近年来,读者驱动采购模式(PDA)的施行,从一定程度上很好地解决了类似的问题。除此之外,在架书籍的管理困境也是实体馆舍运营过程中最为基础但也是难度最大的障碍。实验与调研中,读者反映的最为常见的问题是书架书籍的错架、乱架与环境设计层面的不人性化。相比个人检索能力不足造成的检索失败,类似的人为因素更加令人无奈和沮丧。运用物联网技术的智能书籍储藏系统的面世也许成为类似问题唯一可行的解决方案,RFID连年持续降低的使用成本也拉低了类似系统的准入门槛。

7.1.1.2 精神需求型检索动机

读者检索行为除了受主观的知识缺乏感这一内在动机的影响外,还有可能受心理期待的内在动机或外在环境条件刺激的推动,这也是另一种高于信息需求型检索动机的动机层次类型。对于部分追求文化享受与精神富足的读者来说,其馆内实体资源检索行为并非是为借阅某一本书而来,而是单纯地喜爱沉醉于图书馆书籍的海洋里。在图书馆这样一种纯粹的文化场所中,徘徊于书架间与阅览室旁更具有一种精神层面的满足感。尽管数字网络知识溢出的时代五光十色,但沉浸在实体图书的知识殿堂中更令他们神往。当物理馆舍与读者精神家园契合,此时的实体资源检索行为更多受到精神需求型动机的激励。

对于这类读者,单纯的书籍资源供给与实体资源检索条件保障已难以满足他们的需要。图书馆管理者应当尝试从物理馆舍环境这一外在动机激励要素入手,通过营造更富有文化气息的馆舍空间,吸引具有类似动机的读者入馆感受。近期,欧美公共图书馆建筑古典木质设计风格的回归就是顺应读者精神需求型检索动机产生的重要尝试。有关馆舍环境的具体优化建议,将在7.3节展开论述。

7.1.2 基础检索能力的缺乏

本研究过程中暴露出最严重的一项现实问题就是部分读者缺乏对基本检索技能与常识的掌握。相当一部分比例的被试在调研、实证与实验中表达示出对馆内实体资源检索工具、流程、技巧的迷惑与不解,少数读者甚至从未尝试过实体资源检索,并且此类人群绝非仅限刚入馆的新读者。这一局面很难说完全是读者个人因素造成的,一方面,丰富的数字网络资源占据了知识供给的半壁江山,另一方面,图书馆管理者层面也并没有将信息素养教育,尤其是实体资源检索角度的相关教学任务落实到位。我国一般的高校图书馆会默认读者入馆即已掌握馆内检索的相关概念与常识,信息素养教育工作推广过程中也较少涉及实体资源检索部分。

进一步思考能够发现,由于图书馆馆方实体资源检索教育普及力度的不足,导致少量读者入馆体验次数降低,缺少实体资源检索的实践机会,环境卷入程度的降低将造成读者对馆舍空间的陌生。低水平的检索能力与感知易用性,外加不熟悉的馆舍环境,两者恶性循环将加剧读者对实体资源检索的排斥,造成读者的批量流失,高校图书馆知识与文化传播的存在价值与意义就受到了动摇。

对比国外图书馆举措,笔者调研中曾多次见到美国高校图书馆将实体资源检索的完整流程步骤引导图粘贴在检索台或书架位置,方便入馆读者了解检索常识,帮助读者按图索骥,举一反三,逐渐掌握实体资源检索的核心技术。也许在实体资源检索未受到足够重视的局面下,类似简单的知识普及举措值得我国高校图书馆人学习。

7.1.3　读者环境认知个体差异

7.1.3.1　读者实体资源检索空间认知差异

馆舍引导标识系统认知实验与实证研究均发现了读者空间认知的个体间差异。由于检索效率较低,擅长使用路线策略的读者视觉上更为关注各类标识物;而导向策略使用者主要关注信息标识,极少注意导向标识与地标。但总体来说,信息标识的视觉关注度要高于另两类标识物。

焦虑度与环境熟悉程度的群体间差异也显著影响读者的实际检索行为。高焦虑读者检索时,容易忽略地标的导向辅助作用,注意力主要集中在导向标识上。而被试对馆舍环境越陌生,越会频繁地关注地标与信息标识。主体-环境影响路径模型还发现,读者的导向策略是检索过程中的短板,个体的空间认知能力区别可显著地影响其最终的检索效能感。

回顾研究,不难看出,高校读者在实体资源检索过程中存在明显的环境认知个体差异,具备不同属性的读者群体呈现出迥异的行为差别,但其中也存在共通之处,如对信息标识普遍的高度关注。针对不同检索者行为的差异,高校图书馆应着重把握主要矛盾,针对不同读者群体的个体与心理差异、检索偏好与需求提供异质性的服务方针;对于个性中提取的共性,则应将此类问题列为待解决的重点目标。读者对信息标识的普遍关注,就是导向标识系统优化系列问题中值得关注的一个问题。

7.1.3.2 移动数字网络技术变革带来的读者空间认知模式嬗变

现代信息技术的不断升级逐渐改变着读者原有的馆内检索行为特征与空间认知模式。实验中曾发现两位被试对地标的关注度为 0,回顾实验过程,发现他们全程使用手机进行书目检索,注意力主要集中在手机、导向与信息标识上,观察发现他们对信息标识的关注度基本处在均值,而对馆舍环境较熟悉,焦虑度呈现较低水平,属于高效能寻路者。后续访谈验证,越来越多的被试在馆检索时,习惯使用手机作为 OPAC 检索信息来源。

面对高校用户这一行为嬗变趋势,应对低地标密度室内环境寻路问题的主动地标技术应运而生[256],导向信息被主动发送给用户,实现了地标位置与用户位置的整合,是一种强化环境信息的主动途径。针对手机检索用户群体,高校馆可考虑将寻路导航功能整合入手机图书馆系统,用户在使用书目检索的同时,能够使用手机应用引导路线。目前,已有国外图书馆使用用户寻路引导应用的先例,美国伊利诺伊大学香槟分校本科生图书馆将蓝牙信标系统整合入跨馆书目检索手机应用 Minrva,用户可以在馆内使用手机蓝牙配合信标定位装置搜寻路径、定位书目,实现了用户点对点的路径识别,有效缩短了检索寻路流程,提升了书目检索效率。

7.1.4 多元化读者潜在环境认知

7.1.4.1 检索者对馆舍书架照明心理反应显著

高校读者馆内的检索行为在不同的照明环境下会呈现出不同的变化模式,这与个体对于照明环境的生理、心理感受密切相关。在照度波动幅度较小的环境下,读者群体的检索行为变化会相对稳定很多。检索行为不仅受照明环境设计方案的影响,更随着读者主观的照明心理反应变化而变化,馆方维持室内环境照明的视觉舒适度在读者实体资源检索过程中异常重要。

根据本研究结论,读者在不同类型、色温的光源以及书架采光布局方案的影响下呈现出差异化的检索行为模式特征,而光源与书架照明布局策略的优化调节能够显著改善照明环境带来的视觉舒适度。相比单纯的调控照明的照度水平、色温、显色度等指标,综合的照明视觉舒适度优化更加复杂,读者检索行为与照明环境的交互机理解读也显得颇为困难。7.3 节中将结合读者检行为研究结论和国内外案例详细阐述。

7.1.4.2　读者实体资源检索绩效的环境色彩影响作用

高校读者馆舍环境色彩认知与其检索行为效率、唤醒度、愉悦度及满意度息息相关的结论已在本书实验部分得到证明。认知负荷相对较高的读者实体资源检索行为需要中等唤醒度水平的室内色彩环境,以激发读者的最佳检索效率状态。从实验角度看,高校读者群体普遍对冷色感、高明度、低彩度的色彩环境更加青睐。又根据耶克斯-多德森定律,身处如此环境中的检索者将受到最佳环境唤醒刺激,既不会因色彩刺激度过低而失去兴趣,又不至因色彩过度刺激兴奋而分心降低效率。中等唤醒度水平的室内色彩环境使读者对实体资源定位的速度、精准度均能得到提升,而检索时间、成本则会相应下降。

读者实体资源检索行为与潜在环境认知要素间的交互效应极为显著,通过实验与实证的研究方法,厘清读者检索行为与潜在环境认知要素间的种种关联,不仅是迎合读者实际检索行为偏好与行为习惯的重要前提,也是提炼共性,最终贡献图书馆引导策略及馆舍环境优化方案的主要路径。

7.2　高校读者实体资源检索行为的图书馆管理策略探讨

高校图书馆应主动承担起优化读者实体资源检索体验的义务。为应对读者实体资源检索过程中的个性化差异与行为特征共性,图书馆管理者需要尝试从"读者本位"的服务思维出发,通过读者实体资源检索感知成本控制、检索能力培养、检索需求预测、检索辅助服务供给四个方面展开对读者检索行为的引导。

7.2.1　压缩读者实体资源检索感知成本

由于教学型馆内检索任务的强制属性,大多数读者为完成目标,会较少考虑馆内检索时间等成本要素,造成了读者感知成本对于检索动机影响路径不显著的结果。但在读者缺乏必备的检索能力时,忽略检索成本会导致检索流程过长且无果而终,造成习得性无助,激化读者的检索沮丧感,削弱读者再次入馆检索的动机与信心。

扎根理论分析发现,造成检索成本激增的主要因素,除了空间等物理环境外,还有人为因素导致的书籍错乱架、索书号损毁、私自藏书等现象,成为实体检索的重大障碍。馆员职业素质培养策略探讨已是老生常谈,在现有的技术条件下员工需做好各自的本职工作。调研中,部分馆舍聘请临时工或勤工俭学的学生参与图书上架工作时,需要做足岗前培训工作,确保其掌握基本的职业素养与技能。新技术条件的涌现能够更好地保证类似问题不再出现。如上文提及的蓝牙信标自动检索导航手机应用,可帮助读者实现书籍的精准定位,不失为一种思路。而在读者层面,馆方为读者增加实体资源检索技能培训教程,也是增强读者检索自信,压缩检索成本,提升效能感的主要路径。

7.2.2 读者实体资源检索素养培育

信息素养是决定读者信息检索能力高低的基础性因素,培育读者信息素养与自我效能感升级密不可分。实证研究发现,读者检索能力对检索效能感影响系数居所有变量之首,且对检索动机有较强的推动力,故提升读者实体资源检索素养工作不容忽视。调研中,读者群体馆内检索能力现状不容乐观,无论新老读者,或多或少都存在能力上的不足或检索知识的缺失。

有读者表示其习得的检索技巧均来自兄长、同学或自学,入馆培训对实体资源检索知识介绍甚少,因此,面向新读者时,入馆培训的教学内容应增设或强化初级实体资源检索技能教学内容,授以基础检索技巧,安排常用工具软件系统操作实务演练,补足读者信息素养短板,助力其应对复杂检索任务。而面向老读者则可强化"图书馆营销"概念,通过组织各类馆内学术、文体活动,提升馆舍使用率与"曝光率",深化读者环境卷入度;对于书籍乱架与书号损毁造成的读者入馆信任度低下等问题,应及时跟进解决,定期举办馆内检索技能大赛,消弭检索者的心理障碍,增强读者的感知易用性。

7.2.3 读者真实馆内检索需求获取

"一切以读者为出发点"是 20 世纪 90 年代兴起于西方图书馆空间研究领域的一种设计思维和服务管理模式,人本原则是其核心精髓,图书馆读者服务工作中如若缺少了这条基本原则,注定将导致引导方案的失败和读者检索信心的丧失。根据读者真实检索需求,实现图书馆读者馆内行为引导与馆舍空间环境要素优化部署至关重要。

首先,对于读者检索行为的关注直接彰显着图书馆管理者的人本原则服务意识。实证模型结论发现,读者检索时对馆内人工路线导向作用的认同度极低,即使遇到检索困境也要选择非人工路线引导设备,这反映了检索者对于馆内工作者服务效力的不信任,以及读者实际需求与现有馆员服务态度、能力之间的矛盾。读者检索需求的获取是图书馆实践管理工作的基础,实际参与基层工作的馆员有义务时刻关注入馆检索者的诉求与可能遭遇的疑惑与阻碍。以笔者切身体验为例:在美国伊利诺伊大学香槟分校文学语言图书馆进行书架光照度跟踪记录研究的初期,每当笔者在书架前停留不足 10 分钟,该馆馆员 S 先生一定会出现在笔者面前并热情地询问是否需要他的帮助,直到几周后他了解了笔者的研究工作内容才停止向笔者询问是否需要提供帮助。尽管如此,后期很多研究工作,甚至是笔者回国后的部分研究内容,都是在他的帮助下完成的。如此敏锐的服务意识,如此热忱且"一帮到底"的服务态度实在令人印象深刻。积极探寻读者检索活动中的切实需求,努力迎合读者检索过程中的真实需要,以上案例无疑是这一标准的最好诠释。

其次,高校读者对馆舍检索环境的需求方面,尤其是针对已经完成主体设计并投入使用的馆舍,可以通过正式开馆后的长时间读者行为与体验观察记录,发现读者的实际空间使用状况与偏好,从而决定馆舍空间的最终功能定位与部署方式[257]。实际运营过程中,有高校馆舍通过照片日志、翻转图(flipchart)、读者入馆路径记录等调研手段收集读者的真实空间使用意愿与主观感受[258]。哥伦比亚大学巴纳德学院图书馆还邀请读者加入图书馆空间设计项目,举办"涂鸦之夜"活动,邀请读者夜间来馆在空白墙壁上随性进行艺术创作,完成图书馆馆内空间的装潢与设计[259]。用户驱动与读者协助设计成为未来图书馆馆舍环境设计的主要模式之一,是达到满足读者实体资源检索需求目的的重要渠道。

7.2.4　读者馆内检索辅助举措探讨

7.2.4.1　读者室内空间导向辅助措施因人而异

由于读者空间导向能力有先天差异,后天年龄、经验阅历的增长也会加剧个体行为差别,因此高校图书馆人应思考如何因人而异,提供差异化的导向辅助服务。受性别、身高、行为习惯等多元复杂因素的影响,偏好使用立式与天花悬挂式路线引导牌的读者数几乎持平。对于索书号引导牌,部分读者表示习惯使用现有标识,但也有读者表示书架侧边与顶端天花悬挂的分类引导并不显著,建议添置小型立牌置于书架顶层,显示各排书架索书号的范围,便于远距离定位。而读者偏好差异中又有共通,无论类型,引导牌字体色彩与背景色色差显著性都比较受关注,醒目的底色与字体色差更具辨识度,检索体验也更为友好。

7.2.4.2 馆舍平面拓扑复杂度调节因地制宜

实证研究均证明,符合人性化与友好性原则的馆舍空间,能够有效辅助读者辨别、记忆重要路线和节点,切实增强读者的检索效能感。适中的空间平面拓扑复杂度易于呈现空间环境易读性,融固定与变化于一体,加强读者的环境控制感与归属感。因此,高校图书馆管理者既应避免馆舍空间结构过于繁复而造成读者环境认知负担,也应适度增设可探索空间,提升建筑的整体趣味性与吸引力。

图书馆人应考虑如何实现重要路线与主要标志物的读者记忆捆绑。比如空间认知实验中,访谈被试均对试验场所的馆舍空间格局规划表示满意,这与馆舍将地标观光电梯和彩虹螺旋楼梯合并的设计不无关系,几乎所有读者首次入馆时都被高达五层、饱含设计感的通道所吸引,又因每层通道出口都正对主书库入口,因此大多数读者能够在首次探索的过程中,留下书库位置的印象,助其记忆路线。管理者也应确保核心功能节点位置被检索者迅速定位。诸如总服务台、书库入口、功能性通道应设置于各主要功能区间交汇处,占据室内路径网络的中央节点。防止类似区间受其他功能区遮蔽,辅助检索者定位重要检索路径。

7.2.4.3 图书馆管理者视角下的馆舍潜在环境设计优化思考

(1)照明格局部署适度唤醒、增效赋能

与环境认知研究发现类似,部分读者也曾反映检索过程中各类馆舍潜在环境认知要素不尽如人意。照明方面,背阴面昏暗的环境光线常会造成读者检索视觉障碍与疲劳,加剧检索效能的衰减。现有的照明策略仍有待优化,结合读者建议,如能为弱光环境中的偏下层书架增设 LED 灯条,相信能够改善环境光照质量,营造适度环境唤醒水平。除应考虑用户心理耐受度,照明设计还应以适宜的环境负荷,使用户感受到环境视觉信息的强度、新奇性与复杂度,进而为读者实体检索增效赋能。

(2)馆舍空间色彩冷暖互补、动静结合

为了激发检索者的最佳适应性水平,提升行为绩效,图书馆管理者同样应在环境色彩层面为读者尽力提供适宜的检索环境。在读者环境色彩感知实验发现基础上,馆舍环境应遵循冷暖色调兼顾原则,开架区、阅览室可选用适度唤醒的偏冷色调,沙发区或休闲区则适用低唤醒度的暖色调,以保证环境色彩的空间感,维系环境唤醒度与视觉复杂性平衡,确保读者馆内检索效能感最优。以下章节将从更加细致的角度阐释如何针对读者实体资源检索行为机理特征,实现高校图书馆馆舍环境与潜在环境的优化设计。

7.3 面向读者实体资源检索友好的馆舍环境管理优化策略

7.3.1 馆舍空间格局部署管理科学性探讨

结合质性研究发现、实验与实证研究结论,高校图书馆室内空间可遵循如下设计或优化管理方案:

7.3.1.1 空间功能分区柔化与用户主导优化策略

扎根理论调研过程中发现,学界主流图书馆功能分区概念在美国高校图书馆的建造中得到了普遍应用。着重营造图书馆环境舒适度、氛围感,功能分区边界模糊化,打造师生读者社交功能成为调研中发现的美国高校馆舍建筑分区的基本原则。由于读者实体资源检索行为的特殊性,原本强调安静氛围的馆舍需要同时容纳自习阅览的读者与功能分区间流动的检索者,这对馆舍空间的功能划分提出了较高要求,在不影响前者正常工作学习的前提下,后者需要能够顺畅自如地完成实体资源检索的全部流程,达成检索目标。

7.3.1.2 空间交互性与私密性特征发挥

为了有效地将读者检索功能区域与读者学习区域隔离开来,中美高校图书馆空间功能设计上最显著的差异在于美国各类图书馆学习空间的添置,秉持个人空间与安全感保证的设计理念,学习空间既可保证小组群聚研讨的交流性,又确保了个人写作、研究时的隐私性与安全感,承担了合作、交互空间与私密空间的职能。

为满足不同学习风格读者的需要,美国图书馆学习空间普遍被设计成为具有混合功能的区域,对于正式、非正式的个人、小组会议、研讨活动有优异的适应性[260]。这类空间的桌椅数量不多,往往支持最少一人、最多十人的独立学习或小组研讨。面对逐渐开放与活泼的图书馆服务形式的变革趋势,往日静谧的图书馆环境发生了根本性的变化。在功能区间布局上,开放式空间与学习空间应保证足够的物理距离。调研发现,噪声控制是学习空间设计考虑的主要因素,绝大多数的学习空间采用全封闭或半封闭设计,以防止读者检索活动、馆内其他活动与学习行为相互干扰。

对于部分并未在设计伊始考虑建设学习空间的高校馆舍来说，空间功能分区的增设被视作一条解决途径。在原有馆舍空间规划的基础上，合并精简功能区间，可为学习空间的建造让路。落成于 1912 年的芝加哥大学 William Rainey Harper Memorial 图书馆虽已有百余年的历史，却仍在原有空间布局的基础上于阅览室内两侧增设了半开放式的学习室（图 7.1），形成了私密与交互共存的读者馆舍空间复合使用模式。

图 7.1　芝加哥大学 William Rainey Harper Memorial 图书馆学习空间

由于馆内检索者的流动性特征，出于读者空间私密性保护的目的，国内外高校图书馆管理者做过很多具有实用价值的尝试，增设阅览隔断是行之有效的方法之一。武汉大学信息科学新馆内不仅对单人使用的阅览桌加装了隔断，而且安置了一定数量的遮挡式沙发，还设置了专门的休息室，内置沙发供疲倦的读者小憩片刻；美国伊利诺伊大学香槟分校法学院图书馆内利用墙体建造隔断，使得单人学习空间与整体结构融为一体（图 7.2）。以上措施均能有效降低馆内噪音的传播，并在视觉上营造遮蔽空间，保障读者的私密性需求。

图 7.2　国内外高校馆舍空间隐私性设计方案

7.3.1.3　通透直观的馆舍空间格局

读者检索空间认知实验中,笔者发现馆舍空间格局的设计与读者馆内活动的便利性有着莫大的关联。馆舍楼层间功能区方位与移动要素部署保持一致,且各功能分区呈网格状分布,连通道路呈直角式交叉,有助于检索者记忆并回忆路线。此外,楼层间贯通式、透明化的设计能消除遮蔽感,令空间内部设施一目了然;再配合主要通道,如醒目的楼梯、电梯设计做定位路标,方能升级读者的入馆空间感受。

以实验样本馆舍为例,该馆室内空间开阔,一至四层的连通性设计提升空间感,五层以下各功能区间位置呈完全相同的规整设置,功能区间呈网格化分布,通道间均呈直角,各楼层书库内书架、桌椅、检索台位置保持一致,使得路线辨识极其容易。三部升降式电梯分布于馆舍东、中、西三个方位,四部台阶式楼梯与一部观光式螺旋楼梯均匀分布在各功能区间入口处,各通道间平均距离不超过 10 米。读者可根据所需资源选择不同的检索通道直达书库入口,通道路线各具差异,分布清晰,配合引导牌可帮助读者迅速定位检索目的地。

此外,在大厅入口旁侧搭建全透明六层垂直升降观光电梯,围绕观光电梯铺设螺旋形楼梯,采用无台阶式设计,每层地板颜色均不同,便于读者认知成图。搭配馆舍南面透明玻璃幕墙,读者行走在螺旋楼梯上,即能将馆外校园风景尽收眼底,学习之余起到放松休闲的益处,深得读者喜爱。每层书库的入口均设置在观光梯出口处,能够帮助新读者迅速熟悉书库布局,协助老读者定位资源,成为样本馆最具实用性的特殊标志物。

7.3.2　人本思想启迪下的检索寻路导向标识系统设计

7.3.2.1　高校馆舍导向标识系统设计缺陷

（1）标识物理属性设计短板

笔者调研过程中发现,较为显著的标识系统设计问题大多集中在标识物理属性的设计上,无论标识类型、读者寻路偏好或空间摆放位置,过半数受访读者回忆所在馆舍的寻路引导牌时感觉其背景色并不显著,悬挂式引导牌尤为如此。如在国内某高校图书馆内,因天花板采用仿木质深褐色涂料,因此空间位较高的暗红色背景引导牌在不刻意查找的情况下,相对立式引导牌更加难以辨认。另外,也有读者反映诸如引导牌字体过小、字体可读性差等问题。

（2）标识内容设计逻辑尚待优化

高校图书馆馆舍书库内书籍分类细化引导牌内容可用性弱是另一导向标识系统存在的通病,具体表现为:索书号引导信息范围过大;书库内悬挂引导牌仅标明中图分类法大类,并无具体的书号排列顺序;部分馆舍架上书目范围并无引导指示标识可查;标识内容文字描述过多,数量不够精简和醒目。

（3）寻路辅助关键节点部署疏忽

对于空间认知实验中提及的地标类标识物,高校图书馆馆舍管理者在空间设计中时常忽视这类标识的寻路辅助价值。部分图书馆馆舍对于某些重要的检索路径节点,如总检索台位置的部署,还存在商榷之处。在空间认知实验样本馆舍,总检索台包含 12 台台式检索电脑,理应成为读者入馆检索的第一站,但实验中,多位读者忽视了该节点位置,访谈中也鲜有人提及。调研发现,由于该检索台选址位于大厅西最内侧,一楼主楼梯与沙发休息区将其与开阔的大厅隔开,新读者难以第一时间发现。此外,由于总检索台区域被南北侧书库以及西侧图书馆咖啡厅环绕,完全没有自然光线的照射,而周围的墙壁却意外地采用黑灰色大理石材质铺设,整体给人带来封闭、压抑、昏暗的感受,易于被人忽视。

7.3.2.2 实体资源检索便利导向的寻路标识系统设计优化方案

（1）信息与导向标识物理属性与内容设计

空间认知实验试后访谈发现,多位被试反映,安置于主要通道天花板与各楼层楼梯入口上方的悬挂式导向标识易被忽视,这并非出于身高原因,更多的是该类标识的视觉设计不足以引起用户的注意,深红色的背景上点缀字号较小的专有名词,与标识牌"浅色底、深色字"的设计原则相悖,外加部分用户缺少行走时仰头的习惯,造成部分欠缺可用性的标识鲜有人问津的局面。

在标识牌物理属性设计方面值得业界关注与学习的是,以北卡莱罗纳州的教堂山公共馆与卡梅伦村分馆为代表的多家图书馆[261],较早使用可替换字母书架侧边索书号标引牌代替使用数十年之久的固定标引牌,新式标引牌字体巨大、字形清晰,使用空间方位多样的非专业化主题词来向读者标注藏书内容与位置,不仅使得传统以固定索书号为主要寻路标引的寻路模式成为过去式,也升级了用户的馆内检索与寻路体验,便于馆员灵活调整书架布局。美国大多数高校图书馆都有采用类似设计的书架侧边信息标识(图 7.3),其能够便利读者检索,减少反复查看书架索书号范围的频次,具有更好的读者友好度。

图 7.3　美国高校图书馆书架侧边信息标识设计

更有甚者,如亚利桑那州立大学图书馆制定标识设计手册,限定 Helvetica Medium 作为标识字体。通过实验测得 5/8 英寸字体最多在 15 英尺距离上肉眼可读、1 英寸字体最多在 24 英尺距离上可读,以此类推。而浅色背景上书写高对比度的深色 18 号字体能够保证大多数人在光照充足时从 20 英寸距离外轻松阅读标识,最佳标识牌上字号介于 28~48 号,大小写字体混用能够使标识符内容更具有可读性,并缩短标识长度[262],等等。因此,有效的标识一般具有简明扼要的特征,但提供的定位信息应精准无疑,设计成功的标引牌要能够弥补图书馆建筑的复杂性,抑制图书馆内的视觉混乱[263]。

标识牌内容的设计讲求方位逻辑性与非专业性。既要强调宏观空间布局,也要突出寻路读者所在位置或楼层的功能分布。宏观布局常使用馆内楼层地图,需对馆内各楼层空间的功能分布做图形化说明,并附方位坐标;强调使用文字"你在这/You Are Here"或图形标注读者所在地点坐标。纽约市公共图书馆结合上述两种方法,向入馆读者做立体的馆舍空间布局介绍,读者所在楼层还会以反差色彩突出重点。武汉大学信息科学分馆和芝加哥大学 Regenstein 图书馆也有类似的位置凸显色彩设计(图 7.4)。

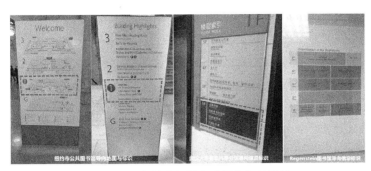

图 7.4 图书馆空间导向地图与标识设计

信息标识的内容应标明区间或楼层内的资源范围和功能设施。认知实验后,有部分读者反映样本馆舍的导向与信息标识牌指向资源范围太宽泛,往往因为导向标识内容的不具体而花费更多的检索时间。这点上,美国伊利诺伊大学香槟分校 Grainger 图书馆标识牌内容编制较为合理(图 7.5):悬挂式导向标识不仅指明楼层书库藏书的索书号具体范围,还通过空间位置差别指明方向;立式信息标识详细标注本楼层储藏的书目范围与具体方位;而通道楼梯、洗手间、阅览室均使用图标代替,减少标识内容文字量,满足精简原则之余,又很好地指示了功能区的空间位置。此外,标识系统所用描述语句需使用非专业化词汇,类似"参考咨询"的图书馆学专有名词应尽量使用替换词代替。

图 7.5 美国伊利诺伊大学香槟分校 Grainger 图书馆导向与信息标识牌内容设计

（2）信息与导向标识空间位置规划

标识物的空间位置规划问题同样值得寻路问题研究者瞩目。西方高校图书馆倡导从读者的视角出发来观察图书馆建筑,以发现需要设置标识的数量、位置与类型。检索寻路过程中的引导系统问题常常不在于信息量过少、不完善,而是数量庞大的标识使得读者检索受到严重干扰,如同"白色噪音",反而使空间布局出现复杂化的问题[264]。因此,学者建议推广"少即是多"的原则,太多的标识或标识内容只会造成混乱并向用户传递困惑,标识数量越少,其被阅读的几率就越高[261]。无论用户对于索书号系统多么熟悉,只要标识上有效信息缺乏或信息过载,就会造成用户的寻路困惑。

各类标识之间的空间组合策略与物理距离均需要图书馆管理者反复斟酌。空间认知实验中样本馆电梯内悬挂式导向标识牌的读者关注度极低,分析眼动热点图发现,被试进入电梯前,大多数人已浏览过电梯入口旁的立式导向牌,因此电梯内引导牌的导航参考价值并不大。眼动分析还发现,一楼总检索台时常被被试忽略,部分读者仍存在略过总检索台先上楼从书库内检索台开始检索的习惯,这与上述章节讨论的总检索台受空间遮挡的布局缺陷密切相关。

不过实验也发现,样本馆绝大多数导向标识都符合空间拐点部署安放原则[112]。一方面,通道交叉处读者常面临着路径选择,此时显著的导向标识能够发挥最大作用。这与地铁等公共空间内的导向标识系统设计思路保持一致,以南京市鼓楼地铁站为例(图7.6),换乘路线交叉点处的标识牌最为引人瞩目,每条地铁线路的视觉引导标识不仅具有独立的主题色彩,且引导内容简炼,自带照明效果,字号醒目又图文结合。

图7.6 南京市地铁四号线鼓楼站导向标识设计

另一方面,类似的设计有利用于用户在拐点利用停顿思考或犹豫的间隙,参考最具时效性的导向信息。对于不确定是否需要安放标识的拐点位置,高校馆舍可以选择使用临时导向标识来测试最适宜摆放的空间拐点,辅以用户寻路行为观察,确定效果后再行安装永久标识,以实现标识安置效用最大化[112]。须知,再精良的标识牌放在不适宜的位置也只会给用户带来负面影响,无论标识牌内容如何,它都必须对用户可见,能从很远或多个角度被用户观察到[265]。标识牌是图书馆用户寻路引导重要信息的主要获取源,只能出现在用户需要引导时的最重要空间位置上,用以解决用户寻路的困惑与不确定性。

（3）地标的选择与部署

导向标识系统设计时应考虑用户在寻路过程中如何利用环境特征。复杂的室内环境中地标的显著度由视觉、语义、结构以及预见性构成,高校馆舍室内空间应能善用环境视觉特征来为行人提供有用的导向线索。空间认知实验中,样本馆各楼层观光电梯入口作为地标收获了较多的读者视觉注意力,这与其大红色墙壁的色彩特征不无关系,色彩心理学中红色等暖色具有较强的唤醒能力,动力感十足,对空间用户有正向的兴奋刺激作用,选为寻路引导地标较为合适。触屏阅览机、造型各异的植物盆栽、功能性设施、绘画雕塑等艺术品,都能成为读者辨识方位的标志。

同时,地标的密度常与路径拐点数量正相关,而可供选择的地标类型实际也少之又少[256],功能性的地标,如本研究中使用的主要通道入口、各类楼梯,更适合纳入引导系统[132]。过于单调的空间环境难以使用户形成深刻的认知地图,进而降低图书馆区间的可识别性,因此,加入多类型的地标以丰富环境信息。同时,道路元素也承载着引导和识别的双重作用,馆舍通道拐点的地面与墙壁处设计迥异的花纹图案有利于建立多维参照体系,便于用户迅速识别空间环境信息,加深通行认知记忆[266],优化多元地标引导系统,摆脱类似实验中地标关注度低的困境。

7.3.3 迎合读者实体资源检索需求的馆舍照明环境设计

第四章书架照明对读者检索行为的影响实验验证了书架照明光源、格局与读者检索心理与行为绩效的关联作用。以下结合田野调研发现、实验结果与国内外案例对高校图书馆书架区域的照明设计提出优化建议。

7.3.3.1 实体资源检索及馆内各类型功能区间照明标准对照

结合我国图书馆建筑照明设计规范与美国图书馆相关照明标准,第四章中美样本高校图书馆书架实际光照度数值与我国建筑照明标准更为接近,但要低于美国馆舍的照明标准(表7.1与表7.2)。实验中发现,即使在夜间光照度水平较低的情况下,被试也有可能比在高照度环境下更轻松地完成检索任务。从视觉主观体验和被试检索效率角度看,在保证开架区域标准照明水平的基础上(以我国 JGJ38-2015 规范中 50~150 Lux 为标准),图书馆管理者应更多关注书架照明光源属性和读者检索时的视觉舒适度。相比一味地追求提升环境照明光照度,正确的光源、色温与自然环境照明条件的组合能够弥补馆舍采光设计的短板,升级读者的馆内活动视觉体验。

表 7.1 我国《图书馆建筑设计规范 JGJ38-2015》(7.2.1&8.3.5 条)

区域	图书馆天然采光标准值					
	侧面采光			顶部采光		
	采光等级	采光系数标准值(10%)	天然光照度标准值(Lux)	窗地面积比(A_c/A_d)	采光系数标准值(10%)	天然光照度标准值(Lux)	窗地面积比(A_c/A_d)
阅览室、开架书库	III	3	450	1/5	2	300	1/10
阅览空间	IV	2	300	1/6	1	150	1/13
基本书库	V	1	150	1/10	0.5	75	1/23

区域	图书馆照明设计标准值				
	参考平面及其高度	照度标准值(Lux)	统一眩光值 UGR	一般显色指数 R_a	照明功率密度(W/m²)
书库	0.25 m 水平面	50	—	80	—
普通阅览室、少年儿童阅览室	0.75 m 水平面	300	19	80	9
国家、省级图书馆的阅览室	0.75 m 水平面	500	19	80	15

除了关注照明环境给读者带来的主观感受外,图书馆管理者还应关注照明系统的能源消耗问题。按照现代绿色图书馆建筑的设计原则,人造光源的数量应最大化地降低,这就给科学排布光源提出了较高的要求。在笔者访美调研过程中,美方高校图书馆的能源节约意识令人印象深刻。部分高校馆

舍,如芝加哥大学 Regenstein 图书馆开架借阅区安置了感应式照明系统以节约电力,美国政府 GSA 公共建筑照明标准也规定了图书馆各区域的照明功率密度。但为了应对图书馆中动态变化的读者人数,不少图书馆放弃了节能举措,以保证所有灯具与设备随时能供用户使用。我国公共图书馆界近年来也展开了关于平衡节能幅度与用户实际需求的思考。武汉武昌区图书馆改造项目中加入了雨水收集系统、被动式遮阳设计、屋顶绿化与水池隔热等环保节能技术;深圳宝安中心区图书馆实现了我国图书馆获国际 LEED(能源与环境设计先锋评价标准)金级认证(最高级别)零的突破。以上均为高校馆舍的照明系统能源消耗优化设计提供了借鉴。

表 7.2　美国图书馆建筑照明相关标准

美国照明工程学会 IESNA 图书馆区域照明标准		
区域	光照度(fc)	光照度(Lux)
一般阅览、书架	20~50 fc	215~538 Lux
书籍修复、装帧区域	20~50 fc	215~538 Lux
学习空间、检索编目、服务台	20~100 fc	215~1076 Lux
美国政府 GSA(General Services Administration)公共建筑照明标准		
区域	照明功率密度(W/m^2)	
书架区域	11.8	
影音空间	16.1	
检索编目区域	8.6	
阅览区域	10.7	

注:fc 为照度单位烛光(foot candle,fc)缩写。

7.3.3.2　自然采光方案设计

高校馆舍内的自然采光与窗户分布、面积、透光特性密切相关,虽然全景式玻璃窗有利于读者视觉疲劳之际远眺室外景色,但阅览区光照度过大将伤害读者视觉舒适度,而且过量的紫外线与日照高温不利于实体馆藏的贮存。因此,馆舍内无论阅览或开架区域均需注意日光的射入量。目前,高校馆舍设计师倾向于将阅览桌分散部署至临窗的位置,书架区域相隔置后。一来有助于书架实体资源的贮藏,二来易于形成宽阔的外部视野,便于读者在室内定位书架位置。此外,窗帘、挡板或百叶窗也都需要部署在阳光较为刺眼的窗户上,避免反光或阴影。这些装置在笔者调研过的高校馆舍内均有添置。

现代高校图书馆建筑流行的自然采光方案不仅有大面积的玻璃幕墙,还有天井采光设计(图7.7)。与透明幕墙采光思维不同,天井式设计能够直接将阳光引入建筑室内中心,提升空间内部整体光照度,且半透明的天井窗户有效减轻了阳光直射,使室内光线更加柔和均匀。天井式的采光设计方案也需要考虑开架区域的排布,对于美国伊利诺伊大学香槟分校的本科生图书馆来说,下沉式的建造方式使得该馆的天井面积大于一般的高校馆舍,自然采光效果良好,为防止区域光照度过高和反光,书架区和电脑使用区域被设计在远离天井的外墙位置。天井中庭建造的小型花园除了景观欣赏之用,还能在一定程度上起到折射阳光、柔和自然光线的作用。不论哪种自然采光形式,合理调整阳光与各功能区域的位置关系都是影响读者馆内活动体验的重要因素。

图7.7 美国高校图书馆天井式采光方案示例

7.3.3.3 书架人工照明格局优化建议

(1)灯具光源的选择

目前,高校馆舍人工照明以荧光灯源为主,其能耗相对白炽灯更低,而寿命更长,具有较好的彩色渲染性,灯具形状多变,能够配合各类棱镜或折射灯罩使用;但纵向光线的分布较难控制。图书馆常用的紧凑型荧光灯管型号为T8,T5等,长度分别有4种和3种,直径分别为1英寸和5/8英寸。色温上,3000 K以下为暖色温,4100 K以上为冷色温,多数图书馆习惯使用3500 K左右的中性色温,而暖色温荧光灯源多使用在历史建筑中。第四章实验还证明,暖色温荧光灯更适合夜间低照度环境下的读者检索,具有视觉舒适度更高、抗疲劳的优点。

无论色温多少,荧光灯的光谱均一致,但也有所谓的"日光色灯"并不受图书馆设计师欢迎,因其仅增强了紫外线的输出,并没有特殊的优势。各类荧光灯具的显色指数差距不大,T8 型荧光灯显色指数介于 75～82 之间,T5 型显色指数则均为 82,符合中美两国的采光标准。此外,包括钨卤素灯在内的白炽灯、HID 氙气灯在高校馆舍内的使用相对较少,但 LED 灯源逐渐因其节能高效的特性受到设计者们的青睐。

(2) 开架区域照明格局

由于书架隔层的原因,不同高度的书架光照度势必产生差异。已有研究发现[47],垂直照明方位上,书架最底部(读者俯视约 60 度)的书籍书脊上文字如想要获得较为满意的视觉辨识效果,需要至少 65 Lux 的照度;而书架最高层(读者仰视约 45 度)的书籍有时则仅需 5.4 Lux 光照度就能为读者所辨认,可见相比高层书架,底层书架的采光更加值得研究者关注。

实验章节也提到四种书架与光源排布的格局类型:平行、垂直、间接和混合式。考虑到书架照明的特殊性,上述四种照明策略中平行式最适合低层书架的采光需求。在无任何遮挡物的情况下,8 英尺 6 英寸(约 2.6 m)高的空间内,间隔 18 英寸(约 46 cm)到 3 英尺(约 0.9 m)的 7 英尺 6 英寸(约 2.3 m)书架适合采用平行的照明方式。相邻的两组灯具应置于两排书架间走道的正上方,且需间隔 4 英尺 6 英寸(约 1.4 m),以便为最底层书架提供角度最佳的垂直照明光线。

日照时长较短的季节常伴随着较为严重的开架区域光照度不均或不足,由此导致的读者检索心理体验水平下降的问题值得深思。对此,西班牙巴塞罗那大学图书馆的书架区独立采光设计就值得借鉴。该馆现有馆舍空间原为国家水库,高耸立柱支撑的空旷空间顶部没有天花板隔层,难以采用悬挂式照明格局,因此,馆内全部采用局部照明手段,每座书架的隔层均设有条状低色温光源,读者检索光照度需求能得到最好的保障,也确保了开架区的照明条件不再受天气或昼夜变化的影响。

此外,书架上书籍封面采用光泽塑料、镜面材质或书脊文字镜面印刷字体均会造成读者在架书籍信息辨识困难,同时,浅色封面相比深色封面反射光线效果更好。所以,在采编或排架时应当注意,类似书籍应尽量放在不会产生反光的位置,以免造成读者检索障碍。

（3）照明视觉舒适度控制

扎根访谈过程中读者们反映,高校馆舍内照明视觉舒适度除了与光源色温、光照度等指标相关,还与照明环境中的反光问题密切相连。馆内常见的直接反光(direct glare)由照度过高且角度不合理的直接反射光线造成,是读者在馆内检索或阅览时最令人头疼的照明问题。一般对此类问题的处理方式包括:

① 降低照明设备亮度或其他有害反光的来源,如适当遮蔽窗户、天窗。类似设备在田野调研中的中美高校图书馆中均有添置。

② 调整光源照射或读者视线的角度。容易产生反光的光线多是直射光线,通过人造光源反射方式的调整能够有效避免反光问题,图 7.8 呈现了美国多家图书馆的人造光线折射技术手段,无论书架区域还是学习空间,天花板反射式的照明方案能够有效降低直射光线的强度,使光线漫反射至各个角落,柔和且均匀。美国伊利诺伊大学香槟分校法学院图书馆的灯具垂直光栅格也具有类似的效果。

图 7.8　美国图书馆人工照明间接式光源设计方案

③ 提升室内空间的整体亮度,但应满足合适的照度比值[47]（表 7.3）。同时,馆舍建筑投入使用后应通过视觉舒适度概率(visual comfort probability)检测,该检测系统基于室内空间面积、形状、反射面、照明水平、照具类型及数量等因子计算 vcp 数值,一般要求该数值大于 70。

表 7.3　图书馆内区域光照度推荐比值

	相邻背景环境 （如桌面、书架隔板）	远处深色背景环境 （如地板）	远处浅色背景环境 （如天花板）
读者活动目标对象 （如纸本书籍）	1 : 1/3	1 : 1/5	1 : 5

除了光源与照明格局，反射面材质的选择也同样重要。高度抛光的深色木头或玻璃覆盖的桌面形成的镜像往往容易造成反射反光(reflected clare)与视觉不适，因此，选择装饰或功能家具时应避免类似材料。如无法避免，可考虑在深色高反光材料表面覆盖一层浅色散射面板，如铺设在桌面上的乳白色毛毡，或使用大面积低亮度照具，也可为照具加装反光护罩，降低反射光对读者使用镜面材质面板或电脑屏幕时的干扰。

7.3.4　助力读者提升检索绩效的馆舍环境色彩方案优化

7.3.4.1　冷色感室内环境氛围营造

环境色彩感知实验证实了冷色为主体色彩的空间具有较强的情绪安抚与舒缓能力，形成的适度环境刺激也有利于读者提升检索行为绩效，进而促进读者产生较高的检索愉悦感。馆舍环境主体色彩与背景色彩的空间范围除大厅、书库区域外还应包括走道等重要交通节点。冷色相色彩中，蓝色是最常用的环境色彩，且常作为地板或地毯的主体色。无彩色调是最有助于营造冷色感的主力色彩，低饱和与高亮度的白色、灰色是高校馆舍设计的经典背景色彩。调研中读者也反映，相比其他色彩，白、灰色相更受到他们青睐。高明度的色彩最有利于创造轻薄、宁静的视觉感受。此外，多采用自然色搭配衬托主体色，如增设绿色植被盆栽、砂石色装饰、原木色的书架或桌椅，都能够在和谐融入主体色彩的同时，有效突显空间冷色感[267]。

美国芝加哥大学 Mansueto 图书馆地上读者阅览空间便采用了自然配色搭配冷感金属色的方案（附录 D.7）。原木质感的地板与桌椅带来温馨舒适的视觉感受，银色立柱与透明穹顶钢结构框架则显示出几分冷峻感。该馆舍在高亮度、低饱和的中性色彩与金属色感呼应间寻到一种色彩的和谐。而德国柏林自由大学语言学图书馆则采用的是冷色感底色搭配中性白色的环境色彩方案（附录 D.7）。在更为厚重的蓝紫色地毯映衬下，白色的墙壁、边饰与穹顶框架视觉反差强烈，室内冷感环境营造出一种睿智、镇静的感觉。

7.3.4.2　唤醒度与色彩组合设计调控

建筑环境色彩设计中始终遵循三配色方案,即同一空间内的主体色与背景色不能超过三种,过多的色彩会使空间呈现眼花缭乱的主观感受,形成较高的唤醒度,干扰空间用户的正常活动。但空间背景也不能仅使用一种色彩,易造成单调、空泛的低唤醒度局面,导致用户视觉疲劳。同时,孟塞尔色彩调和论认为,色彩的美在于色彩间的匀称关系。只要配色之间呈现一定的间隔,以秩序、数、几何学方式组合,即可取得色彩调和的效果,按照孟塞尔色彩调和论,共有七种类型的色彩调和方式。基于以上建筑色彩设计原则及田野调研结论不难发现,中外高校图书馆室内环境色彩设计更多使用的是垂直色组的内面调和,即同类色明度系列调和,以及水平色组的内面调和,即互补色同明度、不同纯度系列调和两种方法[175]。

对于同类垂直色组的内面调和方案,由于所选择的环境色彩均为同类色,因此主要调节的色彩变量是明度,通过调节色彩明度来控制环境色彩的厚重感,并且需以"上轻下重"为准绳,明度较低的色彩面需在空间内下置,而高亮度的色彩则可以使用在墙壁、天花板等位置。类似设计的高校馆舍建筑在调研过程中比比皆是。

还有一类采用水平色组内面色彩调和的设计,也在部分馆舍中出现。由于对比色的使用常产生清晰、明快、亮丽的色彩效果,具有较完整的色彩领域,因此,为了避免环境唤醒度过高,在使用此方案时应当注意两种色彩明度与饱和度的控制,遵循同明度、同饱和度的标准,且饱和度不宜过高,否则会使人产生眩目、喧闹的不和谐感受[199]。高校馆舍中最为经典的对比色配色方案当属蓝色与黄色组合(附录 D.8)。多家图书馆中都出现过类似的设计概念,低饱和、高亮度的蓝色背景色映衬下,具备同样色彩属性的黄色装饰色镶嵌其中,给人耳目一新的感觉。区别于公共图书馆或少儿图书馆,为防止明快的色彩干扰读者正常的馆内学习活动,类似的色彩组合方案仅限使用在通道、大厅等功能区域,开架书库、学习空间内并未见如此设置。

7.3.4.3　善用装饰色彩点缀主体环境

环境色彩感知实验发现了前进色与后退色搭配在环境色彩设计中的重要作用。尤其对于背景色彩单一的馆舍,适度加入反差强烈的高饱和色彩点缀,将有利于环境唤醒度的调和,增强空间辨识度,突显"冷""静"色彩背景中的空间动力感,使色彩层次立体分明,进退有序,沉稳而不失灵活。在实际馆舍运营过程中,类似设计思维的使用广受读者群体好评。第五章实验馆舍内,所有电梯均使用高饱和度的红色作为外墙的主体色彩,同时使用与环境背景色白色差异显著的紫红色作为沙发区的家具主体色彩。不仅使得千篇一律的偏冷感环境中闪现出高刺激度的亮点,也为馆舍空间中重要的交通节点完成了视觉化处理,有助于读者室内检索时的认知成图。

出于文物保护的目的,对于部分历史馆舍不宜改变其环境色彩的原有层次结构,可增加装饰点缀。由于诞生年代与建筑理念的差别,不少西方历史高校图书馆采用的是相对单一古典的色彩设计方案,从环境色彩感知实验结论可看出,虽然这类馆舍对于现有读者群体的吸引力不如现代风格馆舍,但其存在的价值与意义不再局限于读者使用与知识传播,而更多的是一种古典精神的传承,甚至是一所大学的治学、科研文化的物理载体。从文化意义的层面看,这类高校馆舍环境色彩方案不适合做动力色彩的装饰。

7.4　本章小结

本章在实证与实验研究结论的基础上,从读者主体要素、环境认知与潜在环境认知的整合视角出发,论述了读者实体资源检索行为机理与特征、高校图书馆读者实体资源检索引导措施,以及研究发现带来的高校图书馆馆舍环境优化启示,探讨了高校读者实体资源检索过程中的动机、能力、环境认知与潜在环境认知要素;分析了高校图书馆管理者视角下的读者检索感知成本控制、检索素养培育、检索需求获取以及检索辅助举措;总结了馆舍环境空间布局、寻路导向标识系统优化、环境照明以及环境色彩设计方案优化的具体建议对策。对实践层面上高校读者实体资源的检索体验升级提出了相对完善的指导策略与具体可行的实施举措。

8 总结与展望

8.1 研究工作总结

高校读者的实体资源检索行为作为图书馆用户入馆的五类活动之一,与读者的馆内体验和服务满意度息息相关。面对图书馆服务目标的转变与智能数字网络技术的进化,高校图书馆物理馆舍正在经历着一场由设计思维到实践部署的变革,高校读者也因为上述环境的剧变呈现出更为复杂的馆内行为模式,这一切给读者实体资源检索行为的研究带来了新的机遇与挑战。在此背景下,本书运用环境心理学、行为学、信息检索的相关思想理论,结合实证与实验研究方法范式,分析了高校读者实体资源检索行为的理论基础、读者实体资源检索行为与高校馆舍环境间的交互机理,以及读者实体资源检索行为的主体与环境影响路径。主要研究工作如下:

(1) 高校读者实体资源检索行为内涵与外延

本书界定了高校读者实体资源检索行为的概念、特征、分类;梳理了高校读者实体资源检索行为的动机、阶段,提出了实体资源检索行为过程整合模型。同时,为抽取实体资源检索行为影响要素,使用扎根理论方法,对笔者两年多来在中美两地的田野调研、非介入式与参与式跟踪观察、深度访谈等原始研究素材、数据及初期结论进行汇总、编码,形成了四级扎根理论编码概念模型。为验证扎根研究的效度,引入 LDA 主题模型法,对原始扎根文本素材进行主题建模,建模结果显示与扎根理论概念模型保持一致。最终抽取主体与环境两类检索行为影响要素,内含检索动机、检索能力、环境认知与潜在环境认知等。

(2) 高校读者实体资源检索过程中的馆舍环境认知

本书整合准实验研究法、眼动追踪技术,在实体资源检索情境下,以不同空间认知能力的读者群体对馆内寻路导向标识系统的视觉认知为研究主题,基于眼动认知实验研究方法范式,记录被试在真实图书馆环境内检索过程中的眼动兴趣区注视时长、兴趣区总访问时长与检索绩效指标。综合使用多元逐步回归、欧几里得回归、差异性检验等数理统计分析法,发现如下结论:① 高校图书馆内信息标识、导向标识、地标三种导向标识物的视觉引导可用性差别;② 确定了导向策略与路线策略寻路者对引导系统的注意力差异;③ 验证了读者个体的空间焦虑感与量化环境熟悉程度变量对寻路导向标识兴趣区关注度的影响关系。最终根据以上研究发现提出实践层面高校图书馆寻路导向标识系统设计原则的调整策略。

(3)高校读者实体资源检索过程中的馆舍潜在环境认知

本书对读者实体资源检索行为的潜在环境认知影响要素中的主要变量——环境照明与环境色彩做量化实验研究,提炼环境照明与色彩对读者实体资源检索行为的具体影响方式。

首先,融合跟踪观察法与准实验研究法,对中、美三所高校图书馆的四类书架上光照度变化情况进行长达一年的跟踪记录,验证了书架照明环境昼夜间的光照度显著差异,却没有发现光照度季节间的规律性变化。同时利用中、美两家图书馆真实书架环境设计准实验任务流程,在干扰变量得到控制的情形下,记录并计算不同书架照明环境对华人读者在架书籍检索时长、准确度、效率的影响,发现美国实验条件下的书架照明环境并未对读者检索行为产生实际影响;而中国实验场地中的书架照明条件变化却显著影响了读者的检索绩效。两地迥异的实验结果引发了关于图书馆书架环境照明优化设计的思考,笔者认为在书架环境中:① 低色温荧光灯光源具有更佳的夜间检索视觉舒适性,而高色温荧光灯光源利于补充光照度水平;② 平行灯具照明方式可保证光照度充足,间接照明方式能使夜间光线柔和均匀,斜布式照明方式成本低廉但易产生暗区;③ 照明环境质量的差异对读者检索心理、情绪的影响相较行为绩效更为显著。

其次,引入环境心理学与色彩心理学理论,从情感评估理论的唤醒度与愉悦度双维度出发,针对实体资源检索情境下的读者馆舍环境色彩感知,使用模拟现场研究法与语义差异法,通过语义差异量表设计、刺激图片色彩属性专家分类、被试刺激过滤能力筛选与单一色彩情感语意检测、实验操作、量表数据因子分析等环节,验证了:① 冷色感、高明度、低彩度的馆舍环境色彩能对读者实体资源检索产生更强的唤醒度、更高的检索愉悦度与满意度;② 适度的环境色彩唤醒水平能够激发读者的检索效率最大化,同一种环境色彩设计存在优劣势互补情况,同时环境色彩复杂度与其唤醒度呈反相关;③

环境色彩中前进色与后退色的交互使用是表现馆舍空间感、提升读者检索友好度的重要渠道。

（4）高校读者实体资源检索行为主体-环境影响路径模型

本书结合扎根理论、主题模型发现、实验结论与文献调研结果，提出高校读者实体资源检索行为主体-环境影响路径模型。选择偏最小二乘结构方程建模法，以自我效能感表征实体资源检索行为，对获取的主体、环境要素进行变量设计，细化出检索动机、检索能力、感知成本、感知收益、图书馆卷入、感知易用性、读者空间导向能力、馆舍路线搜寻便利性与读者潜在环境认知9项研究变量。经过影响路径假设提出、问卷设计与数据获取分析、模型建立、模型估计、模型评价等流程，最终发现：① 高校读者实体资源检索感知成本对动机影响效力缺失；② 读者实体资源检索能力与检索效能感强相关；③ 读者室内空间导向策略的个体差异；④ 图书馆建筑易识别性与平面拓扑复杂度；⑤ 环境照明与环境色彩等潜在环境要素均显著影响读者的检索行为绩效。

（5）高校读者实体资源检索行为引导与馆舍环境设计优化

基于以上研究发现和结论，总结高校图书馆读者实体资源检索行为特征与机理，梳理了读者实体资源检索行为与馆舍环境交互机制，提出读者实体资源检索体验优化升级引导策略与馆舍环境设计优化建议。

8.2　研究工作展望

本书在前人丰硕研究成果的基础上，展开对真实环境下高校读者实体资源检索行为的探究，完善了该主题的相关理论、方法，也获取了读者行为环境中部分要素的优化途径。但受限于作者研究水平与时间精力，以及人类认知活动和行为心理的复杂特性，本书对于相关领域的探索还存在不足之处，有待进一步的深化与挖掘。

（1）高校读者实体资源检索行为准实验研究范式的优化

由环境心理学中借鉴而来的准实验研究方法具有实验研究的特征，适用于现实环境下的行为研究，但也存在方法自身的局限性与不足。相对实验研究严格的变量控制，准实验方案虽然可以获得真实环境下读者行为与环境的交互作用机理，但也会受非相关环境要素的干扰。尽管本研究在空间寻路与环境照明两场实验中尽可能地控制了无关变量的影响，但实验过程中总有难以预测或察觉的情况出现。因此，在未来的研究工作中，如能结合实验室人工环境下实验得出的读者检索行为特征结论,相信能够进一步提升准实验研究的外部效度。

(2)读者潜在环境认知要素分析维度拓展

在扎根理论与结构方程模型实证研究章节,本书发现了高校图书馆馆舍潜在环境变量对读者实体资源检索行为的影响效力。由于环境照明、环境色彩与环境噪音要素影响力更为显著,同时也因为研究时间和研究成本的限制,本研究仅选择了上述三项变量进行实验分析,但这并不意味着温度、湿度、气味等元素对于读者馆内行为没有显著影响。因此,从这个角度出发,高校读者实体资源检索的潜在环境认知研究还有非常大的拓展空间。而这些潜在环境要素与读者行为交互关联的细化解读,将有助于实体资源检索行为研究领域的进一步完善。

(3)高校馆舍环境优化设计实践指导策略的延伸

由于本研究仅在信息行为学、图书馆学领域内使用实验的思维方式来分析物理环境要素与读者行为的关联性,因而所得建议、策略成果距离图书馆建筑的设计优化实践指导目标还有一定的距离,目前只能够说是对图书馆环境设计思维的一种优化探索。本研究可通过继续深入开展量化人工实验的方式,着眼实践层面的建筑设计指导工作。例如,现有的书架光照度研究发现,低色温光源的使用能够降低昼夜光照环境变化对读者检索行为的影响,那么这种影响关系能否使用量化的数学形式来表达并应用于建筑照明设计实践?诸如此类问题,在今后相当长的一段时间内都具有较高的研究价值和意义。

参考文献

［1］艾四林，康沛竹. 中国社会主要矛盾转化的理论与实践逻辑［J］. 当代世界与社会主义，2018(1)：13-18.

［2］张晓林. 颠覆性变革与后图书馆时代——推动知识服务的供给侧结构性改革［J］. 中国图书馆学报，2018，44(1)：4-16.

［3］Goreau A. The round room comes to an end［N］. The New York Times，1997-11-9.

［4］Buschman J E, Leckie G J. The library as place：history, community, and culture［J］. Journal of Academic Librarianship, 2007, 33(4)：520.

［5］Antell K, Engel D. Stimulating space, serendipitous space：libraryas place in the life of the scholar［M］∥Buschman J E, Leckie G J. The Library as Place. Westport：Libraries Unlimited, Inc., 2007：168-176.

［6］苏文成,卢章平. 美国伊利诺伊州图书馆创新服务研究［J］. 图书情报工作，2016,60(18)：101-108.

［7］Edwards B W. Sustainability as a driving force in contemporary library design［J］. Library Trends, 2011, 60(1)：190-214.

［8］介凤,盛兴军. 数字学术中心：图书馆服务转型与空间变革——以北美地区大学图书馆为例［J］. 图书情报工作，2016, 60(13)：64-70.

［9］王正兴,徐红玉. 观念、形态、功能视阈下的图书馆空间重组［J］. 图书馆论坛，2018, 38(03)：60-67.

［10］Kim J A. User perception and use of the academic library：A correlation analysis［J］. The Journal of Academic Librarianship, 2017, 43(3)：209-215.

［11］Lux V J, Snyder R J, Boff C T. Why users come to the library：A case study of library and non-library units［J］. Journal of Academic Librarianship, 2016, 42(2)：109-117.

［12］Allison D A. Measuring the academic impact of libraries［J］. Portal Libraries
& the Academy, 2015, 15(1): 29-40.

［13］Pierard C, Shoup J, Clement S K, et al. Building back better libraries: im-
proving planning amidst disasters［M］. Bingley: Emerald Group Publishing
Ltd, 2017: 36, 307-333.

［14］Perrin J M, Winkler H M, Yang L. Digital preservation challenges with an
ETD collection: A case study at Texas Tech University［J］. Journal of Aca-
demic Librarianship, 2015, 41(1): 98-104.

［15］Peterson C A. Space designed for lifelong learning: the dr. Martin luther
king jr. Joint-use library' in library as place: rethinking roles, rethinking
space［EB/OL］. (2005-6-28)［2017-5-16］. http://www.clir.org/pubs/
reports/pub129/pub129.pdf.

［16］Sathe N A, Grady J L, Giuse N B. Print versus electronic journals: a pre-
liminary investigation into the effect of journal format on research processes
［J］. Journal of The Medical Library Association, 2002, 90(2): 235-243.

［17］Cole M J, Hendahewa C, Belkin N J, et al. User activity patterns during in-
formation search［J］. Acm Transactions on Information Systems, 2015, 33
(1):1-39.

［18］赵乃瑄,王正兴. 基于空间整合的交互式高校图书馆网站设计理念与框
架［J］. 图书情报工作, 2015, 59(11): 42-47.

［19］Mueller C G. The once and future library: an architect's perspective on de-
signing for changing constituencies［J］. American Libraries, 2012, 43(3/
4): 39-41.

［20］张扬,李晋瑞,王海明. 高校图书馆信息检索服务策略［J］. 图书馆学刊,
2014,36(06): 85-87.

［21］Tenopir C, King D W, Edwards S, et al. Electronic journals and changes in
scholarly article seeking and reading patterns［J］. ASLIB proceedings,
2009, 61(1): 5-32.

［22］Ward D, Hahn J, Mestre L. Designing mobile technology to enhance library
space use: findings from an undergraduate student competition［J］. Journal
of Learning Spaces, 2015, 4(1): 30-40.

［23］Chuttur M Y. Exploratory study of video collection browsing behaviour of patrons in an academic library[J]. Malaysian Journal of Library & Information Science, 2011, 16(1): 137−149.

[24] Wu T Y, Yeh K C, Chen R S, et al. Integrated library service application platform based on the smart book shelf[J]. Malaysian Journal of Library & Information Science, 2011, 16(3): 103−119.

[25] Rafiq M. Information seeking behavior and user satisfaction of university instructors: A case study[EB/OL]. (2009−2−19)[2016−8−12]. http://digitalcommons.unl.edu/cgi/viewcontent.cgi? article = 1244&context = libphilprac.

[26] Worpole K. 21st century libraries−changing forms, changing futures[EB/OL]. (2004−5−16)[2017−4−25]. http://webarchive.nationalarchives.gov.uk/20110118174736/http://www.cabe.org.uk/files/21st−century−libraries.pdf.

[27] Wilson T D. Human information behavior[J]. Informing Science the International Journal of An Emerging Transdiscipline, 2000, 7(2): 49−56.

[28] Kuhlthau C C. Accommodating the user's information search process: challenges for information retrieval system designers [J]. Bulletin of the American Society for Information Science & Technology, 1999, 25(3): 12−16.

[29] Godbold N. Beyond information seeking: towards a general model of information behaviour[J]. Information Research, 2005, 11(4): 9.

[30] Savolainen R. Emotions as motivators for information seeking: A conceptual analysis[J]. Library & Information Science Research, 2014, 36(1): 59−65.

[31] Santosa P I, Wei K K, Chan H C. User involvement and user satisfaction with information−seeking activity[J]. European Journal of Information Systems, 2005, 14(4): 361−370.

[32] 胡昌平,胡媛,严炜炜. 高校数字图书馆服务的用户满意度实证研究[J]. 国家图书馆学刊, 2013,22(06):23−32.

[33] Georgas H. Google vs. The library (part ii): student search patterns and behaviors when using google and a federated search tool[J]. Portal−Libraries and The Academy, 2014, 14(4): 503−532.

［34］Clark D J, Nicholas D, Jamali H R. Evaluating information seeking and use in the changing virtual world: the emerging role of google analytics［J］. Learned Publishing, 2014, 27(3): 185-194.

［35］文庭孝,张安珍. 图书馆网络信息咨询的智能化趋势［J］. 图书情报工作,2002(02):89-92.

［36］Heinstrom J, Sormunen E, Kaunisto-Laine S. Spanning information behaviour across the stages of a learning task where do personality and approach to studying matter? ［J］. Journal of Documentation, 2014, 70(6SI): 1076-1097.

［37］Chen Y H. Testing the impact of an information literacy course: undergraduates' perceptions and use of the university libraries' web portal ［J］. Library & Information Science Research, 2015, 37(3): 263-274.

［38］Sugie N. Application of radio frequency identification technology to study library users' information-seeking behavior［J］. Library & Information Science Research, 2013, 35(1): 69-77.

［39］Mandel L H. Toward an understanding of library patron wayfinding: Observing patrons' entry routes in a public library［J］. Library & Information Science Research, 2010, 32(2): 116-130.

［40］Lin W, Yue H. Examining college students' reading behaviors and needs for ebook readers［J］. Journal of Library and Information Studies, 2012, 10(2): 113-142.

［41］Mandel L H. Finding their way: how public library users wayfind［J］. Library & Information Science Research, 2013, 35(4): 264-271.

［42］Li R, Klippel A. Wayfinding in libraries: can problems be predicted? ［J］. Journal of Map & Geography Libraries, 2012, 8(1): 21-38.

［43］Draper J, Brooks J. Interior design for libraries［M］. Chicago: American Library Association, 1979: 26-39.

［44］Allen P R V. A good library sign system: is it possible? ［J］. Reference Services Review, 1984, 12(2): 102-106.

［45］Brown C R. Interior design for libraries: drawing on function & appeal［M］. Chicago: American Library Association, 2002: 87-95.

［46］Macdonald A S. Library lighting［J］. Library Journal, 1931, 56(5): 203

-210.

[47] Subcommittee on Library Lighting of the Committee on Institutions of the IES. Recommended practice of library lighting [J]. Journal of the Illuminating Engineering Society, 1974: 253-281.

[48] Veitch J A, Hine D W, Gifford R. End users' knowledge, beliefs, and preferences for lighting[J]. Journal of Interior Design, 1993, 19(2): 15-26.

[49] Beckstead J W, Boyce P R. Structural equation modelling in lighting research: An application to residential acceptance of new fluorescent lighting [J]. Lighting Research & Technology, 1992, 24(4): 189-201.

[50] Shane J. Positioning your library for solar (and financial) gain. Improving energy efficiency, lighting, and ventilation with primarily passive techniques [J]. The Journal of Academic Librarianship, 2012, 38(2): 115-122.

[51] 张悦霞. 浅议高校图书馆建筑室内环境色的配置[J]. 艺术与设计(理论), 2010, 2(08): 133-135.

[52] 代为强. 图书馆室内空间对学习行为的影响[D]. 大连:大连工业大学, 2015.

[53] 袁恩培,魏超. 基于阅读心理的图书馆室内环境色彩研究[J]. 图书馆, 2013(6): 126-127.

[54] 王蔚. 现代图书馆公共空间设计发展的新趋势[J]. 图书馆建设, 2012 (1): 78-82.

[55] Sufar S, Talib A, Hambali H. Towards a better design: physical interior environments of public libraries in peninsular malaysia[J]. Procedia-Social and Behavioral Sciences, 2012, 42: 131-143.

[56] 蒋新,刘尧琪. 图书馆的噪音分析与控制[J]. 图书馆建设, 2004(03): 85-86.

[57] 许丹丹. 基于人因工程理论的高校图书馆噪音环境研究[D].大连: 大连理工大学, 2015.

[58] 黎佳茜,韩诗雯,丁宇宁,等. 某高校图书馆空气微生物污染的调查分析 [J]. 图书情报工作, 2014(s1): 115-118.

[59] 雷萍艳. 学习效率与室内温度关系的一个实证研究——以广东湛江师范学院图书馆为例[J]. 农业图书情报学刊, 2010, 22(8): 147-149.

[60] 林玉连,胡正凡. 环境心理学.第2版[M]. 北京:中国建筑工业出版社,

2006：265.

［61］ Spink A, Cole, C. A human information behavior approach to a philosophy of information［J］. Library Trends, 2007, 52(3):617-628.

［62］ 皮尔斯·巴特勒. 图书馆学导论［M］. 北京：中国海洋出版社, 2018：64-93.

［63］ 乔欢. 信息行为学［M］. 北京：北京师范大学出版社, 2010：13-17.

［64］ Ingwersen P, Jrvelin K. The turn: integration of information seeking and retrieval in context［M］. Berlin: Springer Publishing Company, Incorporated, 2011：821-822.

［65］ 李月琳,胡玲玲. 基于环境与情境的信息搜寻与搜索［J］. 情报科学, 2012(1)：110-114.

［66］ Zverevich V. Real and virtual segments of modern library space［J］. Library Hi Tech News, 2012, 29(7)：5-7.

［67］ Chatman E A, Pendleton V E. Knowledge gap, information-seekingand the poor［J］. Reference Librarian, 1995, 23(49-50)：135-145.

［68］ Spink A, Cole C. Introduction to the special issue: everyday life information-seeking research［J］. Library & Information Science Research, 2001, 23(4)：301-304.

［69］ Lewin K. Constructs in psychology and psychological ecology［J］. University of Iowa Studies in Child Welfare 1944, 20：17-21.

［70］ Barker R G, Wright H F. Psychological ecology and the problem of psycho-social development［J］. Child development, 1949：131-143.

［71］ Barker R G. Ecological psychology: concepts and methods for studying the environment of human behavior［M］. Stanford, CA: Stanford University Press, 1968：1-25.

［72］ 徐磊青. 人体工程学与环境行为学［M］. 北京：中国建筑工业出版社, 2006：7.

［73］ Mehrabian A. Individual differences in stimulus screening and arousability.［J］. Journal of Personality, 1977, 45(2)：237-250.

［74］ Mehrabian A, Russell J. The three dimensions of emotional reaction［J］. Psychology Today, 1976, 10(3)：57-61.

［75］ Russell J A, Lanius U F. Adaptation level and affective appraisal of environment[J]. Journal of Environmental Psychology, 1984, 4(2): 119-135.

[76] Wohlwill J F. Human adaptation to levels of environmental stimulation[J]. Human Ecology, 1974, 2(2): 127-147.

[77] 张媛. 环境心理学[M]. 西安: 陕西师范大学出版社, 2015: 28-34, 64 -67.

[78] Neisser U. Cognitive psychology[M]. New York: Appleton Century Crofts, 1967: 1-3.

[79] Tolman E C. Cognitive maps in rats and men[J]. Psychological Review, 1948, 55(4): 189.

[80] Passini R. Spatial representations, a wayfinding perspective[J]. Journal of Environmental Psychology, 1984, 4(2): 153-164.

[81] Gärling T, Böök A, Lindberg E. Spatial orientation and wayfinding in the designed environment: a conceptual analysis and some suggestions for pos-toccupancy evaluation[J]. Journal of Architectural and Planning Research, 1986: 55-64.

[82] Rovine M J, Weisman G D. Sketch-map variables as predictors of way-finding performance[J]. Journal of Environmental Psychology, 1989, 9(3): 217-232.

[83] Amato P R, Mcinnes I R. Affiliative behavior in diverse environments: a consideration of pleasantness, information rate, and the arousal-eliciting quality of settings[J]. Basic and Applied Social Psychology, 1983, 4(2): 109-122.

[84] Colman R S, Frankel F, Ritvo E, et al. The effects of fluorescent and incandescent illumination upon repetitive behaviors in autistic children [J]. Journal of Autism and Developmental Disorders, 1976, 6(2): 157-162.

[85] Wexner L B. The degree to which colors (hues) are associated with mood-tones[J]. Journal of Applied Psychology, 1954, 38(6): 432.

[86] Gerard R M. Differential effects of colored lights on psychophysiological functions[D]. Los Angeles: University of California, 1958.

[87] Mehrabian A. Questionnaire measure of stimulus screening & arousability [EB/OL]. (1978-11-5) [2019-3-18]. https://pan. baidu. com/s/1S2wn8aOZi9MHjn-OJAb9KA.

[88] Taylor R S. Information use environments[M]//Dervin B.Progress in Com-munication Sciences, Norwood, US: Ablex, 1991: 217-225.

[89] Ng K B. Toward a theoretical framework for understanding the relationship between situated action and planned action models of behavior in information retrieval contexts: contributions from phenomenology [M]. Oxford, UK: Pergamon Press, Inc., 2002: 613-626.

[90] Kuhlthau C C.The influence of uncertainty on the information seeking behav-ior of a securities analyst[C]. An International Conference on Information Seeking in Context, 1997:268-274.

[91] Skopec E W. Situational interviewing[M]. New York, US: Harper & Row, 1986: 86-92.

[92] Donohew L, Tipton L. A conceptual model of information seeking[M]. New models for mass communication research, Clarke P, Beverly Hills, US: Sage, 1973: 243-269.

[93] Snow R E. A person-situation interaction theory of intelligence in outline [M]//Demetriou A. Intelligence, Mind, and Reasoning: Structure and De-velopment, Amsterdam, The Newtherland: North-Holland, 1994: 11-28.

[94] Cool C. The concept of situation in information science[J]. Annual Review of Information Science & Technology, 2001, 35: 5-42.

[95] Belkin N J. Anomalous states of knowledge as a basis for information retrieval[J]. Canadian Journal of Information Science, 1980, 5(1): 133-143.

[96] Campbell I. The ostensive model of developing information-needs[C]. Proc-ceeding of the International Conference on Conceptions of Library & Informa-ion Science, 2000: 251-268.

[97] Vogt C A, Fesenmaier D R. Expanding the functional information search model[J]. Annals of Tourism Research, 2015, 25(3): 551-578.

[98] Taylor R S. Question-negotiation and information seeking in libraries[J]. College & Research Libraries, 1968, 29(3): 178-194.

[99] Kuhlthau C C. Inside the search process-information seeking from the users perspective[J]. Journal of The American Society for Information Science, 1991, 42(5): 361-371.

[100] Byron S M, Young J I. Information seeking in a virtual learning environment[J]. Research Strategies, 2000, 17(4): 257-267.

[101] Bates M J. The design of browsing and berrypicking techniques for the on-line search interface[J]. Online Review, 1989, 13(5): 407-424.

[102] 阿巴斯·塔沙克里, 查尔斯·特德莱. 混合方法论: 定性方法和定量方法的结合[M]. 重庆: 重庆大学出版社, 2010: 38-49.

[103] Mills J, Bonner A, Francis K. The development of constructivist grounded theory[J]. International Journal of Qualitative Methods, 2006, 5(1): 25-35.

[104] Blei D M, Ng A Y, Jordan M I. Latent dirichlet allocation[J]. Journal of Machine Learning Research, 2003, 3: 993-1022.

[105] 章莉莉. 地铁公共空间设计管理研究[D]. 上海: 上海大学, 2013.

[106] 汤雅莉. 地铁站域空间标识系统的地域性体系研究[D]. 西安: 西安建筑科技大学, 2014.

[107] Barclay D A, Scott E D. Directions to library wayfinding [EB/OL]. (2012-3-20)[2018-01-05]. https://americanlibrariesmagazine.org/2012/03/20/directions-to-library-wayfinding/.

[108] 肖秉杰. 图书馆导向标识系统的设计与实施——以广州图书馆为例[J]. 农业图书情报学刊, 2018, 30(02): 132-135.

[109] Mark D M, Christianfreksa, Hirtle S C, et al. Cognitive models of geographical space[J]. International Journal of Geographical Information Systems, 1999, 13(8): 747-774.

[110] Prestopnik J L, Roskos Ewoldsen B. The relations among wayfinding strategy use, sense of direction, sex, familiarity, and wayfinding ability [J]. Journal of Environmental Psychology, 2000, 20(2): 177-191.

[111] Passini R. Wayfinding design: logic, application and some thoughts on universality[J]. Design Studies, 1996, 17(3): 319-331.

[112] Azmi A Z, Ismail R. Signage and wayfinding in library planning and design [J]. TINTA, 2014, 4(23): 53-58.

[113] 凯文·林奇. 城市意象[M]. 北京: 华夏出版社, 2017: 60-63.

[114] Fawley N. Appearances do matter! What libraries can learn from Clinton Kelly[J]. College and Research Libraries News, 2012, 73(7): 414-415.

[115] Lawton C A. Gender differences in way-finding strategies: relationship to spatial ability and spatial anxiety[J]. Sex Roles, 1994, 30(11-12): 765-779.

[116] Kato Y, Takeuchi Y. Individual differences in wayfinding strategies[J]. Journal of Environmental Psychology, 2003, 23(2): 171-188.

[117] Siegel A W, White S H. The development of spatial representations of large-scale environments[J]. Advances in Child Development & Behavior, 1975, 10: 9-55.

[118] Lawton C A, Kallai J. Gender differences in wayfinding strategies and anxiety about wayfinding: A cross-cultural comparison[J]. Sex Roles, 2002, 47(9-10): 389-401.

[119] Lawton C A. Strategies for indoor wayfinding: The role of orientation[J]. Journal of Environmental Psychology, 1996, 16(2): 137-145.

[120] Malinowski J C, Gillespie W T. Individual differences in performance on a large-scale, real-world wayfinding task[J]. Journal of Environmental Psychology, 2001, 21(1): 73-82.

[121] 房慧聪. 空间焦虑与导航方式对寻路行为的影响[J]. 心理与行为研究, 2012(06): 413-418.

[122] Gärling T, Lindberg E, Mäntylä T. Orientation in buildings: effects of familiarity, visual access, and orientation aids[J]. Journal of Applied Psychology, 1983, 68(1): 177.

[123] Prestopnik J L, Roskos Ewoldsen B. The relations among wayfinding strategy use, sense of direction, sex, familiarity, and wayfinding ability[J]. Journal of Environmental Psychology, 2000, 20(2): 177-191.

[124] Demirbaş G U D. Spatial familiarity as a dimension of wayfinding[D]. Ankara, Turkey: Bilkent University, 2001.

[125] Duran I E. The influence of familiarity and signage on wayfinding in academic libraries: the case of Bilkent University Library[D]. Ankara, Turkey: Bilkent University, 2016.

[126] Theunissen J. Science leading the way: A study into the influence of familiarity on the wayfinding performance, wayfinding process and wayfinding experience of passengers in an airport environment[D]. Enschede, Nether-

lands：University of Twente，2015.

［127］Schwarzkopf S，von Stülpnagel R，Büchner S J，et al. What lab eye track-ing tells us about wayfinding：a comparison of stationary and mobile eye tracking in a large building scenario［C］. Eye Tracking for Spatial Re-search，Proceedings of the 1st International Workshop（in conjunction with COSIT 2013），2013：31-36.

［128］智梅霞,贾奋励. 基于认知实验选取地标的研究现状分析［J］. 地理信息世界，2016，23（5）：16-21.

［129］Bates M J. The design of browsing and berrypicking techniques for the on-line search interface［J］. Online Review，1989，13（5）：407-424.

［130］Pepijn Viaene P V M L. Examining the validity of the total dwell time of eye fixations to identify landmarks in a building［J］. Journal of Eye Move-ment Research，2016，9（3）：1-11.

［131］Afrooz A E，White D，Neuman M. Which visual cues are important in way-finding? measuring the influence of travel mode on visual memory for built environments［J］. Assistive Technology Research，2014（1）：394-403.

［132］Ohm C，Müller M，Ludwig B，et al. Where is the landmark? eye tracking studies in large - scale indoor environments ［C］2nd International Workshop on Eye Tracking for Spatial Research，2014：47-51.

［133］Adams R J. An evaluation of color preference in early infancy［J］. Infant Behavior & Development，1987，10（2）：143-150.

［134］Chen H C，Lai H D，Chiu F C. Eye tracking technology for learning and education［J］. Journal of Research in Education Sciences，2010，55（4）：39-68.

［135］Andersen N E，Dahmani L，Konishi K，et al. Eye tracking，strategies，and sex differences in virtual navigation［J］. Neurobiology of Learning & Memory，2012，97（1）：81-89.

［136］Matt Duckham，Stephan Winter，Michelle Robinson. Including landmarks in routing instructions［J］. Journal of Location Based Services，2010，4（1）：28-52.

［137］Levy L J，Astur R S，Frick K M. Men and women differ in object memory but not performance of a virtual radial maze［J］. Behavioral Neuroscience，

2005, 119(4): 853-862.

[138] Lambrey S, Berthoz A. Gender differences in the use of external landmarks versus spatial representations updated by self-motion[J]. Journal of Integrative Neuroscience, 2007, 6(03): 379-401.

[139] Iachini T, Ruotolo F, Ruggiero G. The effects of familiarity and gender on spatial representation[J]. Journal of Environmental Psychology, 2009, 29 (2): 227-234.

[140] Iaria G, Palermo L, Committeri G, et al. Age differences in the formation and use of cognitive maps[J]. Behavioural Brain Research, 2009, 196 (2): 187-191.

[141] Rha J Y, Widdows R. The Internet and the Consumer: Countervailing Power Revisited[J]. Prometheus, 2002, 20(2): 107-118.

[142] 王茂军,张学霞,吴骏毅,等. 社区尺度认知地图扭曲的空间分析——基于首师大和北林大的个案研究[J]. 人文地理, 2009(03): 54-60.

[143] 若林芳树,伊藤悟. 认知地图扭曲成分研究——以金泽市中心部为例[J]. 地学杂志, 1994, 103: 221-232.

[144] 王茂军,苏海威,霍婷婷. 北京城市空间认知扭曲特征[J]. 地理科学进展, 2010, 29(10): 1185-1192.

[145] 房慧聪,周琳. 大学生寻路策略与空间焦虑的关系[J]. 人类工效学, 2012(04): 57-60.

[146] Johnson E J, Payne J W. Effort and accuracy in choice[J]. Management Science, 1985, 31(4): 395-414.

[147] Kuo F Y, Chu T H, Hsu M H, et al. An investigation of effort-accuracy trade-off and the impact of self-efficacy on Web searching behaviors[J]. Decision Support Systems, 2004, 37(3): 331-342.

[148] Taylor H A, Tversky B. Perspective in spatial descriptions[J]. Journal of Memory & Language, 1996, 35(3): 371-391.

[149] Bidwell N J, Axup J. The territory is the map: exploring the use oflandmarks in situ to inform mobile guide design[C]. INTERACT 2005: Human-Computer Interaction, 2005: 899-913.

[150] Izawa M R, French M D, Hedge A. Shining new light on the Hawthorne illumination experiments[J]. Human Factors, 2011, 53(5): 528-547.

[151] Adams L, Zuckerman D. The effect of lighting conditions on personal space requirements[J]. The Journal of General Psychology, 1991, 118(4): 335-340.

[152] Noon P. The lanchester library—building a sustainable library[J]. Liber Quarterly, 2008, 18(2): 129-136.

[153] Creighton S H. Greening the ivory tower: improving the environmental track record of universities, colleges, and other institutions [M]. Cambridge, US: MIT, 1998: 73-79.

[154] Mccabe B G B. Planning for a new generation of public library buildings [M]. Westport, US: Greenwood Publishing Group, 2000: 35-56.

[155] Waters B A, Winters W C. On the verge of a revolution: current trends in library lighting[J]. Library Trends, 1987, 36(2): 327-349.

[156] Zhai Q Y, Luo M R, Liu X Y. The impact of illuminance and colour temperature on viewing fine art paintings under LED lighting[J]. Lighting Research & Technology, 2015, 47(7): 795-809.

[157] Kilic D K, Hasirci D. Daylighting concepts for university libraries and their influences on users' satisfaction [J]. The Journal of Academic Librarianship, 2011, 37(6): 471-479.

[158] Korsavi S S, Zomorodian Z S, Tahsildoost M. Visual comfort assessment of daylit and sunlit areas: a longitudinal field survey in classrooms in Kashan, Iran[J]. Energy and Buildings, 2016, 128: 305-318.

[159] Balocco C, Calzolari R. Natural light design for an ancient building: a case study[J]. Journal of Cultural Heritage, 2008, 9(2): 172-178.

[160] Mehrabian A. A questionnaire measure of individual differences in stimulus screening and associated differences in arousability[J]. Environmental Psychology & Nonverbal Behavior, 1977, 1(2): 89-103.

[161] Wang X, Xu S, Peng L, et al. Exploring scientists' working timetable: do scientists often work overtime? [J]. Journal of Informetrics, 2012, 6(4): 655-660.

[162] Othman A R, Mazli M A M. Influences of daylighting towards readers' satisfaction at Raja Tun Uda public library, Shah Alam[J]. Procedia-Social and Behavioral Sciences, 2012, 68: 244-257.

[163] Dubois M C, Blomsterberg Å. Energy saving potential and strategies for e-lectric lighting in future north european, low energy office buildings: a literature review[J]. Energy & Buildings, 2011, 43(10): 2572–2582.

[164] Pinto P D, Linhares J M M, Nascimento S M C. Correlated color temperature preferred by observers for illumination of artistic paintings[J]. JOSA A, 2008, 25(3): 623–630.

[165] Chakrabarti M, Thorseth A, Corell D D, et al. A white–cyan–red LED system for low correlated colour temperature lighting[J]. Lighting Research & Technology, 2017, 49(3): 343–356.

[166] Malman D. Lighting for Libraries[EB/OL]. (2005-9-17)[2017-11-9]. http://www.iar.unicamp.br/lab/luz/ld/Arquitetural/diversos/Lighting%20for%20Libraries.pdf.

[167] Yildirim K, Akalin–Baskaya A, Celebi M. The effects of window proximity, partition height, and gender on perceptions of open–plan offices [J]. Journal of Environmental Psychology, 2007, 27(2): 154–165.

[168] Zhai Q Y, Luo M R, Liu X Y. The impact of LED lighting parameters on viewing fine art paintings[J]. Lighting Research & Technology, 2016, 48 (6): 711–725.

[169] Veitch J A, Gifford R, Hine D W. Demand characteristics and full spectrum lighting effects on performance and mood[J]. Journal of Environmental Psychology, 1991, 11(1): 87–95.

[170] Klimstra T A, Frijns T, Keijsers L, et al. Come rain or come shine: individual differences in how weather affects mood[J]. Emotion, 2011, 11 (6): 1495–1499.

[171] 陈瑅年. 色彩设计[M]. 重庆: 西南师范大学出版社, 2001: 7.

[172] Guilford J P, Smith P. A system of color preferences[J]. American Journal of Psychology, 1959, 72(4): 487–502.

[173] Russell J A, Pratt G. A description of the affective quality attributed to environments[J]. Journal of Personality & Social Psychology, 1980, 38(2): 311–322.

[174] 贝尔·保罗. 环境心理学[M]. 北京: 中国人民大学出版社, 2009: 104–107.

[175] Russell J A, Mehrabian A. Evidence for a three-factor theory of emotions [J]. Journal of Research in Personality, 1977, 11(3): 273-294.

[176] Wilson G D. Arousal properties of red versus green[J]. Perceptual & Motor Skills, 1966, 23(3): 947-949.

[177] Kwallek N, Soon K, Lewis C M. Work week productivity, visual complexity, and individual environmental sensitivity in three offices of different color interiors[J]. Color Research & Application, 2007, 32(2): 130-143.

[178] Kwallek N, Soon K, Woodson H, et al. Effect of color schemes and environmental sensitivity on job satisfaction and perceived performance [J]. Perceptual & Motor Skills, 2005, 101(2): 473-486.

[179] He L, Qi H, Zaretzki R. Image color transfer to evoke different emotions based on color combinations[J]. Signal Image & Video Processing, 2015, 9(8): 1965-1973.

[180] Wardono P, Hibino H, Koyama S. Effects of interior colors, lighting and decors on perceived sociability, emotion and behavior related to social dining[J]. Procedia - Social and Behavioral Sciences, 2012, 38: 362-372.

[181] Kobayashi S. The aim and method of the color image scale[J]. Color Research & Application, 1981, 6(2): 93-107.

[182] Wright B, Rainwater L. The meanings of color[J]. J Gen Psychol, 1962, 67(1): 89-99.

[183] Hogg J. A principal component analysis of semantic differential judgements of single colors and color pairs[J]. Journal of General Psychology, 1969, 80(1): 129-140.

[184] Osgood C E, Suci G J, Tannenbaum P H. The measurement of meaning [M]. Champaign, US: University of Illinois Press, 1957: 342.

[185] Xin J H, Cheng K M, Taylor G, et al. Cross-regional comparison of colour emotions Part I: Quantitative analysis[J]. Color Research & Application, 2010, 29(6): 451-457.

[186] Gao X P, Xin J H. Investigation of human's emotional responses on colors [J]. Color Research & Application, 2010, 31(5): 411-417.

[187] 色彩学编写组. 色彩学[M]. 北京: 科学出版社, 2001: 30.

［188］ Manav B. A Research on light-color perception：can visual images be used instead of 1/1 model study for space perception? ［J］. Psychology, 2013, 04(9)：711-716.

［189］ 詹姆斯·W. P. 坎贝尔, 威尔·普莱斯, 图书馆建筑的历史［M］. 杭州：浙江人民美术出版社, 2016：24-151.

［190］ Hongnan G U, Ming L I. Application of semantic differential method in the field of urban color planning［J］. Fujian Architecture & Construction, 2013, 178(04)：72-74.

［191］ Yerkes R M, Dodson J D. The relation of strength of stimulus to rapidity of habit-formation［J］. Journal of Comparative Neurology & Psychology, 1908, 18(18)：459-482.

［192］ Berlyne D E. Complexity and incongruity variables as determinants of exploratory choice and evaluative ratings［J］. Can J Psychol, 1963, 17(3)：274-290.

［193］ 徐士福. 色彩在现代办公空间设计中的运用研究［J］. 包装工程, 2012(02)：16-18.

［194］ 张红光. 室内设计中色彩的运用与配置［J］. 山西建筑, 2005(03)：25-26.

［195］ 张俭. 高校图书馆内部环境对学生心理影响及优化途径［J］. 大学图书馆学报, 2005(02)：62-64.

［196］ Catellier J R A, Yang Z J. Trust and affect：how do they impact risk information seeking in a health context? ［J］. Journal of Risk Research, 2012, 15(8)：897-911.

［197］ 查先进, 张晋朝, 严亚兰. 微博环境下用户学术信息搜寻行为影响因素研究——信息质量和信源可信度双路径视角［J］. 中国图书馆学报, 2015, 41(03)：71-86.

［198］ Srinivasan N, Ratchford B T. An empirical test of a model of external search for automobiles［J］. Journal of Consumer Research, 1991, 18(2)：233-242.

［199］ Newman J W, Staelin R. Prepurchase information seeking for new cars and major household appliances［J］. Journal of Marketing Research, 1972, 9(3)：249-257.

[200] Stokes P, Urquhart C. Profiling information behaviour of nursing students：part 1：quantitative findings[J]. Journal of Documentation, 2011, 67(6)：908-932.

[201] Klein L R, Ford G T. Consumer search for information in the digital age：An empirical study of prepurchase search for automobiles[J]. Journal of Interactive Marketing, 2003, 17(3)：29-49.

[202] Large A, Beheshti J, Rahman T. Gender differences in collaborative web searching behavior：an elementary school study[M]. Oxford, UK：Pergamon Press, Inc., 2002：427-443.

[203] Niu X, Hemminger B M. A study of factors that affect the information-seeking behavior of academic scientists[J]. Journal of the American Society for Information Science & Technology, 2012, 63(2)：336-353.

[204] 甘利人, 岑咏华. 科技用户信息搜索行为影响因素研究[J]. 情报理论与实践, 2007(02)：156-160.

[205] Thórsteinsdóttir G. The information seeking behaviour of distance students：a study of twenty Swedish library and information science students[D]. Borås, Sweden：University of Borås, 2005.

[206] 李月琳, 闫希敏. 大学毕业生就业信息搜寻成本及其影响因素研究[J]. 图书情报工作, 2015, 59(13)：53-62.

[207] Bandura A. Social foundations of thought and action[M]. Upper Saddle River, US：Prentice-Hall, 2002：169-171.

[208] Bandura A. Self-efficacy mechanism in human agency[J]. Am Psychol, 1982, 37(2)：122-147.

[209] Ren W H. Library instruction and college student self-efficacy in electronic information searching[J]. Journal of Academic Librarianship, 2000, 26(5)：323-328.

[210] Fredin E S, David P. Browsing and the Hypermedia Interaction Cycle：A Model of Self-Efficacy and Goal Dynamics[J]. Journalism & Mass Communication Quarterly, 1998, 75(1)：35-54.

[211] David P, Song M, Hayes A, et al. A cyclic model of information seeking in hyperlinked environments：The role of goals, self-efficacy, and intrinsic motivation[J]. International Journal of Human-Computer Studies, 2007,

65(2): 170–182.

[212] Bronstein J. The role of perceived self–efficacy in the information seeking behavior of library and information science students[J]. The Journal ofAcademic Librarianship, 2014, 40(2): 101–106.

[213] Malliari A, Korobili S, Togia A. IT self–efficacy and computer competence of LIS students[J]. Electronic Library, 2012, 30(5): 608–622.

[214] Klassen R M. A cross–cultural investigation of the efficacy beliefs of south asian immigrant and anglo canadiannonimmigrant early adolescents [J]. Journal of Educational Psychology, 2004, 96(4): 731–742.

[215] Kuhlthau C C. Inside the search process: information seeking from the user's perspective[J]. Journal of the Association for Information Science & Technology,1991, 42(5): 361–371.

[216] Kim K S. Effects of emotion control and task on web searching behavior [M]. Oxford, UK: Pergamon Press, Inc., 2008: 373–385.

[217] Waldman M. Freshmen's use of library electronic resources and self–efficacy[EB/OL]. [2018–3–23]. http://informationr. net/ir/8–2/paper150.html.

[218] Wilson T D. On user studies and information needs[J]. Journal of Documentation, 1981, 37(6): 658–670.

[219] Fourie I. Learning from web information seeking studies: some suggestions for LIS practitioners[J]. Electronic Library, 2006, 24(1): 20–37.

[220] Nahl D, Tenopir C. Affective and cognitive searching behavior of novice end–users of a full–text database[J]. Journal of the American Society for Information Science, 1996, 47(4): 276–286.

[221] Bellman S, Johnson E J, Lohse G L, et al. Designing marketplaces of the artificial with consumers in mind: four approaches to understanding consumer behavior in electronic environments[J]. Journal of Interactive Marketing, 2010, 20(1): 21–33.

[222] Bettman J R. An information processing theory of consumer choice[J]. Journal of Marketing, 1979, 43(3): 124–126.

[223] Ratchford B T, Lee M S, Talukdar D. The impact of the internet on information search for automobiles[J]. Journal of Marketing Research, 2003,

40(2)：193-209.

［224］ Kulviwat S, Guo C, Engchanil N. Determinants of online information search：a critical review and assessment［J］. Internet Research, 2004, 14 (3)：245-253.

［225］ Schmidt J B, Spreng R A. A proposed model of external consumer information search［J］. Journal of the Academy of Marketing Science, 1996, 24 (3)：246-256.

［226］ Bettman J R, Park C W. Effects of prior knowledge and experience and phase of the choice process on consumer decision processes：a protocol analysis［J］. Journal of Consumer Research, 1980, 7(3)：234-248.

［227］ 孙曙迎. 我国消费者网上信息搜寻行为研究［D］. 杭州:浙江大学, 2009.

［228］ Sherif M, Cantril H. The problem and a general characterization of ego-involvements［J］. Library Trends, 1987, 36(2)：327-350.

［229］ Miller G A. The magical number seven, plus or minus two：some limits on our capacity for processing information［J］. Psychological Review, 1994, 101(2)：343-352.

［230］ 唐亮,张结魁,徐建华. 网络消费者信息搜寻行为研究［J］. 图书与情报, 2008, 2008(2)：40-43.

［231］ 何建龙. 城市向导——城市公共空间静态视觉导向系统研究［D］. 上海:同济大学, 2008.

［232］ 俞国良. 应用心理学书系:环境心理学［M］. 北京:人民教育出版社, 2000：54, 55.

［233］ Berlyne D E. Studies in the new experimental aesthetics：steps toward an objective psychology of aesthetic appreciation［J］. Journal of Aesthetics & Art Criticism, 1975, 23(3)：216-218.

［234］ Rha J Y. Consumers in the internet era：essays on the impact of electronic commerce from a consumer perspective［D］. Columbus, US：The Ohio State University, 2002.

［235］ Macinnis D J, Moorman C, Jaworski B J. Enhancing and measuring consumers' motivation, opportunity, and ability to process brand information from ads［J］. Journal of Marketing, 1991, 55(4)：32-53.

[236] 萧文龙. 统计分析入门与应用：SPSS 中文版 + PLS － SEM（SmartPLS）[M]. 台北：基峰资讯股份有限公司, 2017：17-36.

[237] Guinot C, Latreille J, Tenenhaus M. PLS path modelling and multiple table analysis. application to the cosmetic habits of women in Ile－De－France[J]. Chemometrics & Intelligent Laboratory Systems, 2001, 58(2)：247-259.

[238] Danes J E, Mann O K. Unidimensional measurement and structural equation models with latent variables[J]. Journal of Business Research, 1984, 12(3)：337-352.

[239] Matzler K, Renzl B. The relationship between interpersonal trust, employee satisfaction, and employee loyalty [J]. Total Quality Management & Business Excellence, 2006, 17(10)：1261-1271.

[240] Cronbach L J. Coefficient alpha and the internal structure of tests[J]. Psychometrika, 1951, 16(3)：297-334.

[241] Nunnally J. Psychometric theory[M]. New York, US：McGraw－Hill, 1978：206-235.

[242] Fornell C, Larcker D F. Structural equation models with unobservable variables and measurement error：algebra and statistics[J]. Journal of Marketing Research, 1981, 18(1)：39-50.

[243] Bagozzi R P, Yi Y. On the evaluation of structural equation models[J]. Journal of the academy of marketing science, 1988, 16(1)：74-94.

[244] Raines－Eudy R. Using structural equation modeling to test for differential reliability and validity：An empirical demonstration [J]. Structural Equation Modeling, 2000, 7(1)：124-141.

[245] Anderson J C, Gerbing D W. Structural equation modeling in practice：A review and recommended two－step approach[J]. Psychological Bulletin, 1988, 103(3)：481-523.

[246] Efron B. Bootstrap methods：another look at the jackknife[J]. Annals of Statistics, 1979, 7(1)：1-26.

[247] Shamsunder S. Signal processing applications of the bootstrap[J]. IEEE Signal Processing Magazine, 1998, 15(1)：38.

[248] Efron B. The bootstrap and modern statistics[J]. Publications of the American Statistical Association, 2000, 95(452)：1293-1296.

[249] Wetzels M, Odekerken-Schröder G, Oppen C V. Using PLS path modeling for assessing hierarchical construct models: guidelines and empirical illustration[J]. MIS Quarterly, 2009, 33(1): 177-195.

[250] Brunner - Friedrich B, Radoczky V. Active landmarks in indoor environments[C]. International Conference on Advances in Visual Information Systems, 2005: 203-215.

[251] Choy F C, Goh S N. A framework for planning academic library spaces[J]. Library Management, 2016, 37(1/2): 13-28.

[252] Pierard C C N E, Lee N. Studying space: improving space planning with user studies[J]. Journal of Access Services, 2011, 8(4): 190-207.

[253] Freedman J, O'Neill S. Library beautification[J]. College & Research Libraries News, 2016, 77(5): 222-248.

[254] Brown-Sica M S. Library spaces for urban, diverse commuter students: a participatory action research project[J]. College & Research Libraries, 2012, 73(3): 217-231.

[255] Carr A R. An experiment with art library users, signs, and wayfinding [EB/OL]. [2017-12-25]. https://ils.unc.edu/MSpapers/3150.pdf.

[256] Ragsdale K C, Kenney D C. Effective library signage. spec kit 208[M]. Washington. DC: Association of Research Libraries, Office of Management Services, 1995: 57-82.

[257] Eaton G. Wayfinding in the library: book searches and route uncertainty [J]. RQ, 1991, 30(4): 519-527.

[258] Beck S G. Wayfinding in libraries[J]. Library Hi Tech, 1996, 14(1): 27-36.

[259] Bartle L R. Designing an active academic reference service point[J]. Reference & User Services Quarterly, 1999, 38(4): 395-401.

[260] 周庆,孙海瀚,杨艳红. 基于认知地图的地铁空间导视系统优化分析[J]. 城市轨道交通研究, 2015(10): 102-105.

[261] 龚一红,林军. 建筑装饰室内色彩设计的探究[J]. 建筑与文化, 2008(07): 106-109.

附录 A 初始数据

附录 A.1 LDA 主题模型算法实现（基于 Python 2.7.13 实现）

```python
#! /usr/bin/env python
# - * - coding:utf-8 - * -

import random, os

alpha = 0.15
beta = 0.15
K = 3
iter_num = 100
top_words = 10

wordmapfile    = './model/wordmap.txt'
trnfile = "./model/test.dat"
modelfile_suffix = "./model/final"

class Document(object):
    def __init__(self):
        self.words = []
        self.length = 0

class Dataset(object):
    def __init__(self):
        self.M = 0
```

```python
        self.V = 0
        self.docs = []
        self.word2id = {}          # <string,int>字典
        self.id2word = {}          # <int, string>字典

    def writewordmap(self):
        with open(wordmapfile, 'w') as f:
            for k,v in self.word2id.items():
                f.write(k + '\t' + str(v) + '\n')


class Model(object):
    def __init__(self, dset):
        self.dset = dset

        self.K = K
        self.alpha = alpha
        self.beta = beta
        self.iter_num = iter_num
        self.top_words = top_words

        self.wordmapfile = wordmapfile
        self.trnfile = trnfile
        self.modelfile_suffix = modelfile_suffix

        self.p = []            # double 类型,存储采样的临时变量
        self.Z = []            # M * doc.size(),文档中词的主题分布
        self.nw = []           # V * K,词 i 在主题 j 上的分布
        self.nwsum = []        # K,属于主题 i 的总词数
        self.nd = []           # M * K,文章 i 属于主题 j 的词个数
        self.ndsum = []        # M,文章 i 的词个数
        self.theta = []        # 文档-主题分布
        self.phi = []          # 主题-词分布
```

```
def init_est(self):
    self.p = [0.0 for x in xrange(self.K)]
    self.nw = [[0 for y in xrange(self.K)] for x in xrange(self.dset.V)]
    self.nwsum = [0 for x in xrange(self.K)]
    self.nd = [[0 for y in xrange(self.K)] for x in xrange(self.dset.M)]
    self.ndsum = [0 for x in xrange(self.dset.M)]
    self.Z = [[] for x in xrange(self.dset.M)]
    for x in xrange(self.dset.M):
        self.Z[x] = [0 for y in xrange(self.dset.docs[x].length)]
        self.ndsum[x] = self.dset.docs[x].length
        for y in xrange(self.dset.docs[x].length):
            topic = random.randint(0, self.K-1)
            self.Z[x][y] = topic
            self.nw[self.dset.docs[x].words[y]][topic] += 1
            self.nd[x][topic] += 1
            self.nwsum[topic] += 1
    self.theta = [[0.0 for y in xrange(self.K)] for x in xrange(self.
dset.M)]
    self.phi = [[0.0 for y in xrange(self.dset.V)] for x in xrange
(self.K)]


def estimate(self):
    print 'Sampling %d iterations!' % self.iter_num
    for x in xrange(self.iter_num):
        print 'Iteration %d ...' % (x+1)
        for i in xrange(len(self.dset.docs)):
            for j in xrange(self.dset.docs[i].length):
                topic = self.sampling(i, j)
                self.Z[i][j] = topic
    print 'End sampling.'
    print 'Compute theta...'
```

```python
    self.compute_theta( )
    print 'Compute phi...'
    self.compute_phi( )
    print 'Saving model...'
    self.save_model( )


def sampling( self, i, j ):
    topic = self.Z[ i ][ j ]
    wid = self.dset.docs[ i ].words[ j ]
    self.nw[ wid ][ topic ] -= 1
    self.nd[ i ][ topic ] -= 1
    self.nwsum[ topic ] -= 1
    self.ndsum[ i ] -= 1

    Vbeta = self.dset.V * self.beta
    Kalpha = self.K * self.alpha

    for k in xrange( self.K ):
        self.p[ k ] = ( self.nw[ wid ][ k ] + self.beta )/( self.nwsum
        [ k ] + Vbeta ) * \
                      ( self.nd[ i ][ k ] + alpha )/( self.ndsum[ i ] +
                      Kalpha )
    for k in range( 1, self.K ):
        self.p[ k ] += self.p[ k-1 ]
    u = random.uniform( 0, self.p[ self.K-1 ] )
    for topic in xrange( self.K ):
        if self.p[ topic ]>u:
            break
    self.nw[ wid ][ topic ] += 1
    self.nwsum[ topic ] += 1
    self.nd[ i ][ topic ] += 1
    self.ndsum[ i ] += 1
```

```
    return topic


def compute_theta(self):
    for x in xrange(self.dset.M):
        for y in xrange(self.K):
            self.theta[x][y] = (self.nd[x][y] + self.alpha) \
                            /(self.ndsum[x] + self.K * self.alpha)


def compute_phi(self):
    for x in xrange(self.K):
        for y in xrange(self.dset.V):
            self.phi[x][y] = (self.nw[y][x] + self.beta) \
                            /(self.nwsum[x] + self.dset.V * self.beta)


def save_model(self):
    with open(self.modelfile_suffix+'.theta', 'w') as ftheta:
        for x in xrange(self.dset.M):
            for y in xrange(self.K):
                ftheta.write(str(self.theta[x][y]) + ' ')
            ftheta.write('\n')
    with open(self.modelfile_suffix+'.phi', 'w') as fphi:
        for x in xrange(self.K):
            for y in xrange(self.dset.V):
                fphi.write(str(self.phi[x][y]) + ' ')
            fphi.write('\n')
    with open(self.modelfile_suffix+'.twords','w') as ftwords:
        if self.top_words > self.dset.V:
            self.top_words = self.dset.V
        for x in xrange(self.K):
            ftwords.write('Topic '+str(x)+'th:\n')
            topic_words = []
            for y in xrange(self.dset.V):
```

```
                    topic_words.append((y, self.phi[x][y]))
                #quick-sort
                topic_words.sort(key=lambda x:x[1], reverse=True)
                for y in xrange(self.top_words):
                    word = self.dset.id2word[topic_words[y][0]]
                    ftwords.write('\t'+word+'\t'+str(topic_words[y]
                    [1])+'\n')
        with open(self.modelfile_suffix+'.tassign','w') as ftassign:
            for x in xrange(self.dset.M):
                for y in xrange(self.dset.docs[x].length):
                    ftassign.write(str(self.dset.docs[x].words[y])+':'
                    +str(self.Z[x][y])+' ')
                ftassign.write('\n')
        with open(self.modelfile_suffix+'.others','w') as fothers:
            fothers.write('alpha = '+str(self.alpha)+'\n')
            fothers.write('beta = '+str(self.beta)+'\n')
            fothers.write('ntopics = '+str(self.K)+'\n')
            fothers.write('ndocs = '+str(self.dset.M)+'\n')
            fothers.write('nwords = '+str(self.dset.V)+'\n')
            fothers.write('liter = '+str(self.iter_num)+'\n')


def readtrnfile():
    print 'Reading train data...'
    with open(trnfile, 'r') as f:
        docs = f.readlines()

    dset = Dataset()
    items_idx = 0
    for line in docs:
        if line ! = "":
            tmp = line.strip().split()
            #生成一个文档对象
```

```
            doc = Document( )
            for item in tmp：
                if dset.word2id.has_key( item )：
                    doc.words.append( dset.word2id[ item ] )
                else：
                    dset.word2id[ item ] = items_idx
                    dset.id2word[ items_idx ] = item
                    doc.words.append( items_idx )
                    items_idx += 1
            doc.length = len( tmp )
            dset.docs.append( doc )
        else：
            pass
    dset.M = len( dset.docs )
    dset.V = len( dset.word2id )
    print 'There are %d documents' % dset.M
    print 'There are %d items' % dset.V
    print 'Saving wordmap file...'
    dset.writewordmap( )
    return dset


def lda( )：
    dset = readtrnfile( )
    model = Model( dset )
    model.init_est( )
    model.estimate( )


if __name__ == '__main__'：
lda( )
```

附录 A.2　Jieba 分词工具调用语句（基于 Python 语言实现）

```
# -- * -- coding:utf-8 -- * --
import os
'readFile.py -- read and display file'
import jieba
import codecs
def store1(measurements):
    with codecs.open('D:\ppl.txt','a','utf-8') as f:
        f.write(measurements)
stopwords = {}.fromkeys([ line.rstrip().decode('utf-8') for line in open
('stopword.txt') ])
#输入文件
fname = raw_input("请输入文件名:")
print
#打开文件
try:
    fobj = open(fname,'r')
except IOError,e:
    print "*** 文件打开失败:",e
else:
    #将文件内容打印出来
    for eachLine in fobj:
        segs = jieba.cut(eachLine)   #默认是精确模式

        final = ''
        for seg in segs:
            #seg = seg.encode('gbk')
            if seg not in stopwords:
                final += seg+' '
        #print final
```

```
if __name__ == "__main__":
        store1(final)
#print(",".join(seg_list)),
fobj.close()
```

附录 A.3 高校图书馆读者实体资源检索寻路行为眼动实验大纲

1 实验介绍

本研究的目的在于揭示指标特征,以及主体、环境要素对读者检索行为的影响路径,研究结果将用于图书馆导向标识系统设计优化,以提升读者在馆寻路与检索满意度。

本研究使用移动式眼动仪等实验手段,邀请被试在设计的情境中完成实验检索任务,记录被试在检索行为发生过程中的眼动注视时长与访问时长。

2 实验流程

邀请被试佩戴 Tobii Glasses II 移动式眼动仪,完成两项实验方布置的在馆检索任务,记录任务操作的完整流程。期间配合实验操作人员指示,使用大声思考法,解释行为决策制定的原因,描述影响被试寻路行为的馆舍或个人因素,评价个人检索习惯与任务完成实际情况等。

3 实验操作

实验任务起点:图书馆正门。

实验准备:请被试填写前测问卷,绘制认知地图,穿戴移动式眼动仪,完成校准工作。

实验开始:

任务 1:定向检索

① 请被试设想自己是一名即将参加大学四级/六级英语/PET5 考试的本科生/研究生/教师,经老师推荐,欲在图书馆检索一本名为《大学英语六级听力训练》的辅导书。请被试佩戴眼动记录仪,从图书馆正门出发,步行至任一

馆内/一楼大厅在线检索端口/手机端,检索书籍并步行到达对应书库书架位置,获取纸本书籍。

② 请被试设想自己即将开始 Matlab 软件的学习,经学长推荐得知一本名为《Matlab 仿真应用详解》的参考书籍,从上一检索任务完成书库出发,以任意方式检索并在书架上查找到对应的纸本资源。

任务 2:非定向检索

请被试设想自己刚刚成功通过了整个学期的课程考试并取得了良好的成绩,心情放松而愉悦。放下期末考试重担的被试,前往图书馆阅览以消遣时光,想要检索一本小说作品。

请被试佩戴移动式眼动仪,从上一检索任务完成书库出发,步行至任意书库,检索并在书架挑选一本任一主题的人文类书籍,携带至服务台完成借阅。完成后,就任务情况接受实验者半结构访谈,并填写寻路策略量表与空间焦虑量表。

4　实验操作要求

① 在线检索方式不限,但需使用大声思考法说出制定检索策略的动机。

② 在架检索时需要配合行为动作,说出日常在架检索时养成的固定习惯、容易出现的检索错误,以及影响检索准度、正确率、效率的导向标识系统要素。

③ 在馆内步行的过程中,需要向实验人员诉说日常在馆寻路时的不便、影响检索或个人心理变化的馆舍要素。

④ 整个检索流程中请保持头部稳定,动作尽可能平稳缓慢。

半结构访谈纲要:

① 在线检索时习惯多次检索或单次检索;检索策略一般如何制定;如何选取欲借阅书籍;检索结果记录的方式;不同位置的检索端口使用是否存在体验差别;是否存在馆外(手机)检索书目的情况。

② 在馆内寻径/寻找书库时曾遇到哪些问题;对于馆舍书库位置的确定是否存在疑惑/改进建议;各类标识物(导向牌、检索平台、楼层平面图等)的关注程度如何;检索路径(电梯、楼梯、标志物、引导语、坡道等)如何选择。

③ 检索整体感受如何;对于检索结果是否满意;如果存在缺陷,从图书馆的角度出发应如何改进。

附录 A.4　欧几里得回归方程系数计算算法实现（基于 Matlab7.14_R2012a 实现）

```
load data
X1 = data( : ,3) ;        %读取数据的第三列, 即 xi
X2 = data( : ,4) ;        %读取数据的第四列, 即 yi
Yu = data( : ,1) ;        %读取数据的第一列, 即 ui
Yv = data( : ,2) ;        %读取数据的第二列, 即 vi
n = size( X1,1) ;         %得到样本数据的数量, 即数据的行数, 1 表示矩阵的
                            行, 2 表示矩阵的列


%参数范围与步长赋值, 通过多次尝试逐步缩小参数范围, 以下参数为最
终计算数值
a1s = 0.8 ;       a1e = 0.85 ;       a1step = 0.0007 ;
a2s = -0.05 ;    a2e = 0 ;          a2step = 0.0007 ;
b1s = -2.2 ;     b1e = -2.1 ;       b1step = 0.0007 ;
b2s = -0.2 ;     b2e = 0 ;          b2step = 0.0007 ;


rmin = 1000^2 ;
%利用最小二乘法原理, 进行四重循环, 找出整体残差最小的参数组合
for a1 = a1s : a1step : a1e
    for a2 = a2s : a2step : a2e
        for b1 = b1s : b2step : b1e
            for b2 = b2s : b2step : b2e
                ru = 0 ;
                for i = 1 : n
                    r1 = Yu( i) -b1-a1 * X1( i) +a2 * X2( i) ;
                    r2 = Yv( i) -b2-a2 * X1( i) -a1 * X2( i) ;
                    ru = ru+r1^2+r2^2 ;
                end
                if ru<rmin     %如果本次循环得到的整体残差 ru 要
```

小于当前最小残差 rmin

rmin = ru ;   %则更新当前最新残差

a1best = a1 ; a2best = a2 ; b1best = b1 ; b2best = b2 ;

%同时保存当前的最佳参数

end

end

end

end

end

[a1best a2best b1best b2best]

save result.mat a1best a2best b1best b2best

附录 A.5   书架照明实验记录表

时间段 （昼/夜）	馆舍	被试编号	书架照度 （Lux）	检索时长	检索频次	检索准确度
			A			
			B			
			C			
			D			
			E			
			F			
			G			
			H			
			I			
			J			

附录 A.6　初始 47 组英文正反意情感尺度

初始 47 组英文正反意情感尺度

中文词对	英文词对	中文词对	英文词对
暧昧的—明晰的	Ambiguous—Explicit	明亮的—昏暗的	Bright—Dark
不舒适的—舒适的	Uncomfortable—Comfortable	明晰的—模糊的	Distinct—Vague
不喜欢的—喜欢的	Loath—Pleased	宁静的—热闹的	Quiet—Lively
传统的—现代的	Traditional—Modern	暖的—冷的	Warm—Cool
刺激的—沉闷的	Stimulating—Unstimulating	热闹的—安静的	Animated—Quiet
粗糙的—光滑的	Rough—Smooth	柔软的—坚硬的	Soft—Hard
脆弱的—坚固的	Fragile—Strong	软弱的—安定的	Weak—Stable
单调乏味—生动活泼	Monotonous—Alive	舒缓的—恐惧的	Peaceful—Horrible
过时的—时尚的	Obsolete—Fashionable	舒适的—不舒适的	Comfortable—Uncomfortable
厚重的—明快的	Thick—Bright	通透的—浑浊的	Transparent—Turbid
华丽的—平淡的	Ornate—Plain	无活力的—有活力的	Inactive—Active
华美的—素净的	Beauty—Simplicity	无机的—有机的	Inorganic—Organic
活跃的—肃穆的	Active—Inactive	无聊的—感动的	Dreary—Sensational
积极的—消极的	Positive—Negative	喜庆的—哀伤的	Festive—Distressed
简单的—复杂的	Simple—Complex	鲜明的—寂寞的	Distinctness—Loneliness
健康的—病态的	Healthy—Sick	鲜艳的—阴沉的	Vivid—Sombre
紧张的—放松的	Tense—Relaxed	兴奋的—镇静的	Exciting—Calming
恐惧的—舒缓的	Fear—Soothing	阳刚的—阴柔的	Masculine—Feminine
快乐的—悲伤的	Happy—Sad	抑郁的—振奋的	Gloomy—Cheering
浪漫的—现实的	Romantic—Realistic	有活力的—无活力的	Dynamic—Undynamic
廉价的—高级的	Cheap—Expensive	有趣的—无趣的	Interesting—Dull
讨厌的—喜欢的	Unpleasant—Pleasant	愉悦的—令人不快的	Pleasing—Displeasing
美丽的—丑陋的	Beautiful—Repulsive	振奋人心的—昏昏欲睡的	Arousing—Drowsy
明朗的—压抑的	Exhilarating—Depressing		

附录 A.7 刺激材料图片主体色相提取算法（基于 Matlab7.14_ R2012a 实现）

```
clear,clc
im=imread('D:\1.jpg');%读取原始图片,得到三维数字矩阵(高*宽*3)
s=size(im,1);     %获取数字矩阵的行,也就是原始图片的像素高
t=size(im,2);     %获取数字矩阵的列,也就是原始图片的像素宽
color=[ ];        %该变量存放所有不同的颜色三元组(即 RGB)
num=[ ];          %当下面的循环过程中找到不同的颜色三元组时,该变
                    量增长一个,并赋值为 1
len=0;            %当下面的循环过程中找到不同的颜色三元组时,该
                    变量加 1,表示找到一个新的颜色三元组
for i=1:s         %用数字矩阵的行作为外循环
    for j=1:t            %用数字矩阵的列作为内循环
        k=im(i,j,:);       %逐个取出数字矩阵中的颜色三元组
        m=isIn(color,k);   %调用自编函数 isIn,判断该颜色三元组
                             是否已经存在于 color 中,如果是便返回
                             其所在的序号,若返回 0,表示还不存在
        if m              %如果 m 大于 0,表示已经存在,便执行
                             真分支语句,否则 m 为 0,则执行假分支
                             语句
            num(m)=num(m)+1;    %如果存在,则表示又找到该
                                 颜色三元组,便将该颜色三元
                                 组的数量加 1
        else
            len=len+1;         %否则,表示尚未找到该颜色三元
                                 组,于是把该颜色三元组 k 纳入到
                                 color 变量中来
            color(len,:)=k;
            num(len)=1;        %同时,数量赋值为 1,表示至少有
                                 一个了
```

```
        end
    end
end                              %两重循环结束后,num 中的值就
                                 是各不同颜色三元组的数量,而
                                 color 存在的就是对应的具体颜色
                                 三元组
[ sNum, ind] = sort( num,'descend');%对 num 进行降序排序,颜色三元组
                                 多的在前面
color(ind(1),:);                 %显示颜色三元组最多的那一组颜
                                 色,1 表示降序排序后排在最前面的
ratio = num./sum( num);          %计算各颜色三元组的比例,sum 表
                                 示求和
ratio(ind(1));                   %显示颜色三元组最高的那个比例


自编函数 isIn 代码:
function m = isIn( color,k)
len = size( color,1);
m = 0;
for i = 1:len
if k(1) = = color(i,1) && k(2) = = color(i,2) && k(3) = = color(i,3)
m = i;
end
end
```

附录 B 问卷与访谈设计

附录 B.1 高校读者实体资源检索行为扎根理论半结构访谈核心大纲

1. 请问您平日里一般出于什么原因会来图书馆检索书籍资料（学业需求/生活需求/娱乐需求）？

2. 请问一般通过图书馆信息检索得到的书籍或多媒体资源对您个人的学业、生活帮助有多大？

3. 请您估计下日常到馆检索书籍的平均耗时大概多久？检索过程的烦琐程度如何？您最不能接受的信息检索成本是什么？

4. 请问您是否接受过所在院校的入馆培训？哪些知识、工具、软件在检索行动中最为实用重要？

5. 如果请您对自身的图书馆检索能力做一番自评，请问您检索的强项是什么？检索能力中是否有什么短板？

6. 请问您认为在馆内检索书籍和其他资料的难度如何？

7. 请问您一般多久到访一次图书馆来查阅、检索书籍资料？您对于图书馆环境的熟悉程度如何？

9. 请您回忆入学后第一次进入所在馆时的情形：您是在谁的陪同下入馆的？到馆目的是什么？当时对本馆的格局/建筑风格/标志物产生了什么样的第一印象？

10. 请问您一般在馆内检索书籍时如何选择检索路线？如此检索的理由是什么？初期入馆寻找路线时您通常凭借何种标识物、方位坐标帮助自己记忆？立式引导牌与悬挂式引导牌，哪种更能获得您的青睐？

11. 请问在入学初期，所在馆的建筑格局、功能分区、空间复杂度、引导标识系统等环境要素哪些会影响您制定搜索路线？哪些要素您所在馆做得还不是很好？

12. 生活中您易于受到外部环境刺激的影响吗(如变故、意外、惊喜、噪音、色彩、温湿度、光线、质感)?

13. 图书馆建筑环境的各项要素中(如温度、噪音、光线、色彩、拥挤度),哪些对您的馆内检索活动影响最大? 如果您有权做出改进,您最想优化的是哪个部分?

14. 您在馆内检索书籍的速度和准确度与刚进校时比较是否有所提升? 您认为原因可能是什么?

15. 请问您是否能够在馆内准确地找出所需要的信息资源? 请您回忆下以往检索书籍时,最终能成功找到目标书籍的概率是多少?

16. 当您在检索书籍遇到阻碍时(书籍错架、乱架、书库位置混淆),一般能坚持搜索下去吗? 寻求外界帮助的经历有吗? 又或者直接放弃,从别的渠道搜索资源?

附录 B.2 读者寻路实验认知地图绘制说明

读者朋友您好,非常感谢您参与本次实验! 认知地图是环境心理学等学科中常被用于测量空间用户对环境空间熟悉程度与认知水平的一种技术手段。请您遵循主试的指导,根据您对本馆楼层功能分区的记忆与印象,将您所认为的以下功能分区的正确位置中心点标注在主试空白认知地图中,并做简称标记。

(1) 自科图书借阅 A 区(自 A)

(2) 自科图书借阅 B 区(自 B)

(3) 社科图书借阅 A 区(社 A)

(4) 社科图书借阅 B 区(社 B)

(5) 社科图书借阅 C 区(社 C)

(6) 外文图书借阅区(外)

(7) 教师研究生阅览室(教研)

(8) 新书阅览室(新)

(9) 报刊阅览室(报)

(10) 电子阅览室(电)

认知地图绘制方法如下图所示,其中,空白认知地图第一象限为一楼平面图、第二象限为二楼平面图、第三象限为三楼平面图、第四象限为四楼平面图(示例中被试绘制区域经过遮蔽处理)。

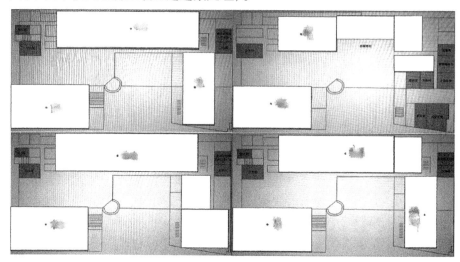

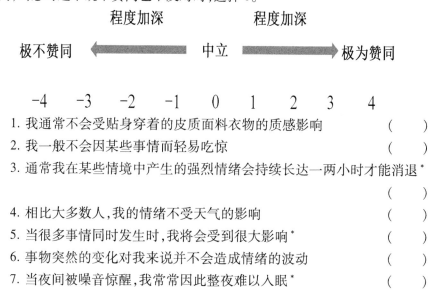

再次感谢您的热忱参与!

附录 B.3 梅拉比安刺激过滤与唤醒测量问卷

读者朋友您好! 本问卷采用 9 点量表形式填写,请您阅读以下问卷中的题项,根据赞同程度对每题中的陈述句打分,−4 代表极不赞同,+4 代表极为赞同,当您对题干既不赞同也不反对时,选择 0。

程度加深 程度加深

极不赞同 ⟵ 中立 ⟶ 极为赞同

−4　−3　−2　−1　0　1　2　3　4

1. 我通常不会受贴身穿着的皮质面料衣物的质感影响　　　　　(　)
2. 我一般不会因某些事情而轻易吃惊　　　　　　　　　　　(　)
3. 通常我在某些情境中产生的强烈情绪会持续长达一两小时才能消退*

(　)
4. 相比大多数人,我的情绪不受天气的影响　　　　　　　　　(　)
5. 当很多事情同时发生时,我将会受到很大影响*　　　　　　(　)
6. 事物突然的变化对我来说并不会造成情绪的波动　　　　　　(　)
7. 当夜间被噪音惊醒,我常常因此整夜难以入眠*　　　　　　(　)

8. 相比其他人,我不会受到强烈刺激的影响　　　　　（　　）

9. 物理环境的气氛会很大程度上影响到我*　　　　　（　　）

10. 当我激动的时候,我的心跳会加速并持续很长一段时间*　（　　）

11. 相比他人,无论是在积极的方面或消极的方面,我都不是个情绪化
的人　　　　　　　　　　　　　　　　　　　　（　　）

12. 突然产生的刺鼻气味会对我产生很大的影响*　　　（　　）

13. 当我走进一间拥挤的房间时,我会立即受到强烈的影响*　（　　）

14. 几乎没有什么事情能让我激动起来　　　　　　　（　　）

15. 长时间的恶劣天气对我影响很大*　　　　　　　（　　）

16. 一天中早些时候发生的某个情绪上的意外事件可能会改变我这一整
天的心情*　　　　　　　　　　　　　　　　　（　　）

17. 我不太会受到突发激烈事件的影响　　　　　　　（　　）

18. 家具的软硬程度对我并没有太大影响　　　　　　（　　）

19. 强烈的恶臭会让我紧张*　　　　　　　　　　　（　　）

20. 天气的剧烈变化会影响我的心情*　　　　　　　（　　）

21. 几乎所有的时间我都很平静　　　　　　　　　　（　　）

22. 我不是个能感受到情况氛围变化的人　　　　　　（　　）

23. 我会受到突发巨大噪音的强烈影响*　　　　　　（　　）

24. 我很轻易就能兴奋起来*　　　　　　　　　　　（　　）

25. 即使看到了某桩意外事故的发生我也不会受其长期影响　（　　）

26. 我有时会因兴奋而颤抖*　　　　　　　　　　　（　　）

27. 强烈的情绪并不会长时间地影响到我　　　　　　（　　）

28. 我不是个会受异常气味强烈影响的人　　　　　　（　　）

29. 我能迅速克服受惊的恐惧感　　　　　　　　　　（　　）

30. 我会因欣赏了一部好电影而很长一段时间里感到兴奋或感动*
　　　　　　　　　　　　　　　　　　　　　　（　　）

31. 通常当我需要立即同时解决很多事情时,我就会手忙脚乱*　（　　）

32. 我不太会受到穿着衣物面料或触感的影响　　　　（　　）

33. 当我身处拥挤的环境中就会异常兴奋起来*　　　（　　）

34. 当周围突然发生很多事情,我很容易就兴奋起来*　（　　）

35. 高度令人兴奋的刺激只会在很短时期内影响到我　（　　）

36. 对于突发的巨大声响,我不会有太大反应　　　　（　　）

37. 有时即使是很小的事情也会让我情绪上感动不已 * 　　(　　)

38. 当我进入新的地方时,我的情绪不会很快受到影响 　　(　　)

39. 突发状况会立即对我产生直接而巨大的影响 * 　　(　　)

40. 极端温度对我影响不大 　　(　　)

注:* 标志代表反向题项。

附录 B.4　图书馆照明质量读者访谈大纲

本访谈需要主试本着自愿原则随机邀请在图书馆阅览室内检索书籍的读者参与访谈,访谈时间控制在 10 分钟内。主试可以根据被试的实际情况修改或调整采访问题。调查结束后,参与者将收到一份小礼物。

- 年龄:
- 性别:
- 院系:
- 年级:
- 您多久入馆一次检索书籍?
- 请您估计下每次的检索经历大概需要花费多长时间? 平均检索一本书需要花费多长时间?
- 您检索书籍的准确度如何? 是否存在一直无法找到某本书籍的情况? 您认为造成上述情况的原因是什么?
- 书架的布局摆放、整洁度、朝向、高度与书架层数、间隔距离是否会影响到您的实际检索体验?
- 您有哪些特殊的检索小习惯? 例如检索顺序或入馆后的固定活动方向。
- 您认为书架照明条件对您检索书籍的效率影响程度如何? 在不同检索情境下,如晴雨或昼夜,您检索书籍的效率或体验有何差别?
- 您愿意为您的图书馆书架照明环境打多少分(十分制)? 您认为您的图书馆照明环境哪一方面是最有待加强的?

附录 B.5　高校读者图书馆建筑空间色彩语义差别量表

读者朋友您好! 非常感谢您对本实验的支持! 本次实验为检验读者对

图书馆建筑内部环境色彩的偏好度,使用 7 级语义差异量表,期间将按顺序呈现 25 张高校图书馆建筑内部环境色彩照片,每张照片呈现 90 秒,请根据照片中建筑空间色彩给您带来的真实感受,为 26 项语义差异词对打分(−3 至+3分),并为每张照片中的空间色彩设计满意度打分(1 至 7 分)。每张照片播放结束后白屏 3 秒并切入下一张照片。

　　例如,当您观看第 *n* 张照片时,该图书馆建筑内部色彩给您带来的感受是极为兴奋的,则您可为第 10 题语义差异词对打"+3"分,如:

　　10. 兴奋的——镇静的

兴奋的	●	○	○	○	○	○	○	镇静的
	+3	+2	+1	0	-1	-2	-3	

　　其中,正值分数对应左侧词语,负值分数对应右侧词语,绝对值越大,情绪感受程度越强烈,"0"分代表没有任何感觉。

基本信息

_____

您的姓名［填空题］

_____

性别［单选题］*
○女○男
年龄［填空题］*

_____

专业［单选题］*
○理工农医类　　○文史哲社科艺术类
来自省份［填空题］*

下面,请您观看第 1 张照片,并在 90 秒内填写完成下列问项

愉悦的—令人不快的

［单选题］*

○+3○+2○+1○0○-1○-2○-3

抑郁的—振奋的

［单选题］*

○+3○+2○+1○0○-1○-2○-3

明朗的—压抑的

［单选题］*

○+3○+2○+1○0○-1○-2○-3

活跃的—肃穆的

［单选题］*

○+3○+2○+1○0○-1○-2○-3

单调乏味—生动活泼

［单选题］*

○+3○+2○+1○0○-1○-2○-3

刺激的—沉闷的

［单选题］*

○+3○+2○+1○0○-1○-2○-3

有趣的—无趣的

［单选题］*

○+3○+2○+1○0○-1○-2○-3

舒适的—不舒适的

［单选题］*

○+3○+2○+1○0○-1○-2○-3

无聊的—感动的

［单选题］*

○+3○+2○+1○0○-1○-2○-3

兴奋的—镇静的

［单选题］*

○+3○+2○+1○0○-1○-2○-3

舒缓的—恐惧的

［单选题］*

○+3○+2○+1○0○-1○-2○-3

明亮的—昏暗的

［单选题］*

○+3○+2○+1○0○-1○-2○-3

令人讨厌的—讨人喜欢的

［单选题］*

○+3○+2○+1○0○-1○-2○-3

热闹的—安静的

［单选题］*

○+3○+2○+1○0○-1○-2○-3

有活力的—无活力的

［单选题］*

○+3○+2○+1○0○-1○-2○-3

喜庆的—哀伤的

［单选题］*

○+3○+2○+1○0○-1○-2○-3

阳刚的—阴柔的

［单选题］*

○+3○+2○+1○0○-1○-2○-3

暖的—冷的

［单选题］*

○+3○+2○+1○0○-1○-2○-3

鲜艳的—阴沉的

［单选题］*

○+3○+2○+1○0○-1○-2○-3

紧张的—放松的

［单选题］*

○+3○+2○+1○0○-1○-2○-3

华丽的—平淡的

[单选题]*

○+3 ○+2 ○+1 ○0 ○−1 ○−2 ○−3

美丽的—丑陋的

[单选题]*

○+3 ○+2 ○+1 ○0 ○−1 ○−2 ○−3

通透的—浑浊的

[单选题]*

○+3 ○+2 ○+1 ○0 ○−1 ○−2 ○−3

振奋人心的—昏昏欲睡的

[单选题]*

○+3 ○+2 ○+1 ○0 ○−1 ○−2 ○−3

明晰的—模糊的

[单选题]*

○+3 ○+2 ○+1 ○0 ○−1 ○−2 ○−3

快乐的—悲伤的

[单选题]*

○+3 ○+2 ○+1 ○0 ○−1 ○−2 ○−3

假设您在照片1中图书馆内查找书籍,该馆环境色彩给您检索带来的满意度是:[单选题]*

○非常不满意 ○2 ○3 ○4 ○5 ○6 非常满意

假设您在照片1中图书馆内查找书籍,该馆环境色彩给您检索带来的环境刺激度是:[单选题]*

○非常低(无聊、昏昏欲睡)○2 ○3 ○4 ○5 ○6 非常高(清醒、兴奋异常)

假设您在照片1中图书馆内查找书籍,该馆环境色彩给您检索带来的愉悦度是:[单选题]*

○非常不愉快 ○2 ○3 ○4 ○5 ○6 ○非常愉快

附录 B.6　高校读者实体资源检索行为调查量表

尊敬的老师/同学,您好!

非常感谢您百忙之中能抽空填写本问卷。本调研的目的在于了解高校图书馆读者实体资源检索行为的主要影响要素,涉及检索动机、检索能力、检索环境认知三个大类。本问卷中所有行为发生的假设情境均发生在您所在的大学图书馆内,请您根据日常行为习惯与体验如实回答下列问题,问卷第 7 ~57 题采用李克特 7 级量表形式,1 到 7 分范围内,1 分代表极不赞同,7 分代表极为赞同,分数越高,认同度越高。您的答案将会很大程度上帮助研究小组开展工作,再次感谢您的参与!

关于问卷中部分专业术语的解释

信息资源检索行为:从大量被存贮的信息中加工、检索出需要的信息资源的行为。

实体资源:存储、收藏于高校图书馆内,以实体形式存在的一切文献类型资源,包括纸质书籍、期刊杂志、多媒体光碟。

信息素养:利用大量的信息工具及主要信息源使问题得到解答的技术和技能。

检索策略:根据用户信息需求,为达到检索目标而制订的检索实施方案或计划。

1. 您所在的省份:＿＿＿＿＿＿＿＿＿＿＿＿＿＿＿＿＿＿＿＿＿＿＿

2. 您的性别:＿＿＿＿＿＿＿＿＿＿＿＿＿＿＿＿＿＿＿＿＿＿＿＿＿＿

3. 您的年龄:

8~22 岁　　　　3~25 岁　　　6~30 岁　　　1~35 岁　　　6 岁及以上

4. 您的专业:

○人文艺术与社会学科　　　　　　　　　　○理工农医学科

5. 您在目前所在高校的工作/学习时间:

○不到半年　　　　　　○半年到一年之间　　○一年到三年之间

○三年到五年之间　　　○五年以上

6. 您使用目前所在高校图书馆检索实体资源的频次:

○基本不使用　　　　　○每半年至少一次　　○每三个月至少一次

○每个月至少一次　　　○每半个月至少一次　○每周至少一次

○每天至少一次

7. 当我需要与教学、科研、生活、娱乐相关的实体资源时,尽管有其他替代性的检索渠道(网络商城、书店、音像店、书报亭、亲友、师生),我还是会仅仅通过我的图书馆来检索相关资源。

8. 当我需要与教学、科研、生活、娱乐相关的实体资源,在使用其他检索渠道时(网络商城、书店、音像店、书报亭、亲友、师生),我会同时尝试通过我的图书馆来检索相关信息。

9. 当我需要与教学、科研、生活、娱乐相关的实体资源时,我会首先通过我的图书馆来检索,其他信息渠道(网络商城、书店、音像店、书报亭、亲友、师生)只有在图书馆检索失败时才会使用。

10. 相比其他实体资源检索渠道(网络商城、书店、音像店、书报亭、亲友、师生),我觉得在图书馆内检索实体资源是一件非常耗费精力的事情。

11. 相比其他实体资源检索渠道(网络商城、书店、音像店、书报亭、亲友、师生),我觉得在图书馆内检索实体资源是一件非常耗费时间的事情。

12. 相比其他实体资源检索渠道(网络商城、书店、音像店、书报亭、亲友、师生),我觉得在图书馆内检索实体资源是一件非常消耗耐心的事情。

13. 通过我所在的图书馆,相比其他渠道,我可以节约很多检索实体资源花费的时间。

14. 通过我所在的图书馆,相比其他渠道,我能够获取到数量更多的实体资源。

15. 通过我所在的图书馆,相比其他渠道,我能够获取到更有益处的实体资源。

16. 通过我所在的图书馆内的检索,我在教学、科研、生活、娱乐中的判断能力与决策能力得到提升。

17. 我可以熟练使用各种图书馆的工具或服务。

18. 我可以轻松检索到各种图书馆实体资源。

19. 相比周围师生、同事,我认为我的信息素养相对更高。

20. 我觉得在图书馆检索书籍或其他资源是一件非常容易的事情。

21. 我对于图书馆内检索的相关技术与技巧非常了解。

22. 我比一般人掌握更多的图书馆内检索技术或技巧。

23. 经常在图书馆内逛逛已经成为我的一种习惯。

24. 图书馆已经成为我学习、生活中必不可少的去处。

25. 我接触图书馆的时间相对周围人更长。

26. 无论我在图书馆内何时转向,我都清楚自己所面对的是哪个方向。

27. 我在图书馆内时想都不必想就能知道自己所面对的是哪个方向。

28. 我总是能在进入图书馆时就将方向记在脑海里。

29. 我能够用东、西、南、北的方位来记忆我在图书馆内的方位。

30. 我十分清楚自己在图书馆内朝向的室外空间是哪里,如当我坐在阅览桌前,我清楚地知道此时面对墙壁的外面是学校的池塘。

31. 清晰的图书馆可视化标志牌能够为我指引馆内空间的各个功能区间。

32. 如果图书馆室内导航地图能提供读者目前所在位置的信息,将非常有助于我的检索。

33. 编号清楚的房间和标志牌能够帮助我判断馆内的各个区间。

34. 馆员、职工与图书馆志愿者能够在我无法辨别资源位置时给予我很大的帮助。

35. 图书馆建筑格局有规律性和对称性将大大便利我寻找资源。

36. 馆内空间简洁、直观、通透的设计将大大便利我寻找资源,如所有走廊相互垂直,无不规则空间,一眼可遍览楼层主要功能区间。

37. 馆内功能区间划分规整将大大便利我寻找资源,如馆内主要空间均呈网格式排布。

38. 一般来说,我不会为周围的事情所煽动或影响,如当我身处的寝室正因室友集体观看球赛而喧闹时,我仍能静下心来学习看书。

39. 我不会受个人强烈情感持久的影响,如当我因获得某一期待已久的奖项而喜出望外时,我会很快恢复激动兴奋的心情投入日常工作。

40. 突发情况不会引起我的感情变化,如道路转弯口一辆突然出现的汽车高速与我擦身而过,我会很快恢复惊慌失措或惶恐后怕的情绪。

41. 温度的剧烈变化不会对我的情绪有很大影响,如当盛夏时节,我因工作需要必须从凉爽的空调房间走向酷热的室外,我不会因此变得心烦气躁。

42. 当我进入新的环境时,我的情绪不会很快受到影响,如当我由幽静的过道走进喧嚣热闹的聚会现场,我的心情不会突然变得异常兴奋、激动不已。

43. 我对于周围突发的声音一般不会有反应,如安静的图书馆阅览室内突然有读者打碎了玻璃杯,我不会受突如其来的声音影响,而是继续自己的工作或学习。

44. 我不会受衣物的面料质感或穿着体感所影响,如当我贴身穿着一件面料质感粗糙、扎人的新衣时,我不会因此变得烦躁不安。

45. 我不会受到异常气味的强烈影响,如当有人在公共餐厅内吸烟时,我不会因浓烈的香烟味而产生恼怒、厌烦的情绪。

46. 当某一时刻周围事物同时发生巨大变化时,我不会受此强烈变化的影响,如一楼自习教室窗外的建筑工地突然开始施工,嘈杂声与频繁出入的工人身影使我身边的同学纷纷离去,而我仍能定心留在原地复习功课。

47. 我的情绪不会受到色彩的影响,如蓝色的房间不会使我镇定、平和,绿色的墙壁不会使我放松,红色的地板不会使我感到兴奋、刺激,等等。

48. 我在较明亮的环境下(如光照充足的室外空间),与在光线昏暗的环境中(如密闭的室内空间)表现并无差异,比如反应敏捷度、兴奋度没有变化。

49. 我现在的图书馆实体资源检索能力与速度比以往提高了很多。

50. 我对于能从初始检索结果中挑选出与我需求相关的信息资源非常自信。

51. 当我检索遇到困难时,我通常能够使用不同的检索策略加以应对。

52. 我在馆内比周围的人检索资源时速度更快。

53. 我比周围人更清楚应该如何选择合适的馆内检索工具和方法。

54. 在馆内检索信息资源令我感到快乐。

55. 在馆内检索信息资源令我感到精力充沛。

56. 我的同班同学/同事们都认为我很擅长在馆内检索信息资源。

57. 周围的人都认为我的图书馆信息检索能力绝佳。

附录 C 数据统计及分析

附录 C.1 实验被试空间扭曲指数计算数据

被试序号	$\sum_{i=1}^{n}(u_i-\hat{u}_i)^2$	$\sum_{i=1}^{n}(v_i-\hat{v}_i)^2$	$\sum_{i=1}^{n}(u_i-\bar{u})^2$	$\sum_{i=1}^{n}(v_i-\bar{v})^2$	R^2	DI
1	65.653	29.045	2033.769	807.325	0.966	18.256
2	93.804	40.539	2033.769	807.325	0.952	21.745
3	84.367	15.150	2033.769	807.325	0.964	18.715
4	94.434	48.639	2033.769	807.325	0.949	22.440
5	77.349	17.065	2033.769	807.325	0.966	18.229
6	75.601	18.718	2033.769	807.325	0.966	18.220
7	223.329	312.569	2033.769	807.325	0.811	43.430
8	323.639	238.954	2033.769	807.325	0.801	44.499
9	896.755	499.162	2033.769	807.325	0.508	70.095
10	1129.982	306.500	2033.769	807.325	0.494	71.106
11	385.972	486.931	2033.769	807.325	0.692	55.429
12	738.821	594.905	2033.769	807.325	0.530	68.515
13	455.837	451.650	2033.769	807.325	0.680	56.516
14	129.499	33.855	2033.769	807.325	0.942	23.978
15	134.004	29.580	2033.769	807.325	0.942	23.995
16	350.478	17.517	2033.769	807.325	0.870	35.989
17	333.204	11.653	2033.769	807.325	0.878	34.839
18	335.755	17.719	2033.769	807.325	0.875	35.272
19	263.401	13.427	2033.769	807.325	0.902	31.214

被试序号	$\sum_{i=1}^{n}(u_i-\hat{u}_i)^2$	$\sum_{i=1}^{n}(v_i-\hat{v}_i)^2$	$\sum_{i=1}^{n}(u_i-\bar{u})^2$	$\sum_{i=1}^{n}(v_i-\bar{v})^2$	R^2	DI
20	282.727	9.881	2033.769	807.325	0.897	32.092
21	285.207	3.809	2033.769	807.325	0.898	31.894
22	1023.051	314.326	2033.769	807.325	0.529	68.609
23	772.546	717.753	2033.769	807.325	0.475	72.425
24	785.725	424.619	2033.769	807.325	0.573	65.269
25	693.211	447.949	2033.769	807.325	0.598	63.376
26	1166.528	252.787	2033.769	807.325	0.500	70.680
27	720.081	528.820	2033.769	807.325	0.560	66.301
28	683.497	450.261	2033.769	807.325	0.600	63.170
29	542.784	81.505	2033.769	807.325	0.780	46.875
30	1114.606	226.651	2033.769	807.325	0.527	68.708
31	1003.554	61.937	2033.769	807.325	0.624	61.239
32	1121.475	213.278	2033.769	807.325	0.530	68.542
33	535.342	75.370	2033.769	807.325	0.785	46.363
34	1061.066	519.363	2033.769	807.325	0.443	74.583
35	541.067	508.336	2033.769	807.325	0.630	60.775
36	1352.51	272.453	2033.769	807.325	0.428	75.627
37	1269.232	417.480	2033.769	807.325	0.406	77.050
38	1381.076	421.268	2033.769	807.325	0.365	79.648

附录 C.2 描述性统计与变量相关性分析

	均值	标准差	空间焦虑度	认知地图扭曲指数	地标总注视时长	信息标识总注视时长	导向标识总注视时长	地标总访问时长	信息标识总访问时长	导向标识总访问时长
实验时长	1224.368	288.390	0.975**	0.931**	0.232	0.347*	0.837**	0.035	0.317	0.851**
空间焦虑	23.184	7.843	1	0.954**	0.219	0.323*	0.763**	-.005	0.296	0.785**
认知地图扭曲指数	50.151	20.702		1	0.341*	0.392*	0.682**	0.112	0.379*	0.717**
地标总注视时长	1.884	1.570			1	0.092	0.105	0.559**	0.023	0.071
信息标识总注视时长	32.460	15.824				1	0.287	-.233	0.952**	0.251
导向标识总注视时长	8.585	12.886					1	0.003	0.23	0.982**
地标总访问时长	3.984	5.322						1	-.114	0.04
信息标识总访问时长	48.766	22.852							1	0.218
导向标识总访问时长	12.405	17.463								1

** 在 0.01 水平（双侧）上显著相关。
* 在 0.05 水平（双侧）上显著相关。

附表 C.3　情感尺度因子分析反映像矩阵 MSA 检验

	Scale1	Scale2	Scale4	Scale6	Scale7	Scale8	Scale9	Scale10	Scale11	Scale12	Scale13	Scale14	Scale15	Scale18	Scale19	Scale20	Scale26	Scale21
Scale1	0.883a	-0.33	0.084	0.118	0.254	-0.213	-0.443	0.061	-0.077	-0.391	-0.223	0.355	-0.247	-0.018	-0.428	0.637	0.056	-0.042
Scale2	-0.33	0.917a	-0.132	-0.198	0.108	-0.337	0.146	-0.088	0.248	-0.308	-0.041	0.108	0.085	-0.071	-0.021	-0.625	0.337	-0.059
Scale4	0.084	-0.132	0.688a	-0.772	0.349	-0.319	-0.416	0.622	0.551	-0.226	0.521	-0.307	-0.814	-0.457	0.05	0.287	-0.422	0.892
Scale6	0.118	-0.198	-0.772	0.675a	-0.525	0.457	0.445	-0.794	-0.781	0.27	-0.502	0.058	0.754	0.682	0.033	0.078	0.012	-0.837
Scale7	0.254	0.108	0.349	-0.525	0.794a	-0.258	-0.808	0.45	0.474	-0.416	-0.169	0.255	-0.597	-0.504	-0.198	0.238	0.244	0.403
Scale8	-0.213	-0.337	-0.319	0.457	-0.258	0.851a	0.099	-0.427	-0.614	0.398	-0.301	0.107	0.378	0.365	-0.11	0.159	-0.083	-0.263
Scale9	-0.443	0.146	-0.416	0.445	-0.808	0.099	0.765a	-0.495	-0.378	0.406	0.08	-0.235	0.62	0.51	0.263	-0.544	-0.153	-0.472
Scale10	0.061	-0.088	0.622	-0.794	0.45	-0.427	-0.495	0.708a	0.702	-0.267	0.434	0.038	-0.736	-0.543	-0.1	0.154	-0.053	0.635
Scale11	-0.077	0.248	0.551	-0.781	0.474	-0.614	-0.378	0.702	0.723a	-0.299	0.258	0.039	-0.707	-0.65	-0.072	-0.084	0.032	0.723
Scale12	-0.391	-0.308	-0.226	0.27	-0.416	0.398	0.406	-0.267	-0.299	0.840a	0.09	-0.336	0.309	0.453	0.188	-0.061	-0.435	-0.118
Scale13	-0.223	-0.041	0.521	-0.502	-0.169	-0.301	0.08	0.434	0.258	0.09	0.861a	-0.276	-0.312	-0.198	0.191	-0.215	-0.446	0.467
Scale14	0.355	0.108	-0.307	0.058	0.255	0.107	-0.235	0.038	0.039	-0.336	-0.276	0.796a	-0.088	-0.014	-0.775	0.141	0.48	-0.173
Scale15	-0.247	0.085	-0.814	0.754	-0.597	0.378	0.62	-0.736	-0.707	0.309	-0.312	-0.088	0.707a	0.593	0.166	-0.388	0.13	-0.827
Scale18	-0.018	-0.071	-0.457	0.682	-0.504	0.365	0.51	-0.543	-0.65	0.453	-0.198	-0.014	0.593	0.509a	-0.231	-0.055	-0.259	-0.58
Scale19	-0.428	-0.021	0.05	0.033	-0.198	-0.11	0.263	-0.1	-0.072	0.188	0.191	-0.775	0.166	-0.231	0.886a	-0.25	-0.241	-0.052
Scale20	0.637	-0.625	0.287	0.078	0.238	0.159	-0.544	0.154	-0.084	-0.061	-0.215	0.141	-0.388	-0.055	-0.25	0.835a	-0.274	0.201
Scale26	0.056	0.337	-0.422	0.012	0.244	-0.083	-0.153	-0.053	0.032	-0.435	-0.446	0.48	0.13	-0.259	-0.241	-0.274	0.898a	-0.304
Scale21	-0.042	-0.059	0.892	-0.837	0.403	-0.263	-0.472	0.635	0.723	-0.118	0.467	-0.173	-0.827	-0.58	-0.052	0.201	-0.304	0.452a

附录 C.4 情感尺度主成分得分系数矩阵

情感尺度	成分	
	1	2
Scale1	0.009	0.094
Scale2	0.094	0.005
Scale4	0.22	−0.141
Scale6	0.201	−0.117
Scale7	0.041	0.061
Scale8	−0.045	0.148
Scale9	−0.011	0.112
Scale10	0.18	−0.098
Scale11	−0.024	0.125
Scale12	0.219	−0.14
Scale13	−0.032	0.136
Scale14	0.156	−0.092
Scale15	0.114	−0.016
Scale18	−0.256	0.326
Scale19	−0.037	0.136
Scale20	−0.096	0.195
Scale26	0.03	0.076

提取方法：主成分。
旋转法：具有 Kaiser 标准化的正交旋转法。

附录C.5 主体-环境影响路径模型因子分析旋转成分矩阵列表

观测变量	成分									
	1	2	3	4	5	6	7	8	9	10
IR1	0.764*	0.18	0.241	0.279	0.022	0.164	−0.066	0.109	−0.025	−0.057
IR2	0.792*	0.12	0.16	0.159	0.149	0.253	−0.019	0.112	0.086	0.095
IR3	0.836*	0.087	0.19	0.175	0.143	0.151	−0.013	0.147	0.039	0.017
IR4	0.763*	0.214	0.14	0.148	0.156	0.085	−0.03	0.025	−0.034	0.17
IR5	0.838*	0.148	0.224	0.164	0.059	0.173	0.051	0.065	0.108	−0.002
IR6	0.813*	0.141	0.128	0.143	0.196	0.246	−0.032	0.05	0.13	−0.006
IR7	0.864*	0.094	0.125	0.139	0.116	0.218	0.048	0.079	0.163	0.028
PE1	0.264	0.577*	0.309	0.233	0.175	0.033	0.06	−0.023	0.002	0.063
PE2	0.412	0.558*	0.22	0.097	0.158	0.303	−0.063	−0.048	0.071	0.136
PE3	0.432	0.641*	0.193	0.008	0.042	0.217	0.057	−0.087	0.053	−0.058
PE4	0.179	0.775*	0.103	0.067	0.257	0.106	0.049	0.001	0.063	−0.018
PE5	0.165	0.68*	0.351	0.117	0.106	0.141	0.208	0.009	−0.024	−0.202
PE6	0.141	0.743*	0.118	0.223	0.111	0.147	0.106	0.22	0.007	−0.034
PE7	0.007	0.813*	0.182	0.091	0.17	0.088	0.192	−0.052	0.062	0
PE8	0.036	0.618*	0.129	0.069	0.196	0.022	0.116	−0.048	0.05	0.428
PE9	−0.03	0.722*	0.22	0.208	0.094	0.029	0.062	0.125	0.126	0.217
PE10	0.255	0.702*	0.11	0.199	0.053	−0.041	0.135	0.323	−0.067	0.073
PE11	0.085	0.782*	0.115	0.139	0.129	0.112	0.197	0.069	0.156	0.075
SE1	0.385	0.381	0.36	0.272	0.241	0.028	0.137	0.066	−0.085	0.172
SE2	0.324	0.297	0.45	0.192	0.176	0.158	0.101	0.153	−0.094	0.418
SE3	0.297	0.392	0.437	0.046	0.159	0.174	0.1	0.071	0.046	0.468
SE4	0.391	0.195	0.628*	0.254	0.251	0.128	−0.02	0.188	−0.048	−0.11
SE5	0.319	0.25	0.682*	0.22	0.264	0.154	0.047	0.159	0.101	−0.103
SE6	0.338	0.213	0.726*	0.217	0.242	0.094	0.137	0.018	0.023	−0.11
SE7	0.139	0.349	0.666*	0.239	0.154	0.117	0.059	−0.017	0.201	0.143

观测变量	成分									
	1	2	3	4	5	6	7	8	9	10
SE8	0.138	0.373	0.529*	0.333	0.222	0.037	0.051	0.021	0.082	0.321
SE9	0.143	0.317	0.658*	0.244	0.227	0.158	0.023	0	0.352	0.036
SE10	0.196	0.264	0.703*	0.303	0.35	0.069	0.03	0.143	0.099	0.108
SE11	0.278	0.291	0.567*	0.187	0.193	0.373	0.003	0.107	0.052	0.265
SE12	0.317	0.246	0.589*	0.2	0.116	0.342	−0.013	0.061	0.052	0.318
ID1	0.18	0.178	0.257	0.797*	0.249	0.139	−0.003	0.003	0.136	−0.053
ID2	0.115	0.222	0.254	0.79*	0.207	0.179	−0.004	0.066	0.098	0.001
ID3	0.243	0.114	0.189	0.772*	0.171	0.063	0.059	0.047	0.128	0.08
ID4	0.188	0.144	0.109	0.763*	0.171	0.077	0.158	0.068	−0.015	0.16
ID5	0.269	0.212	0.184	0.744*	0.059	0.09	0.024	0.136	0.059	−0.051
EU1	0.285	0.258	0.259	0.109	0.618*	0.326	0.087	0.085	0.162	−0.018
EU2	0.083	0.273	0.211	0.297	0.735*	0.093	0.087	0.199	0.057	0.146
EU3	0.131	0.255	0.294	0.244	0.709*	0.1	0.135	0.121	0.22	0.108
EU4	0.295	0.219	0.279	0.334	0.48	0.363	−0.028	−0.159	−0.009	0.034
EU5	0.48	0.179	0.171	0.212	0.437	0.154	0.084	−0.236	−0.11	0.143
PB1	0.382	0.125	0.231	0.027	0.143	0.641*	0.054	0.17	0.162	0.229
PB2	0.285	0.124	0.116	0.151	0.18	0.768*	0.033	0.21	0.049	0.086
PB3	0.32	0.114	0.181	0.154	0.147	0.79*	0.097	0.107	0.043	−0.044
PB4	0.326	0.183	0.077	0.16	0.246	0.759*	0.127	0.068	−0.068	−0.068
PC1	0.01	0.185	−0.039	0.027	0.185	0.037	0.869*	0.09	0.006	0.043
PC2	−0.02	0.229	0.063	0.021	0.065	0.106	0.891*	0.016	0.079	0.054
PC3	−0.041	0.189	0.119	0.134	0.104	0.039	0.873*	−0.022	−0.006	−0.022
SM1	0.109	0.121	0.109	0.345	0.202	0.274	0.069	0.639*	0.137	0.101
SM2	0.379	0.092	0.299	0.056	0.186	0.327	0.151	0.567*	0.067	−0.104
SM3	0.27	0.169	0.108	0.072	0.274	0.423	−0.047	0.563*	0.021	0.057
LI1	0.249	0.119	0.192	0.488	0.369	0.055	0.011	0.126	0.563*	0.167
LI2	0.173	0.217	0.213	0.459	0.35	0.093	0.203	0.034	0.355	0.082

续表

观测变量	成分									
	1	2	3	4	5	6	7	8	9	10
LI3	0.248	0.086	0.266	0.539	0.211	0.137	−0.031	0.125	0.567*	−0.056
LI4	0.118	0.257	0.194	0.449	0.299	0.029	0.138	0.074	0.621*	−0.055
SC1	0.155	0.18	0.251	0.24	0.03	0.255	0.224	0.113	0.102	0.639*
SC2	0.215	0.216	0.151	0.186	0.02	0.29	0.142	0.12	0.04	0.684*
SC3	0.2	0.175	0.405	0.256	0.121	0.07	0.121	0.158	0.228	0.651*

提取方法 :主成分。

旋转法 :具有 Kaiser 标准化的正交旋转法。

a 旋转在 8 次迭代后收敛。

附录 D 实验、实证分析素材

附录 D.1 被试检索路径流

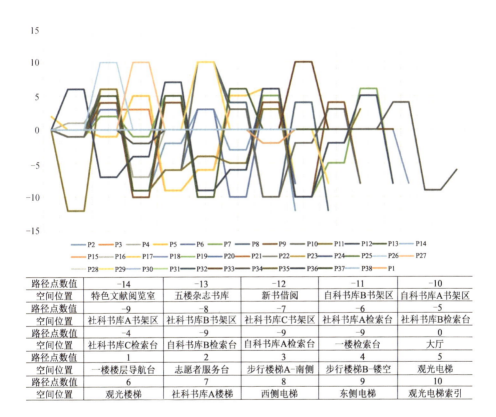

路径点数值	-14	-13	-12	-11	-10
空间位置	特色文献阅览室	五楼杂志书库	新书借阅	自科书库B书架区	自科书库A书架区
路径点数值	-9	-8	-7	-6	-5
空间位置	社科书库A书架区	社科书库B书架区	社科书库C书架区	社科书库A检索台	社科书库B检索台
路径点数值	-4	-9	-9	-9	-9
空间位置	社科书库C检索台	自科书库B检索台	自科书库A检索台	一楼检索台	大厅
路径点数值	1	2	3	4	5
空间位置	一楼楼层导航台	志愿者服务台	步行楼梯A-南侧	步行楼梯B-镂空	观光电梯
路径点数值	6	7	8	9	10
空间位置	观光楼梯	社科书库A楼梯	西侧电梯	东侧电梯	观光电梯索引

附录 D.2 单一色彩刺激列表

序号	色彩	英文描述	色彩属性值		色彩系统值	
			色相	明度	R:G:B	H:S:B
1		White	中性	高	244:244:244	0:0:96
2		Light Pink	暖色	高	233:190:190	0:18:91
3		Light Blue	冷色	高	194:222:242	205:20:95
4		Orange	暖色	高	229:135:46	29:80:90
5		Red	暖色	低	196:1:1	0:99:77
6		Dark Grey	中性	低	60:60:60	0:0:24

附录 D.3 刺激材料各项情感尺度得分

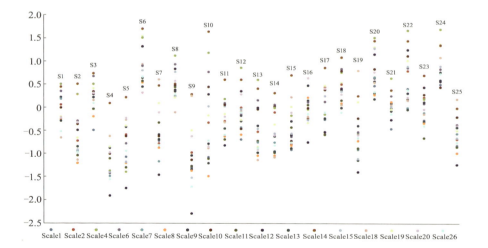

附录 D.4　馆舍主体与家具色彩组合搭配案例

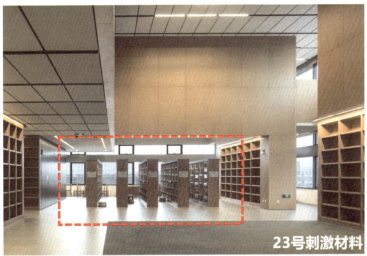

附录 D.5　馆舍冷色感组合搭配示例

附录 D.6 馆舍色彩设计空间动力感示例

附录 D.7 高校馆舍环境冷色感设计案例[①]

---

① 引用网址:https://www.irisreading.com/100-majestic-libraries-every-book-lover-should-see/

附录 D.8　美国伊利诺伊大学香槟分校 Grainger 图书馆环境色
彩设计

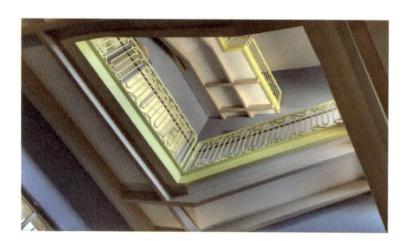

附录 D.9　环境色彩感知实验研究刺激材料照片列表

馆舍信息	编号（F 值由高到低）	馆舍环境色彩样本	色调属性	明度属性	彩度属性
France National University Library, Strasbourg, France	Stimuli22		冷色感	高明度	低彩度
The Joe & Rika Mansueto Library, University of Chicago, United States	Stimuli20		冷色感	高明度	低彩度
University of Otago Central Library, Dunedin, New Zealand	Stimuli6		冷色感	高明度	低彩度
Philological Library of the Free University, Berlin, Germany	Stimuli10		冷色感	高明度	低彩度

馆舍信息	编号 （F 值由高到低）	馆舍环境色彩样本	色调 属性	明度 属性	彩度 属性
Tama Art University Library，Tokyo，Japan	Stimuli8		冷色感	高明度	低彩度
Philological Library of the Free University，Berlin，Germany	Stimuli18		冷色感	高明度	低彩度
Lehigh University Library，Bethlehem，Pennsylvania，United States	Stimuli24		暖色感	低明度	高彩度
Utrecht-University-Library，Dutch	Stimuli3		冷色感	高明度	低彩度
University of Michigan Law Library，Ann Arbor，United States	Stimuli13		暖色感	低明度	高彩度
香港中文大学	Stimuli1		冷色感	高明度	低彩度
天津大学图书馆	Stimuli23		冷色感	高明度	低彩度
Vilnius University Library，Lithuania	Stimuli14		暖色感	低明度	高彩度

馆舍信息	编号 （F 值由高到低）	馆舍环境色彩样本	色调 属性	明度 属性	彩度 属性
The University of Coimbra General Library, Portugal	Stimuli12		冷色感	高明度	低彩度
Fleet Library, Rhode Island School of Design, United States	Stimuli21		暖色感	低明度	高彩度
汕头大学图书馆	Stimuli11		冷色感	高明度	低彩度
The Harper Library Reading Room, University of Chicago, United States	Stimuli17		暖色感	低明度	高彩度
Williston Memorial Library, Mount Holyoke College, Massachusetts, United States	Stimuli2		暖色感	低明度	高彩度
Cornell Law School Library, Ithaca, United States	Stimuli16		暖色感	低明度	高彩度
Codrington Library, All Soul's College, Oxford University, UK, China	Stimuli15		冷色感	高明度	低彩度
Suzzallo Library's Graduate Reading Room at the University of Washington, Seattle, United States	Stimuli25		暖色感	低明度	高彩度

续表

馆舍信息	编号 （F 值由高到低）	馆舍环境色彩样本	色调 属性	明度 属性	彩度 属性
Humboldt university library. German	Stimuli19		暖色感	低明度	高彩度
浙江大学图书馆	Stimuli7		暖色感	低明度	高彩度
Trinity College Dublin Library，Ireland	Stimuli5		暖色感	低明度	高彩度
Utrecht University Library，Holland	Stimuli4		暖色感	低明度	高彩度
Beinecke Rare Book and Manuscript Library，Yale University，United States	Stimuli9		暖色感	低明度	高彩度